# FERRARI

## GLI ANNI D'ORO
## THE GOLDEN YEARS

**EDIZIONE AMPLIATA**
**ENLARGED EDITION**

Quando un uomo si sveglia e si sente sano, robusto e soprattutto desideroso
di compiere qualche cosa di nuovo, vuol dire che la sua età è ancora quella
di un adolescente e che ha ancora dei sogni da realizzare.

*When a man wakes and feels healthy, strong and above all eager
to do so something new then he still has the age of an adolescent
and still has dreams to realise.*

Enzo Ferrari

Leonardo Acerbi

# FERRARI

## Gli anni d'oro - The golden years

**EDIZIONE AMPLIATA - ENLARGED EDITION**

Giorgio NADA Editore

**GIORGIO NADA EDITORE SRL**

Coordinamento editoriale/Editorial manager
Leonardo Acerbi

Redazione/Editorial
Giorgio Nada Editore

Progetto grafico, impaginazione e copertina/Graphic design and cover
Sansai Zappini

Traduzione/Translation
Neil Davenport

Ricerca iconografica/Photographic research
Enrico Mapelli

© 2017 Giorgio Nada Editore, Vimodrone (Milano)
© 2020 Giorgio Nada Editore, Vimodrone (Milano)
Edizione ampliata/Enlarged Edition

Giorgio Nada Editore
Via Claudio Treves, 15/17
I – 20090 VIMODRONE MI
Tel. +39 02 27301126
Fax +39 02 27301454
E-mail: info@giorgionadaeditore.it
http://www.giorgionadaeditore.it

Distribuzione/Distribution:
Giunti Editore Spa
via Bolognese 165
I – 50139 FIRENZE
www.giunti.it

**FONTI ICONOGRAFICHE**
**ILLUSTRATIVE SOURCES**

Archivi/*Archives*:

Giorgio Nada Editore (Franco Villani e/*and* Novafoto Sorlini)

Centro Documentazione Alfa Romeo (Arese)

Quattroruote/Editoriale Domus

Giorgio Proserpio

La maggior parte delle immagini pubblicate mi questo volume provengono
da archivi di proprietà della Casa editrice e, sia per uso privato che per
uso editoriale, possono essere acquistate presso la stessa scrivendo a
archiviofoto@giorgionadaeditore.it

The majority of the images published in this book have been drawn from
archives owned by the publisher and may be acquired for private use or for
publication by writing to archiviofoto@giorgionadaeditore.it

**FERRARI. GLI ANNI D'ORO.**
EDIZIONE AMPLIATA/ENLARGED EDITION
ISBN: 978-88-7911-734-0

# INDICE / *INDEX*

# INTRODUZIONE ALLA PRIMA EDIZIONE

Vent'anni fa questa Casa editrice dava alle stampe *Ferrari 1947-1997. Il libro ufficiale*. Era l'opera, nata in stretta collaborazione con un'altra Casa, quella del Cavallino, che celebrava il primo mezzo secolo di attività di uno dei marchi più famosi al mondo. All'epoca, in listino fra le Granturismo c'erano la F355 o la 550 Maranello, mentre in Formula 1 Michael Schumacher iniziava quella lunga rincorsa al titolo iridato che si sarebbe conclusa tre anni più tardi.

Poi, dieci dopo, è toccato ad un altro libro, *Ferrari 60*, rendere omaggio al sessantesimo anniversario, in un'annata in cui il finlandese Kimi Räikkönen conquistava l'ultimo titolo iridato ad oggi in Formula 1, e su strada viaggiavano "Rosse" siglate Superamerica, F430 o 599 GTB Fiorano.

Ed eccoci di nuovo qui, puntuali, un decennio più tardi con un altro volume che, per scelta, non parla dell'oggi, né di ciò che il listino Ferrari offre alla sua sempre più numerosa e facoltosa clientela, né di quello che la SF70H si appresta a fare nel Mondiale, guidata, guarda caso, ancora da Räikkönen e da Sebastian Vettel.

*Ferrari Gli anni d'oro/The Golden Years* è infatti un omaggio, nel senso più stretto del termine, alla Ferrari di Ferrari, a quella nata negli ultimi giorni d'inverno del 1947 e simbolicamente finita il 14 agosto 1988 quando il "Grande Vecchio" se ne andò – in silenzio – alle prime luci di quel mattino. Si è scelto di percorrere questa strada sia perché la Ferrari storica – e non lo abbiamo certo scoperto noi – è stata comunque altra cosa da quella che sarebbe venuta negli anni a venire, sia perché, nel 2016, abbiamo acquisito l'archivio fotografico di Franco Villani.

Sì, proprio lui, il fotografo bolognese, assiduo frequentatore di Maranello, che con le sue immagini ha servito per anni importanti testate di settore.

La foto a colori delle Ferrari 512 S riprese con un'inquadratura dall'alto all'interno della fabbrica di Maranello, nell'inverno del 1970, in vista del Mondiale Marche, immagine usata su una famosa copertina del settimanale *AutoSprint*, è opera sua. Come suo è anche l'altrettanto celebre scatto che ritrae la Ferrari di René Arnoux, quasi del tutto coperta dai meccanici del Cavallino durante il rifornimento ai box, nel Gran Premio di San Marino del 1983. Quest'ultima è una foto particolarmente significativa nel curriculum di Villani dato che gli valse l'ambito premio "Dino Ferrari". Che dire poi di quell'altra celeberrima sequenza di scatti che, sempre a Imola, ritrae Gilles Villeneuve intento a discutere amichevolmente assieme al "Grande Vecchio", durante un momento di pausa di una sessione di prove, in una calda giornata estiva del 1980.

Sono proprio gli scatti di Villani, supportati da quelli di altri professionisti dell'immagine che colmano i periodi in cui il fotografo bolognese si dedicava ad altro, a costituire l'ossatura di questo nuovo lavoro.

È dunque *in primis* compito della fotografia, degli scatti più celebri così come del tanto materiale assolutamente inedito che figura in questo lavoro, ripercorrere ancora una volta questa lunga quanto affascinante storia fatta di macchine, corse e uomini, primo fra tutti "quell'agitatore di uomini" che è stato Enzo Ferrari.

# INTRODUCTION TO THE FIRST EDITION

Twenty years ago this publisher went to press with Ferrari 1947-1997. The Official Book. A book, conceived in close cooperation with another firm, that of the Prancing Horse, that celebrated the first half-century of one of the world's most famous marques. At that time, the Ferrari range featured the F355 and the 550 Maranello, while in Formula 1 Michael Schumacher was beginning that long run up to the World Championship title that was to bear fruit three years later.

Ten years later, came another book, Ferrari 60, *paying tribute to the sixtieth anniversary in a year in which the Finn Kimi Räikkönen conquered the marque's last world title to date, while the Superamerica, the F430 and the 599 GTB Fiorano were on the roads.*

*And here we are again, a decade on, with another book which this time focuses not on the present and what the Ferrari catalogue is offering to the marque's increasingly numerous and wealthy clientele and not on the SF70H that is about to dispute the World Championship, in the hands of none other than Räikkönen again and by Sebastian Vettel.*

Ferrari Gli anni d'oro/The Golden Years *is in fact a tribute, in the strictest sense of the term, to Enzo Ferrari's Ferrari, to the firm born at the end of the winter of 1947 and which symbolically closed on the 14th of August 1988 when the "Grand Old Man" passed away, silently, at dawn that morning.*

*We have chosen this path both because the historic Ferrari – and this is certainly not something that we have discovered – was a very different beast to what came after and because in 2016 we acquired the photographic archive of Franco Villani.*

*Yes, Villani, the Bolognese photographer himself, an assiduous presence at Maranello who supplied leading specialist publications with his images for many years.*

*The colour photo of the Ferrari 512 S taken from above in the Maranello factory in the winter of 1970, ahead of the World Championship for Marques, an image used on a famous cover of the weekly* Autosprint, *is an example of his work. As is the equally famous shot portraying René Arnoux's Ferrari almost buried by the Prancing Horse mechanics during a pit stop in the 1983 San Marino Grand Prix; a particularly important photo in Villani's career given that it earned him the sought-after "Dino Ferrari" prize. Then there is that fabulous sequence of shots that at Imola portray Gilles Villeneuve in a friendly discussion with the "Grand Old Man" during a break in a test session, one hot summer's day in 1980.*

*Villani's photographs, supported those of other professional lensmen filling the gaps when the Bolognese photographer was engaged elsewhere, constitute the framework of this new book.*

*We have entrusted the photographs, from the most celebrated shots to the previously unpublished images that feature here, with the task of tracing a long and enthralling history made up of cars, races and men, first and foremost that "agitator of men" Enzo Ferrari.*

Leonardo Acerbi

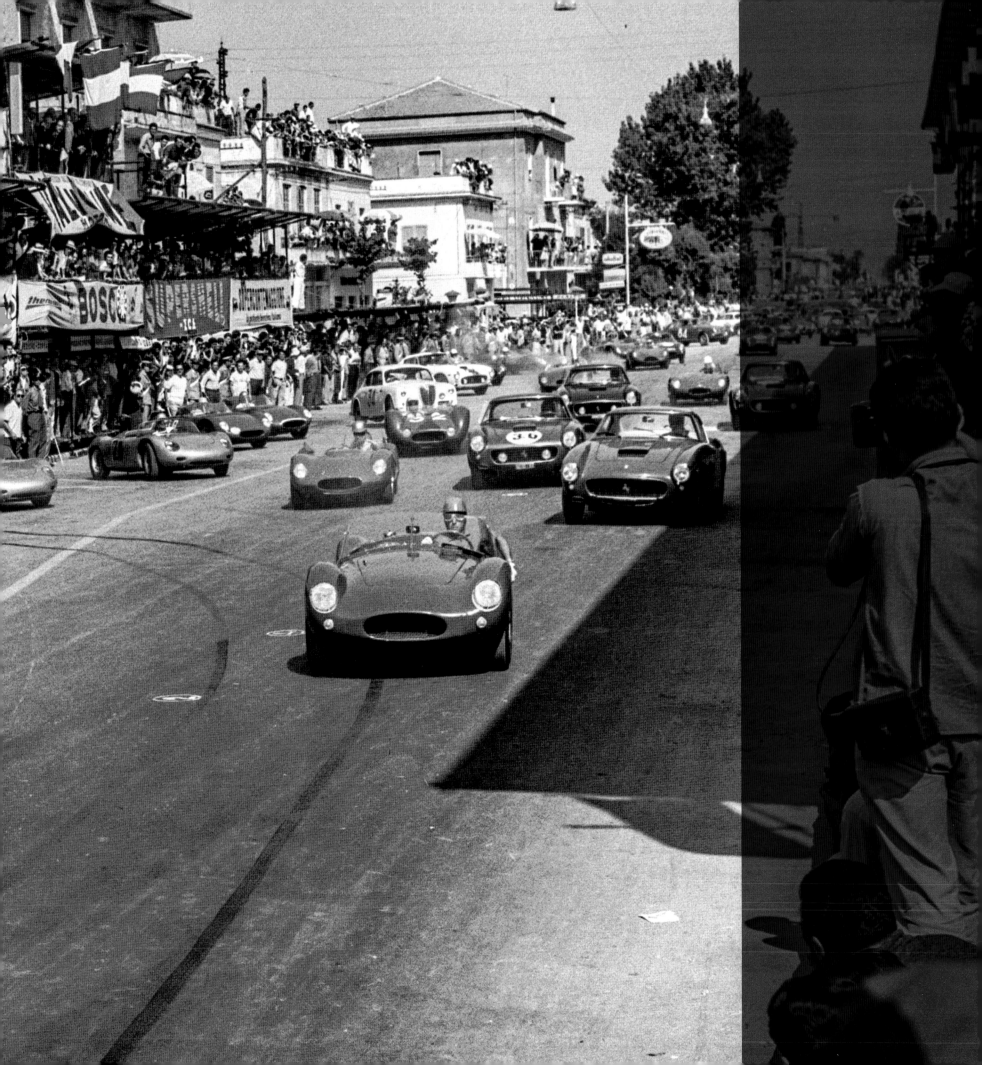

# 1947–1949

## INDIZI DI GLORIA
### *HINTS OF GLORY*

La Ferrari 166 S dei vincitori Biondetti-Navone alla partenza della Mille Miglia 1948.

*The Ferrari 166 S of the winners Biondetti-Navone at the start of the 1948 Mille Miglia.*

Quasi a ridosso del mezzo secolo di vita, una soglia che nella seconda metà degli anni Quaranta del Novecento costituiva per un uomo un traguardo tutt'altro che trascurabile, Enzo Ferrari, classe 1898, si rimette in gioco trasformando in realtà quel sogno che aveva in animo da tempo: diventare a tutti gli effetti costruttore di automobili. Di più, automobili che potessero finalmente recare il suo nome impresso sulla carrozzeria, quel nome di sette lettere che già da oltre tre lustri era diventato una sola cosa con il Cavallino rampante.

Lo stesso Ferrari aveva ricevuto "in eredità" quel cavallino dai genitori di Francesco Baracca e, sin dall'alba degli anni Trenta, aveva iniziato ad esibirlo con orgoglio sulle Alfa Romeo della Scuderia Ferrari mietendo successi ai quattro angoli del mondo. Dopo aver chiuso non senza polemiche l'esperienza con l'azienda milanese, Ferrari aveva vestito una prima volta gli abiti di costruttore autonomo nel 1940 quando aveva dato vita alle due eleganti Auto Avio Costruzioni 815, carrozzate da Touring su meccanica Fiat, schierate al Primo Gran Premio di Brescia delle Mille Miglia, il 28 maggio 1940, con gli equipaggi Lotario Rangoni Machiavelli-Enrico Nardi e Alberto Ascari-Giuseppe Minozzi.

Ma è solo all'indomani della Seconda guerra mondiale che Ferrari può tornare a perseguire con la determinazione di sempre il suo sogno, un sogno che diviene realtà il 12 marzo 1947 quando, nei cortili della fabbrica di Maranello, muove i primi passi una vettura ancor priva di carrozzeria, denominata 125 S. Le tre cifre indicano la cilindrata unitaria ottenuta dividendo quella totale per il numero dei cilindri; come dire, 1500 cc diviso 12. La predilezione per quel frazionamento tanto complesso anche dal punto di vista costruttivo ha per Ferrari radici lontane ma a confortarlo nella scelta definitiva sono i suoi fedeli collaboratori, ad iniziare da Gioachino Colombo che nell'estate del 1945 aveva realizzato i primi abbozzi della futura vettura. Ad affiancarlo nei mesi successivi di febbrile lavoro, necessario per rispettare la ferrea tabella di marcia imposta dal "grande capo", sono tecnici d'indiscusso valore quali Giuseppe Busso o il Cavalier Luigi Bazzi, un "fedelissimo" di Ferrari sin dal 1923.

Approaching his personal half century, a threshold that for a man in the second half of the 1940s was a by no means negligible achievement, Enzo Ferrari (born in 1898) put himself back in the game by transforming into reality a dream he had long held dear: that of becoming an automotive constructor in his own right. Cars that would moreover finally carry his name on the bodywork, that seven-letter name that for over 15 years had been synonymous with the Prancing Horse logo.

Ferrari had himself "inherited" that prancing horse from the parents of Francesco Baracca and from the early Thirties had proudly displayed it on the Scuderia Ferrari's Alfa Romeos. Following the less than amicable end to his collaboration with the Milanese, Ferrari had first worn the hat of the independent constructor in 1940, producing the two Auto Avio Costruzioni 815s elegantly bodied by Touring and based on Fiat mechanicals that competed in the first Gran Premio di Brescia delle Mille Miglia on 28 May that year in the hands of Lotario Rangoni Machiavelli-Enrico Nardi and Alberto Ascari-Giuseppe Minozzi.

However, it was only following the Second World War that Ferrari was able to pursue this dream with his customary determination, a dream that became reality on 12 March 1947 when, in the courtyards of the factory at Maranello, the new and as yet unbodied 125 S first turned a wheel. The three figures denoted the unitary displacement calculated by dividing the total capacity by the number of cylinders; that is, 1500 cc divided by 12. Ferrari's predilection for that complex architecture was deep-rooted, with the final decision supported by his faithful team including Gioachino Colombo who in the summer of 1945 had made the first sketches of the future car.

During the following months of feverish work necessary to meet the schedule dictated by the "grande capo", Colombo was flanked by engineers of undisputed talent such as Giuseppe Busso and Cavalier Luigi Bazzi, a Ferrari stalwart since 1923.

La "S" che compare accanto a 125 indica invece la denominazione "Sport", ossia la Categoria per la quale la vettura è stata *in primis* pensata. Ma Ferrari, sempre abituato a guardare avanti, ha già in mente altre lettere da abbinare a quei fatidici tre numeri: "C" per "Corsa" e "GP" per Grand Prix. In altre parole, il "neonato" costruttore sa bene che il motore 12 cilindri è un propulsore quanto mai versatile che, con l'aggiunta ad esempio di un compressore, può essere impiegato anche su una Grand Prix.

A "macinare" i primi chilometri a bordo della 125 S è lo stesso Ferrari che – forte di una carriera di pilota di grande spessore alle spalle – non esita a calarsi nell'abitacolo della nuova Sport che conduce sino alla vicina Formigine e ritorno alla ricerca dei primi riscontri.

Dopo aver affidato ad un artigiano locale l'allestimento della sobria carrozzeria spider "ad ala spessa", cui avrebbe fatto seguito, almeno nei programmi, un secondo esemplare con parafanghi scorporati di tipo motociclistico, per Ferrari è già tempo di pianificare i primi impegni sportivi, scegliendo per il tanto atteso debutto il Circuito di Piacenza, in programma l'11 maggio. A condurre la 125 S con carrozzeria integrale viene designato Franco Cortese, vecchia conoscenza di Ferrari sin dai tempi della Scuderia, pilota di grande esperienza oltre che, già all'epoca, "veterano" di una classicissima come la Mille Miglia. La 125 S "Competizione" è invece destinata a Giuseppe "Nino" Farina, classe 1906, pilota dal grande talento con alle spalle un invidiabile *palmarès*, che però si trova fra le mani una vettura scorbutica tanto da dichiarare *forfait* dopo le prove.

Scattato dalla prima fila, Cortese segue alla lettera le direttive del capo e, nella parte iniziale di gara, cerca di preservare la meccanica andando "di conserva". Poi, una volta prese le misure alla sua 125 S, si getta all'inseguimento delle Maserati di Angiolini e Barbieri, rimonta che conclude portandosi in testa alla corsa, ma a quattro giri dal termine il sogno si infrange per un guasto alla pompa di alimentazione. La macchina c'è e Ferrari lo sa bene tanto da definire quel debutto come un "promettente insuccesso".

Due settimane più tardi, il 25 maggio, il duello Ferrari-Maserati si ripete a Roma sul circuito di Caracalla dove gli organizzatori, pur di avere al via una vettura del Cavallino, ammettono anche auto di un litro e mezzo. Con la stessa 125 S usata a Piacenza Cortese conosce ben pochi avversari e ottiene il primo, storico successo per le neonata fabbrica di Maranello. A questo primo alloro se ne aggiungono in rapida successione

The "S" that appeared alongside the 125 instead stood for "Sport", the category for which the car was originally conceived. However, with his customary farsightedness, Ferrari had already earmarked other letters to be combined with the three figures: "C" for "Corsa" and "GP" for Grand Prix. In other words, the nascent constructor was well aware that the 12-cylinder engine was a particularly versatile power unit that with, for example, the addition of a supercharger, could also be used in a Grand Prix car.

The first few kilometres aboard the 125 S were driven by Ferrari himself who, on the strength of his considerable racing career, had no hesitation in lowering himself into the cockpit of the new Sport, which he drove to nearby Formigine and back on an initial shakedown.

After having entrusted a local craftsman with the creation of the sober "ala spessa" or "thick wing" bodywork, that was to have been followed by a second version with cycle wings, it was time for Ferrari to start planning the first competitive outings, choosing the Circuito di Piacenza on the 11th of May for the car's eagerly awaited debut. The 125 S with full-width bodywork was assigned to Franco Cortese, well-known to Ferrari since the times of the Scuderia, a very experienced driver and already a veteran of a classic such as the Mille Miglia. The 125 S "Competizione" was instead entrusted to Giuseppe "Nino" Farina, class of 1906, a talented driver with an enviable record but who found the car to be so cantankerous as to withdraw following practice.

Starting from the front row of the grid, Cortese followed Ferrari's instructions to the letter and in the early part of the race concentrated on nursing the mechanicals by running "within himself". Once he had got the measure of his 125 S he set about hunting down the Maseratis of Angiolini and Barbieri, a chase that took him into the lead before he was sidelined four laps from the chequered flag with a broken fuel pump. The car had proved its worth and Ferrari was confident enough to describe that debut as a "promising failure".

Two weeks later, on 25 May, the Ferrari-Maserati duel was repeated in Rome on the Caracalla circuit where the organizers, in order to ensure the presence of the Prancing Horse at the start, opened the race to 1.5-litre cars. At the wheel of the same 125 S driven at Piacenza, Cortese had few rivals and secured the historic first victory for the newborn Maranello marque. This first win was followed in quick succession by a further two at Vercelli and Vigevano, where Cortese won with the "Competizione" version.

altri due, a Vercelli e Vigevano, dove Cortese vince con la versione "Competizione".

Il primo giorno d'estate del 1947, il 21 giugno, è già tempo di Mille Miglia, la prima del Dopoguerra, un appuntamento al quale Ferrari e la Ferrari non possono mancare. In onore all'andante che "squadra che vince... non si cambia", sono ancora Cortese – in coppia con Adelmo Marchetti – e la 125 S a difendere i colori del Cavallino. Le sole foto esistenti della vettura "tipo Piacenza", scattate da Alberto Sorlini, a partire dal 1948 fotografo ufficiale della corsa bresciana, ritraggono un Ferrari che sovrintende, attento, al lavoro dei meccanici attorno all'auto in piazza della Vittoria a Brescia. Quelle foto sono anche le uniche esistenti, giacché dopo un brillante avvio, la Ferrari numero di gara 219 è costretta alla resa per il cedimento della guarnizione della testa nei pressi di Fano.

Dopo un altro successo a Varese, il 6 luglio si corre a Forlì la Coppa Luigi Arcangeli dove è il grandissimo Tazio Nuvolari, il campione che ha già condiviso con Ferrari gioie e dolori, a calarsi nell'abitacolo di una "rossa". Risultato: vittoria di Categoria e giro più veloce. Questo binomio che sa di leggenda si ripete una settimana dopo a Parma dove la Ferrari mette a segno la prima doppietta della sua storia con Nuvolari e Cortese ai primi due posti in classifica assoluta. Il "Mantovano volante" cerca il tris su un circuito a lui molto caro come quello di Livorno, nella Coppa del Montenero di fine agosto, ma un problema di alimentazione pone fine alla sua corsa già al quarto passaggio.

Roberto Vallone e Sergio Sighinolfi su Ferrari 166 SC al via della Mille Miglia 1949.

*Roberto Vallone and Sergio Sighinolfi in a Ferrari 166 SC at the start of the 1949 Mille Miglia.*

L'ultimo acuto di una stagione ben più che promettente (un'annata che in agosto, a Pescara, ha visto debuttare anche il secondo modello nella storia della Casa, la 159 S equipaggiata con il 12 cilindri al limite dei 2 litri), si chiude con il successo di Raymond Sommer nel Gran Premio di Torino sul Circuito del Valentino, al volante della stessa 159 S impiegata da Cortese a Pescara. Un successo che per l'ancor giovane costruttore modenese è sinonimo di riscatto, visto che è ottenuto proprio in quel parco di Torino che nell'inverno del 1918 aveva visto Ferrari, all'indomani della Grande Guerra, cedere allo sconforto, solo, seduto su una gelida panchina, dopo che la Fiat gli aveva negato un posto di lavoro di vitale importanza.

On the 21st of June, the first day of summer 1947, it was the turn of the first post-war edition of the Mille Miglia, an event Enzo Ferrari and his cars could hardly miss. True to the motto whereby you "don't change a winning team", it was Cortese – paired with Adelmo Marchetti – and the 125 S flying the flag for the Prancing Horse. The only surviving photos of the Piacenza-type car taken by Alberto Sorlini, from 1948 the official photographer of the Brescian race, portray Ferrari closely supervising the work of the mechanics around the car in Piazza della Vittoria in Brescia. Those photos are so rare in part because after a sparkling start, the Ferrari carrying race number 219 was obliged to retire near Fano with a head gasket failure.

Following another win in Varese, the 6th of July saw the running of the Coppa Luigi Arcangeli at Forlì for which the great Tazio Nuvolari, the champion who had already shared pain and triumph with Ferrari, climbed into the cockpit of a "rossa". The result: a class win and the fastest lap. This legendary pairing was repeated a week later at Parma where Ferrari enjoyed a historic first one-two with Nuvolari and Cortese finishing first and second overall. The "Flying Mantuan" went for the hat trick on a circuit close to his heart in Livorno, in the Coppa del Montenero at the end of August, but a fuel feed problem put an end to his race as early as the fourth lap. The finale to what had been a highly promising season (which in August, at Pescara, had also seen the debut of the marque's second model, the 159 S equipped with the 12-cylinder engine with a two-litre displacement) came with Raymond Sommer's win in the Turin Grand Prix on the Valentino Circuit, at the wheel of the 159 S driven by Cortese at Pescara. A win that for the fledgling Modenese constructor was a synonym for redemption given that it was achieved in the Turin park that in the winter of 1918, immediately after the Great War, had seen Ferrari sitting on a freezing bench, alone and discouraged after being turned down by Fiat for a job of vital importance. In 1948, the second season of racing, to use a definition that could be the title of one of the various annuals Ferrari published in the Thirties to celebrate his team's sporting achievements,

# 1947-1949

INDIZI DI GLORIA
*HINTS OF GLORY*

Nel 1948, la seconda stagione di corse, per usare una definizione che pare il titolo di uno dei vari annuari che Ferrari pubblicava negli anni Trenta per celebrare le imprese sportive della sua Scuderia, il "giovane" costruttore di Maranello capisce due cose. La prima: per poter finanziare in maniera adeguata l'attività agonistica è necessario iniziare a vendere le vetture a coloro che, con queste, desiderano gareggiare. Per fare ciò è importante poter contare su una piccola ma consolidata clientela che Ferrari trova nei diversi e facoltosi *gentlemen drivers* della prima ora – gente del calibro dei fratelli Marzotto, degli altri fratelli Besana, di Giampiero Bianchetti o del Conte lituano Igor Troubetzkoy – tutti personaggi che iniziano ad intravedere nelle Ferrari vetture sì in grado di vincere ma anche di costituire una sorta di *status symbol*, per usare un temine allora ancora ignoto. La seconda: oltre a realizzare vetture nate esclusivamente per correre è necessario avviare una piccola produzione di automobili che possano essere usate anche su strada pur conservando prestazioni di assoluto rilievo. A queste caratteristiche corrisponde in pieno la prima "stradale" di Maranello, la 166 MM, presentata al Salone di Torino nel settembre del 1948. Touring, che ancora una volta firma la carrozzeria, allestisce una vettura scoperta, due posti secchi, sobria ed elegante, contrassegnata da una leggera increspatura che percorre longitudinalmente l'intera fiancata e che le varrà il soprannome di "barchetta".

Non è certo un caso quindi se la prima vittoria della stagione 1948 arrivi con un'auto regolarmente "venduta", la 166 Inter di proprietà di Troubetzkoy, che Clemente Biondetti porta al successo al Giro di Sicilia in aprile.

Ma la vetrina ideale dove esporre tutta la produzione della giovane Casa di Maranello resta la Mille Miglia, in programma il 2 maggio. Fra vetture ufficiali e private, le Ferrari al via della corsa sono ben cinque fra le quali spicca la 166 SC con il numero di gara 1048, che si presenta al via guidata da Tazio Nuvolari, alla sua decima ed ultima Mille Miglia. Il "campionissimo" è alla disperata ricerca di un volante per disputare la classica bresciana; l'Alfa Romeo è sulle sue tracce ma quando Ferrari lo scopre, batte tutti sul tempo, si precipita a Brescia e offre a "Nivola" la vettura lasciata libera proprio da Troubetzkoy, impossibilitato a prender parte alla corsa per motivi personali. Il mantovano non ci pensa due volte e, calatosi nell'angusto abitacolo assieme al giovane Sergio Scapinelli, scrive una delle pagine più luminose della sua carriera con una corsa tutta all'attacco. Primo a Roma e sempre al comando nell'ultimo passaggio da Bologna con ben 29 minuti di vantaggio sul suo inseguitore Biondetti, anch'egli al

that "fledgling" constructor from Maranello learnt two things. The first: that in order to be able to finance his competition programme adequately he had to begin selling cars to those wishing to race them. For this to happen Ferrari had to be able to count on a restricted but consolidated clientele which he found among the numerous and wealthy gentlemen drivers of the period – figures of the calibre of the Marzotto brothers, the Besana brothers, Giampiero Bianchetti and the Lithuania Count Igor Troubetzkoy – all of whom began to see the Ferraris as cars that were both capable of winning and of constituting a form of status symbol, to use a phrase unknown at the time.

The second: that as well as building pure racing cars he would have to launch limited production of high performance cars that could also be used on the road. These characteristics were reflected in full in Maranello's first road car, the 166 MM, presented at the Turin Motor Show in the September of 1948. Touring, which once again provided the bodywork, created a strictly two-seater open-top car featuring sober, elegant lines with a slight crease running the length of the flanks that earned it the "barchetta" or "boat" nickname.

In was therefore no coincidence that the first win of the 1948 season came with a car sold to a client, the 166 S owned by Troubetzkoy, which Clemente Biondetti drove to victory in the Giro di Sicilia in April.

The ideal shop window for the Maranello company's complete range was of course the Mille Miglia, scheduled for the 2nd of May. There were no less than five works and private Ferraris at the start, including the 166 SC with race number 1048 driven by Tazio Nuvolari in his 10th and last Mille Miglia. The racing legend was desperately searching for a drive in the Brescian classic; Alfa Romeo was in the running but as soon as Ferrari found out he swooped, rushing to Brescia and offering "Nivola" the car left free by Troubetzkoy who was unable to participate for personal reasons. The Mantuan took little persuading and having climbed into the tight cockpit alongside the young Sergio Scapinelli wrote one of the most scintillating chapters of his career with a display of aggressive racing. First in Rome and leading his closest rival Biondetti, also at the wheel of a Ferrari 166 Inter with Allemano closed bodywork, by 29 minutes at the final Bologna checkpoint, Nuvolari was then forced to surrender to a broken leaf spring at the Villa Ospizio refuelling stop just outside Reggio Emilia. Ferrari won its first Mille Miglia in any case with Biondetti,

volante di una Ferrari 166 S Allemano a guida interna, Nuvolari è costretto alla resa per la definitiva rottura di una balestra al rifornimento di Villa Ospizio, alle porte di Reggio Emilia. La Ferrari si aggiudica in ogni caso il primo successo nella Mille Miglia con Biondetti ma, all'indomani della corsa, tutti i titoli sono per il vecchio e indomito campione che ancora una volta ha dato prova della sua immensa classe.

Se le vetture a ruote coperte si stanno rivelando veloci ma anche affidabili come ha dimostrato proprio la vittoria alla Mille Miglia, sul fronte delle monoposto il percorso si rivela più complesso: i lavori sulla 125 F1 procedono a rilento e spesso, per ben figurare, Ferrari è costretto a ripiegare sulla 166 F2. Ma al Gran Premio d'Italia, che si corre sul circuito del Valentino a Torino il 5 settembre, la Casa del Cavallino si presenta comunque in grande spolvero con ben tre 125 F1 per Raymond Sommer, Farina e per il Principe thailandese "Bira". Il terzo posto finale conquistato dal pilota francese alle spalle delle imbattibili Alfa Romeo "Alfetta" 158 è per Ferrari un'autentica manna dal cielo poiché sta a dimostrare che anche su questo fronte la strada imboccata è quella giusta.

Già sul finire di quella stagione Luigi Chinetti, altra vecchia conoscenza di Ferrari sin dai tempi della Scuderia, va "in missione" a Maranello nel tentativo di convincere il costruttore a prendere parte in veste ufficiale alla 24 Ore di Le Mans del 1949. La classica francese è quello che ci vuole per assicurare alla Casa del Cavallino quel prestigio e quella risonanza internazionali

La Ferrari 166 S di Giampiero Bianchetti e Giulio Sala al via della Mille Miglia 1949.

*The Ferrari 166 S of Giampiero Bianchetti and Giulio Sala at the start of the 1949 Mille Miglia.*

che ancora gli mancano. Ne sono convinti tutti, forse Ferrari stesso al quale non sfugge il fatto che è necessario iniziare a gareggiare anche, se non soprattutto, oltre i confini nazionali. Non solo, ma qualora la trasferta risulti troppo onerosa per le ancor fragili casse della sua azienda, è bene affidarsi a scuderie che possano accollarsi l'onere di far correre le sue vetture all'estero, proprio come lui stesso aveva fatto più volte nel corso degli anni Trenta allestendo e facendo correre le Alfa Romeo.

Tutto questo Ferrari lo sa bene ma, nello stesso tempo, non si sente ancora pronto per sostenere un coinvolgimento diretto in una gara tanto impegnativa come la 24 Ore; per questo, convince Chinetti ad acquistare le due 166 MM che intende schierare in Francia. Detto, fatto.

but the morning after the race all the newspaper titles were for the old, indomitable champion who had once again given proof of his immense class.

While the covered wheel cars were proving to be both fast and reliable, as demonstrated by that Mille Miglia win, the situation was more complex with the single-seaters: work on the 125 F1 was moving slowly and Ferrari frequently had to fall back on the 166 F2. However, at the Italian Grand Prix held at the Valentino circuit in Turin on the 5th of September, the Prancing Horse lined up with no less than three examples of the 125 F1 for Raymond Sommer, Farina and the Prince "Bira" of Thailand. The third place overall conquered by the French driver behind the unbeatable Alfa Romeo 158 Alfettas was authentic manna from heaven for Ferrari because it showed that the firm was on the right track on this front too.

By the end of that season Luigi Chinetti, another old acquaintance of Ferrari from the Scuderia days, was visiting Maranello on a "mission" to try and convince the constructor to take part in the 1949 Le Mans 24 Hours as a works team. Everyone was convinced, including perhaps Ferrari himself who realised that he would also if not above all have to start racing beyond the national borders. Moreover, should the logistics of an international programme be too onerous for the still fragile finances of his company, it would be wise to rely on teams in a position to run his cars abroad, just as he himself had done on numerous occasions in the 1930s, preparing and racing Alfa Romeos.

Ferrari was well aware of all this, but at the same time he did not feel ready for a direct involvement in a race as demanding as the 24 Hours and therefore convinced Chinetti to purchase the two 166 MMs he intended to race in France. No sooner said than done.

Jean Lucas - Pierre Louis Dreyfuss and Luigi Chinetti - Lord Seldson were the two crews that started the race. While the first of the two 166 MMs was forced to retire after a crash, the second, in the expert hands of the Chinetti (a two-time winner at Sarthe with Alfa Romeo in 1932 and 1934) won the race and brought Ferrari one of his many "terrible joys".

# 1947-1949

## INDIZI DI GLORIA
*HINTS OF GLORY*

Jean Lucas–Pierre Louis Dreyfuss e Luigi Chinetti–Lord Seldson sono i due equipaggi al via della corsa. Mentre la prima delle due 166 MM è costretta alla resa per un'uscita di strada, la seconda, nelle mani esperte di Chinetti (già vincitore due volte con l'Alfa Romeo sulla pista della Sarthe nel 1932 e 1934), si aggiudica la corsa regalando a Ferrari una delle sue tante "gioie terribili". Quel giorno il Signore di Maranello si trova infatti a San Marino assieme a suo figlio Dino, classe 1932, da tempo malato di distrofia muscolare, una sindrome per la quale nel 1949 non vi sono cure. Mentre salgono assieme verso la rocca, a Ferrari non sfugge la fatica immane che Dino deve compiere per reggere il suo passo e, proprio mentre la radio trasmette le esaltanti notizie che giungono da Le Mans, Ferrari sente che quel giovane figlio gli sta sfuggendo di mano senza che lui possa far nulla per opporsi a quel tragico destino. «Presentivo che mio figlio mi sfuggiva, che l'avrei perduto», scrisse anni dopo.

In quel 1949, oltre che a Le Mans, le vetture di Maranello colgono altri allori al Giro di Sicilia ed alla Mille Miglia, vinte entrambe per il secondo anno consecutivo dall'inossidabile Biondetti. In parallelo alla fitta attività delle Sport prosegue lo sviluppo della 125 F1 che coglie brillanti affermazioni in giro per l'Europa ma, per Ferrari, l'appuntamento da non mancare è il Gran Premio d'Italia che l'11 settembre torna ad essere disputato sulla pista di Monza. La monoposto è ormai matura e quel giorno Alberto Ascari coglie un'importante vittoria proprio su quella pista che aveva visto suo padre, l'indimenticato campione dell'Alfa Romeo Antonio – amico fraterno e all'epoca compagno di squadra di Ferrari – straordinario vincitore nel 1924 con la P2.

Ormai alle porte del nuovo decennio, Ferrari ha ben più di una ragione per guardare con fiducia al futuro.

On that day, in fact, Enzo Ferrari was in San Marino with his son Dino, class of 1932, who had been ill for some time with muscular dystrophy, a syndrome for which there was no cure in 1949. While they climbing up to the famous tower, Ferrari could hardly miss the enormous effort Dino had to make to keep up and while the radio was broadcasting the exciting news from Le Mans, he could feel he was losing his young son and that there was nothing he could do to prevent that tragic destiny. "I felt that my son was slipping away, that I would have lost him", he wrote years later.

In 1949, as well as at Le Mans, the cars from Maranello brought home the laurels from the Giro di Sicilia and the Mille Miglia, both won for the second consecutive year by the indestructible Biondetti. In parallel with the intensive Sport programme, the development of the 125 F1 began to enjoy great success around Europe but for Ferrari the all-important event was the Italian Grand Prix that on the 11th of September returned to the Monza track. The car was now ready and on that day Alberto Ascari secured an important victory on the circuit that had seen his father, the unforgettable Alfa Romeo champion Antonio – a close friend and at that time teammate of Ferrari – triumph in 1924 with the P2.

Going into the new decade, Ferrari had plenty of reasons to feel confident about the future.

ENZO FERRARI OSSERVA CON ATTENZIONE I MECCANICI AL LAVORO ATTORNO ALLA 125 S, LA PRIMA "VERA" FERRARI APPARSA NELLA PRIMAVERA DEL 1947. A PORTARLA IN CORSA ALLA MILLE MIGLIA DI QUELL'ANNO È L'EQUIPAGGIO FRANCO CORTESE-ADELMO MARCHETTI CHE SARANNO COSTRETTI ALLA RESA NEI PRESSI DI FANO PER NOIE ALLA GUARNIZIONE DELLA TESTA.

TUTTO È PRONTO A BRESCIA PER LA RINATA MILLE MIGLIA DEL 1947, UN EVENTO CARICO DI SIGNIFICATI, NON SOLO SPORTIVI, NELL'ITALIA DEL PRIMO DOPOGUERRA, ANCORA PROFONDAMENTE SEGNATA MA PIÙ CHE MAI DESIDEROSA DI TORNARE ALLA NORMALITÀ.

## 1947

*ENZO FERRARI ATTENTIVELY OBSERVES THE MECHANICS AT WORK AROUND THE 125 S, THE FIRST "TRUE" FERRARI THAT APPEARED IN THE SPRING OF 1947. IT WAS RACED IN THAT YEAR'S MILLE MIGLIA BY FRANCO CORTESE AND ADELMO MARCHETTI WHO WERE FORCED TO RETIRE NEAR FANO WITH A HEAD GASKET FAILURE.*

*ALL SET IN BRESCIA FOR THE REBORN MILLE MIGLIA OF 1947, AN EVENT CHARGED WITH MEANINGS, SPORTING AND OTHERWISE, IN THE ITALY OF THE IMMEDIATE POST-WAR PERIOD, STILL DEEPLY SCARRED BUT EAGER FOR A SEMBLANCE OF NORMALITY.*

PAGINA A FIANCO, ANCORA FERRARI E LA 125 S, QUESTA VOLTA NEI CORTILI DELLA FABBRICA DI MARANELLO; AL VOLANTE DELLA VETTURA È "NANDO" RIGHETTI CHE SI APPRESTA A COMPIERE ALCUNI GIRI DI COLLAUDO.

SOPRA, VIII CIRCUITO DI MODENA, 28 SETTEMBRE. CORTESE (N. 20) CON UNA 159 S PROVVISTA DI PARAFANGHI DI TIPO MOTOCICLISTICO È ALL'INSEGUIMENTO DELLA MASERATI A6 GCS (N. 6) DI GIGI VILLORESI E PRECEDE L'ALTA MASERATI DI ALBERTO ASCARI (N. 24). LA GARA AVRÀ UN ESITO INFAUSTO CON LA MORTE DI ALCUNI SPETTATORI TRAVOLTI DALLA DELAGE DI GIOVANNI BRACCO USCITA DI STRADA.

A FIANCO, GRAN PREMIO DI TORINO, 12 OTTOBRE. RAYMOND SOMMER POCHI ISTANTI PRIMA DI PRENDERE IL VIA DI UNA CORSA CHE LO VEDRÀ INDISCUSSO DOMINATORE CON LA 159 S.

## 1947

FACING PAGE, FRANCO CORTESE AT THE CIRCUITO DI PESCARA ON THE 15TH OF AUGUST RACING AN UPDATED VERSION OF THE 125 S, KNOWN AS THE 159 S. WHILE IN TERMS OF STYLING THERE WERE NO SUBSTANTIAL DIFFERENCES WITH RESPECT TO THE EARLIER MODEL, UNDER THE BONNET WAS A 60° V12 TAKEN TO THE 2-LITRE LIMIT (1902.84 CC). SECOND PLACE OVERALL AND A CLASS WIN WERE AMPLE EVIDENCE OF THE CAR'S GREAT POTENTIAL.

ABOVE, VIII CIRCUITO DI MODENA, 28 SEPTEMBER. CORTESE (NO. 20) WITH A 159 S FITTED WITH CYCLE WINGS IS CHASING THE MASERATI A6 GCS (NO. 6) OF GIGI VILLORESI AND LEADING THE SECOND MASERATI DRIVEN BY ALBERTO ASCARI (NO. 24). THE RACE WAS TO BE SCARRED BY THE TRAGIC DEATHS OF A NUMBER OF SPECTATORS MOWN DOWN BY GIOVANNI BRACCO'S DELAGE AS IT CRASHED.

FACING PAGE, FERRARI AGAIN AND THE 125 S IN THE COURTYARD OF THE MARANELLO FACTORY; AT THE WHEEL IS "NANDO" RIGHETTI WHO IS ABOUT TO COMPLETE A FEW TEST LAPS.

PAGINA A FIANCO, FRANCO CORTESE, CON GLI OCCHIALI IN PIEDI ACCANTO ALLA VETTURA, SI PRESENTA ANCORA UNA VOLTA A PRENDERE IL VIA NELLA SECONDA MILLE MIGLIA DEL DOPOGUERRA (2 MAGGIO 1948) CON LA 125 S, MA DI NUOVO NON RIUSCIRÀ A CONCLUDERE LA CORSA.

FRA LE FERRARI AL VIA DI QUELLA CORSA FIGURAVA ANCHE UNA 166 SC DOTATA DI PARAFANGHI DI TIPO MOTOCICLISTICO E GUIDATA DAI FRATELLI SOAVE E GABRIELE BESANA, SESTI ASSOLUTI SINO AL CONTROLLO DI ROMA MA POI COSTRETTI AL RITIRO.

## 1948

*FACING PAGE, FRANCO CORTESE IN THE GLASSES, STANDING ALONGSIDE HIS CAR, PRIOR TO THE START OF THE SECOND POST-WAR MILLE MIGLIA (2 MAY 1948) WITH THE 125 S; ONCE AGAIN HE WAS TO FAIL TO FINISH.*

*AMONG THE FERRARIS AT THE START OF THE RACE WAS A 166 SC DRIVEN BY THE BROTHERS SOAVE AND GABRIELE BESANA, THIS TOO FITTED WITH CYCLE WINGS. THE PAIR WERE TO BE SIXTH AT THE ROME CHECK-POINT BUT WERE THEN FORCED TO RETIRE.*

Pagina a fianco, un intenso primo piano di due uomini che hanno fatto la storia dell'automobilismo sportivo: Enzo Ferrari e Tazio Nuvolari. In vista della Mille Miglia il "Mantovano" è alla ricerca di una vettura con la quale disputare ancora una volta la grande classica bresciana. Ferrari non si lascia sfuggire l'occasione e "recluta" Nuvolari all'ultimo momento. Tazio, in coppia con Sergio Scapinelli, sopra a sinistra ripresi al via della corsa già nell'abitacolo della loro 166 SC, sarà protagonista di una corsa a dir poco epica conclusasi però con un mesto ritiro.

La Mille Miglia è comunque appannaggio di una Ferrari, la 166 S berlinetta Allemano (n. 16) di Clemente Biondetti-Giuseppe Navone, primi al traguardo dopo 15 ore 05' e 44 secondi di gara.

## 1948

*Facing page, an intense portrait of two men who contributed so much to the history of motorsport: Enzo Ferrari and Tazio Nuvolari. In view of the Mille Miglia, the "Mantuan" was looking for a car to drive just one more edition of the great Brescian classic. Ferrari was not one to pass up a similar opportunity and "recruited" Nuvolari at the last minute. Tazio, paired with Sergio Scapinelli, above and left at the start of the race in the cockpit of their 166 SC, was to be the protagonist of a truly epic race that he was sadly unable to finish.*

*The Mille Miglia nonetheless went to a Ferrari, the 166 S berlinetta Allemano (No. 16) driven by Clemente Biondetti-Giuseppe Navone, first across the line after 15 hours, five minutes and 44 seconds of racing.*

# GIOACHINO COLOMBO

## QUEL PRIMO 12 CILINDRI…

Nel 1937, quando la Scuderia Ferrari si apprestava ad entrare definitivamente nell'orbita dell'Alfa Romeo, per poi essere soppiantata nel volgere di poco dall'Alfa Corse, Enzo Ferrari, sempre nel ruolo di Direttore del reparto, ricevette in "dote" a Modena un "manipolo" di tecnici, ingegneri e disegnatori di grande valore, cresciuti sotto l'ala di Vittorio Jano: da Alberto Massimino a Federico Giberti, da Angelo Nasi a Reclus Forghieri – il padre di Mauro – sino a Gioachino Colombo, nato a Legnano nel 1903 ed entrato in Alfa Romeo nel 1924 nel ruolo di disegnatore presso l'Ufficio Studi Speciali. Proprio accanto a Ferrari, in quel convulso scorcio di decennio, Colombo ebbe modo di esprimere il proprio valore sulle diverse monoposto Alfa Romeo che apparvero in rapida successione in quegli anni: dalla Tipo 308 alle Tipo 312 e 316 (tutte sigle legate al frazionamento dei rispettivi propulsori) sino alla 158, innovativa vettura che vide la luce nel 1938 attorno ad un motore otto cilindri in linea di 1.479 cc. Quella prima "Alfetta" s'impose sin dal debutto, alla Coppa Ciano di quell'anno, per poi dominare la prima edizione del Campionato del mondo di Formula 1 nel 1950, e trovando poi la sua logica evoluzione nell'altrettanto vincente 159 nel 1951. Colombo, che in più di un'occasione negli anni successivi definì proprio la 158 "la mia Alfetta", rimase fedele a Ferrari anche quando quest'ultimo, finalmente libero da qualsiasi vincolo nei confronti dell'Alfa, pose le basi, nell'estate del 1945, per la sua futura carriera di costruttore di automobili… rigorosamente da corsa. Nell'agosto di quello stesso anno Colombo – ancora dipendente dell'Alfa – mise infatti mano al primo motore dodici cilindri a V di 1,5 litri. Il giorno di Ferragosto, invitato a pranzo dalla sorella a Castellanza… «*Mentre tutti erano ancora a tavola, io uscii in giardino, mi sedetti sotto un albero, con in mano una penna e un gran foglio di carta ruvida. Improvvisai il disegno della testata del motore…*», ricordò lo stesso Colombo in un celebre passo. Proprio quel propulsore, nel volgere di due anni, sarebbe finito sotto il cofano della prima "vera" Ferrari, la 125 S, che avrebbe poi mosso i primi passi nel marzo del 1947.

Nel mezzo, oltre diciotto mesi di frenetico lavoro con, in parallelo, la definizione del telaio, delle diverse sezioni del gruppo motore-cambio ma anche del passaggio di testimone fra Gioachino Colombo – frattanto richiamato a Milano dall'Alfa Romeo – e Giuseppe Busso, torinese, di

## THAT FIRST TWELVE…

*In 1937, when the Scuderia Ferrari was about to enter definitively into the orbit of Alfa Romeo, before soon being replaced by Alfa Corse, Enzo Ferrari, continuing in the role of department director, received as a "dowry" in Modena a "handful" of skilled mechanics, engineers and draftsmen honed under the wing of Vittorio Jano: from Alberto Massimino to Federico Giberti, from Angelo Nasi to Reclus Forghieri – Mauro's father – through to Gioachino Colombo, born in Legnano and an Alfa Romeo employee from 1924 as a draftsman in the Special Studies Office. Alongside Ferrari in that convulsive fragment of a decade, Colombo had the opportunity to show his worth on the diverse Alfa Romeo single-seaters that appeared in rapid succession in those years: from the Tipo 308 to the Tipo 312 and 316 (all numbers associated with the cylinders of the respective engines), through to the 158, an innovative car built around a 1479 cc straight-eight that first saw the light of day in 1938. That first "Alfetta" was a winner straight out of the box, claiming that year's Coppa Ciano. It went on to dominate the first edition of the Formula 1 World Championship in 1950 and then evolved naturally into the equally dominant 159 in 1951. Colombo, who on more than one occasion over the following years defined the 158 as "my Alfetta", remained faithful to Ferrari even when this last, finally free of any obligations to Alfa, laid the foundations in the summer of 1945, for his future career as a manufacturer of racing cars. In the August of that year, Colombo, then still on the Alfa payroll, in fact worked on the first 1.5-litre V12 engine. During the mid-August Ferragosto holiday, invited to lunch by his sister in Castellanza… "While everyone was still at the table, I went out into the garden and sat under a tree with a pen and a large sheet of rough paper. I roughed out the design of the engine's cylinder head…" recalled Colombo in a famous passage. Within two years, that very engine was to be found under the bonnet of the first "true" Ferrari, the 125 S, which was first run in the March of 1947.*

*Two episodes were separate by more than 18 months of frenetic work with the parallel development of the chassis and the various engine-gearbox assemblies and the hand-over from Gioachino Colombo – recalled to Milan in the meantime by Alfa Romeo – to Giuseppe*

UNO SCATTO QUASI RUBATO DI GIOACHINO COLOMBO, IMPEGNATO ASSIEME AD UN MECCANICO, ATTORNO AL MOTORE DI UNA MONOPOSTO DEL CAVALLINO, ALL'INTERNO DELLA FABBRICA DI MARANELLO, ALL'ALBA DEGLI ANNI CINQUANTA.

*A CANDID SNAPSHOT OF GIOACHINO COLOMBO, WORKING WITH A MECHANIC ON THE ENGINE OF ONE OF THE PRANCING HORSE'S SINGLE-SEATERS IN THE FACTORY AT MARANELLO, IN THE VERY EARLY FIFTIES.*

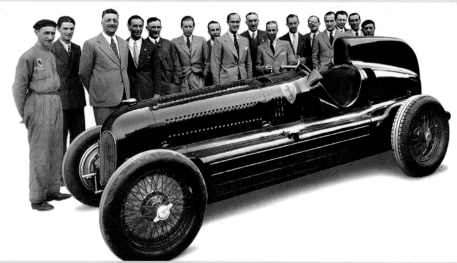

Un ritratto "ritoccato" di Gioachino Colombo, collaboratore di Enzo Ferrari sin dai tempi della prima Scuderia negli anni in cui videro la luce prima la storica "Bimotore", foto in alto, così come l'Alfa Romeo 158, l'Alfetta, nella foto sopra.

Passato alla Ferrari, Colombo firmò i primi 12 cilindri della Casa del Cavallino, come quello che equipaggiava la 166 SC, protagonista con Tazio Nuvolari alla Mille Miglia del 1948, a sinistra.

*A "retouched" portrait of Gioachino Colombo, at Enzo Ferrari's side from the era of the first Scuderia, the years that saw the creation of firstly the historic "Bimotore", top, and the Alfa Romeo 158, the Alfetta, above.*

*Having joined Ferrari's new company, Colombo designed the Prancing Horse's first 12-cylinder engines including the one that powered the 166 SC; a protagonist in the 1948 edition of the Mille Miglia, left.*

# GIOACHINO COLOMBO

dieci anni più giovane di Colombo, assunto da Enzo Ferrari nel giugno del 1946.

Il commiato fra Colombo e Ferrari fu però soltanto momentaneo poiché il tecnico lombardo fece il suo ritorno a Maranello già nel 1949 lavorando a stretto contatto con Aurelio Lampredi, altro tecnico di straordinario valore, destinato a lasciare un profondo segno nel primo decennio di vita della Casa di Maranello.

Uscito definitivamente dalla Ferrari all'inizio del 1951, Colombo proseguì la sua collaborazione con l'Alfa Romeo per poi passare alla Maserati – suo il motore della monoposto 250 F iridata nel 1957 con Juan Manuel Fangio – andando quindi a firmare il "canto del cigno" della Bugatti, la 251. Nel suo *curriculum* figura anche una lunga collaborazione con la MV Agusta.

Colombo scomparirà a Milano il 24 aprile del 1987.

*Busso from Turin, 10 years younger than Colombo and taken on by Enzo Ferrari in the June of 1946.*

*Colombo's absence from Ferrari was only momentary, however, as the Lombard engineer was back in Maranello as early as 1949, working closely with Aurelio Lampredi, another engineer of extraordinary talent destined to make a significant mark in the first decade of the Prancing Horse marque.*

*Having left Ferrari definitively early in 1951, Colombo continued to work with Alfa Romeo before moving to Maserati – where he was responsible for the engine in the 250 F single-seater that won the 1957 World Championship with Juan Manuel Fangio – and then designing what was Bugatti's swansong, the 251. His curriculum also features a lengthy collaboration with MV Agusta.*

*Colombo died in Milan on the 24th of April 1987.*

A POCHI ISTANTI DAL VIA DEL CIRCUITO DI MANTOVA (13 GIUGNO), TAZIO NUVOLARI NELL'ABITACOLO DELLA SUA 166 SI AGGIUSTA IL CASCHETTO IN PELLE; ACCANTO SI RICONOSCE LA CISITALIA D46 DI FELICE BONETTO (N. 14) E LA MASERATI A6 GCS DI ALBERTO ASCARI (N. 50). LE GIÀ PRECARIE CONDIZIONI DI SALUTE COSTRINGERANNO IL CAMPIONE MANTOVANO, AUTORE DI UNA CORSA COMUNQUE GENEROSA, ALLA RESA.

PAGINA A FIANCO, SOPRA, CIRCUITO DI SANREMO (26 GIUGNO), RAYMOND SOMMER CON LA FERRARI 166 SC (N. 46) STRETTO FRA TRE MASERATI DURANTE UNA FASE DI GARA SUL TRACCIATO DI OSPEDALETTI. AL TRAGUARDO SARÀ QUARTO. SOTTO, UN'IMMAGINE REALMENTE STORICA, CON LA NUOVA 166 MM BARCHETTA, IL GIORNO DEL DEBUTTO AL SALONE DELL'AUTOMOBILE DI TORINO, IL 15 SETTEMBRE 1948.

### 1948

*JUST MOMENTS FROM THE CIRCUITO DI MANTOVA (13 JUNE), TAZIO NUVOLARI IN THE COCKPIT OF HIS 166 ADJUSTS HIS LEATHER HELMET; ALONGSIDE WE CAN RECOGNISED THE CISITALIA D46 OF FELICE BONETTO (NO. 14) AND THE MASERATI A6 GCS OF ALBERTO ASCARI (NO. 50). THE GREAT MANTUAN CHAMPION'S ALREADY PRECARIOUS HEALTH OBLIGED HIM TO RETIRE DESPITE A PRODIGIOUS RACE.*

*FACING PAGE, ABOVE, CIRCUITO DI SANREMO (26 JUNE), RAYMOND SOMMER WITH THE FERRARI 166 SC (NO. 46) CROWDED BY THREE MASERATIS DURING THE RACE ON THE OSPEDALETTI CIRCUIT. HE WAS TO FINISH FOURTH. BELOW, A TRULY HISTORIC IMAGE, WITH THE NEW 166 MM BARCHETTA, ON THE DAY OF ITS DEBUT AT THE TURIN MOTOR SHOW ON THE 15TH OF SEPTEMBER 1948.*

Durante le operazioni di punzonatura in piazza della Vittoria a Brescia in vista della Mille Miglia
(24 aprile), Enzo Ferrari scambia alcune battute con Giovanni Canestrini, autorevole firma de
La Gazzetta dello Sport e decano del giornalismo motoristico italiano del Novecento. Più a destra,
la Ferrari 166 MM di Clemente Biondetti e Giuseppe Navone è al via della corsa, una gara che li
vedrà ancora una volta vincitori davanti alla vettura gemella di Felice Bonetto e Pasquale Cassani.

Pagina a fianco, la 166 MM di Biondetti-Navone impegnata sulle "Scale" di Piantonia, verso
il Passo della Cisa, già famose perché teatro della corsa in salita Parma-Poggio di Berceto.

### 1949

*During scrutineering in Piazza della Vittoria in Brescia ahead of the Mille Miglia (24 April),
Enzo Ferrari exchanges a few words with Giovanni Canestrini, an authoritative voice from
Gazzetta dello Sport and the doyen of Italian motoring journalism of the 20th century.
Further to the right, the Ferrari 166 MM of Clemente Biondetti and Giuseppe Navone starts
a race that was to finish victoriously for them again ahead of the twin car driven by Felice
Bonetto and Pasquale Cassani.*

*Facing page, the 166 M of Biondetti-Navone in the Piantonia "Stairs", towards the Passo
della Cisa, already famous as the setting of the Parma-Poggio di Berceto hillclimb.*

FRA LE PRIME IMPORTANTI AFFERMAZIONI A LIVELLO INTERNAZIONALE DELLA FERRARI FIGURA LA 24 ORE DI LE MANS DEL 1949 (25-26 GIUGNO) DOMINATA DALLA 166 MM DI LUIGI CHINETTI, FUTURO IMPORTATORE DELLA VETTURE DEL CAVALLINO NEGLI STATI UNITI, E LORD SELDSON.

PAGINA A FIANCO, GRAN PREMIO DELL'AUTODROMO A MONZA, 26 GIUGNO. ALBERTO ASCARI CON LA 166 F2 È AUTORE DI UNA CORSA AUTOREVOLE ANCHE SE, A CAUSA DI UNA LUNGA SOSTA AI BOX, DOVRÀ ACCONTENTARSI DEL TERZO POSTO FINALE AD UN GIRO DAL VINCITORE JUAN MANUEL FANGIO, ANCHE LUI SU FERRARI.

## 1949

*AMONG FERRARI'S MOST IMPORTANT INTERNATIONAL WINS WAS THAT IN THE 1949 LE MANS 24 HOURS (25-26 JUNE) DOMINATED BY THE 166 MM OF LUIGI CHINETTI, THE FUTURE IMPORTER OF THE PRANCING HORSE'S CARS TO THE UNITED STATES, AND LORD SELDSON.*

*FACING PAGE, THE GRAN PREMIO DELL'AUTODROMO AT MONZA ON THE 26TH OF JUNE. ALBERTO ASCARI WITH THE 166 F2 PUT ON AN AUTHORITATIVE DISPLAY EVEN THOUGH, DUE TO A LONG SOJOURN IN THE PITS, HE HAD TO SETTLE FOR THIRD PLACE, A LAP DOWN ON THE WINNER JUAN MANUEL FANGIO IN ANOTHER FERRARI.*

Gran Premio di Losanna, 27 agosto. Sempre al volante della 125 F1, Alberto Ascari (n. 14) scatta dalla prima fila accanto all'altra Ferrari (n. 12) di Felice Bonetto e alla Maserati 4CLT/48 del vincitore Nino Farina (n. 10). Il pilota milanese chiuderà al secondo posto dopo aver fatto segnare anche il giro più veloce.

Pagina a fianco, a conclusione di una stagione quanto mai positiva, Alberto Ascari coglie uno storico successo, di nuovo con la 125 F1, nel Gran Premio d'Italia e d'Europa, a Monza, l'11 settembre, su quella stessa pista che vide suo padre Antonio vincitore nel 1924.

## 1949

*Grand Prix of Lausanne, 27 August. Again at the wheel of the 125 F1, Alberto Ascari (No. 14) sprints away from the front row alongside the second Ferrari (No. 12) of Felice Bonetto and the maserati 4CLT/48 of the winner Nino Farina (No. 10). The Milanese driver was to finish second after setting the fastest lap.*

*Facing page, at the end of a particularly successful season Alberto Ascari scored an historic victory, again with the 125 F1 in the Italian and European Grand Prix at Monza on the 11th of September, on the track that had seen his father victorious back in 1924.*

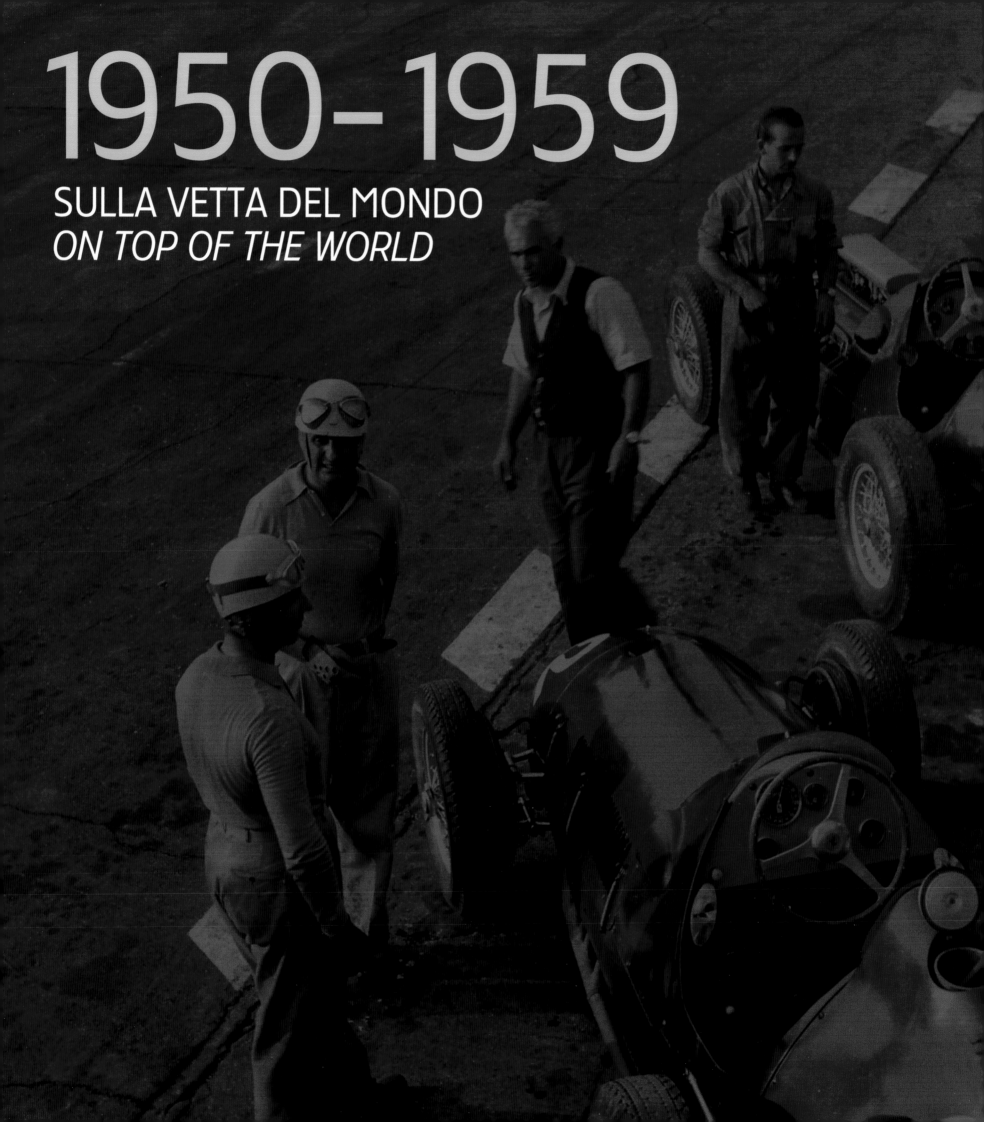

# 1950–1959

## SULLA VETTA DEL MONDO
## *ON TOP OF THE WORLD*

Le molteplici difficoltà incontrate nella messa a punto del 12 cilindri con compressore impiegato sulle vetture Grand Prix avevano convinto Ferrari ed i suoi collaboratori, primo fra tutti Aurelio Lampredi che già nel corso del 1949 stava acquisendo un peso sempre maggiore nell'organigramma Ferrari, a perseguire la strada del propulsore aspirato ritenuto più affidabile e parco nei consumi. Lampredi non aveva perso tempo ed aveva iniziato a lavorare attorno al progetto di un 12 cilindri atmosferico di 4,5 litri di cilindrata, unità motrice che nel corso del 1950 avrebbe dovuto equipaggiare la nuova monoposto del Cavallino. Del resto la partecipazione in forma ufficiale al neonato Campionato del Mondo di Formula 1, istituito proprio a partire da quella stagione e articolato su sette gare – 500 Miglia di Indianapolis compresa –, costituiva per Enzo Ferrari un obiettivo di fondamentale importanza e, per questo, aveva dato priorità massima al programma Formula 1. In quel Campionato, e non altrove, si sarebbe consumata la principale sfida fra Ferrari ed Alfa Romeo, e di questo l'uomo di Maranello ne era ben conscio.

La Mille Miglia in programma in aprile fu ritenuta il terreno ideale per sondare le potenzialità e l'affidabilità di un nuovo V12 di 3,3 litri montato sulle due Sport 275 S ufficiali affidate ai piloti di punta del Cavallino, Alberto Ascari e Gigi Villoresi. Nessuna di loro vide il traguardo ma la classica bresciana – vinta comunque da una vettura di Maranello, la 195 S "elegantemente" condotta dal gentleman driver per eccellenza, il Conte Giannino Marzotto – era stata un ottimo terreno di collaudo. Ritenendo le sue monoposto ancora a corto di preparazione, Ferrari decise di disertare la prima prova del Campionato del Mondo di Formula 1, il Gran Premio di Gran Bretagna e d'Europa, disputato il 13 maggio 1950 sulla velocissima pista di Silverstone, rimandando il debutto a Montecarlo, il 21 di quello stesso mese. Sul tracciato monegasco la Ferrari si presentò con tre 125 F1 affidate a Raymond Sommer, oltre a Villoresi ed Ascari, con quest'ultimo che dopo una rocambolesca corsa vinta dall'Alfa Romeo 158 di Juan Manuel Fangio colse un incoraggiante secondo posto.

Sempre Ascari, in Belgio, portò in gara una vettura equipaggiata con un V12 di 3,3 litri senza ottenere grandi risultati; nel successivo Gran Premio delle Nazioni a Berna – prova non valida per il Campionato – Ferrari "impone" il debutto di un motore di 4,1 litri, ma anche

Alberto Ascari e Gigi Villoresi, due fra i piloti Ferrari più importanti degli anni Cinquanta.
*Alberto Ascari and Gigi Villoresi, two of the most important Ferrari drivers of the Fifties.*

The numerous problems encountered during the development of the supercharged 12-cylinder engine used in the Grand Prix cars had convinced Ferrari and his team, in particular Aurelio Lampredi, who during the course of 1949 had been playing an increasingly important role within the Ferrari set-up, to focus on a naturally aspirated design that was felt to be more reliable as well as offering better fuel consumption. Lampredi had lost no time in starting work on the design of a 4.5-litre naturally aspirated unit that in 1950 was to power the Prancing Horse's new single-seater. Participation as a works team in the new Formula 1 World Championship, introduced that season and featuring seven races – including the Indianapolis 500 – was an objective of fundamental importance for Enzo Ferrari and he had consequently given absolute priority to the Formula 1 programme. It was in that championship rather than elsewhere that the principal duel between Ferrari and Alfa Romeo was to take place, something the man from Maranello was well aware of.

The Mille Miglia in April was felt to be the ideal event in which to test the potential and reliability of a new 3.3-litre V12 fitted to the two works Sport 275 S's entrusted to the Prancing Horse's star drivers, Alberto Ascari and Gigi Villoresi. Neither was to reach the finishing line, but the Brescian classic – won in any case by a car from Maranello, the 195 S "elegantly" driven by the gentleman driver par excellence, Count Giannino Marzotto – was an excellent proving ground. Feeling that his cars were still short on development, Ferrari decided to desert the first round of the Formula 1 World Championship, the British Grand Prix, also designated as the Grand Prix of Europe, held on the very fast Silverstone circuit on the 13th of May 1950, postponing the team's debut to Monte Carlo on the 21st of that month. On the principality's street circuit, Ferrari lined up with three 125 F1s entrusted to Raymond Sommer, Villoresi and Ascari. In an exciting race won by Juan Manuel Fangio in the Alfa Romeo 158, Ascari finished in an encouraging second place.

In Belgium Ascari was at the wheel of a car powered by a 3.3-litre V12, but had little joy, while in the following Grand Prix of Nations in Bern – a non-championship race – Ferrari "imposed" the debut of a 4.1-litre engine, but even this was to little to interrupt Alfa Romeo's continued dominance of the series. The situation was critical and Lampredi and his

# 1950-1959

SULLA VETTA DEL MONDO
*ON TOP OF THE WORLD*

questo non basta per arginare le Alfa Romeo che proseguono nel loro incontrastato dominio. La situazione è critica, Lampredi e i suoi collaboratori non conoscono soste ma a Monza, nella prova conclusiva del Campionato del Mondo, tanto Ascari quanto Dorino Serafini possono finalmente scendere in gara con due 375 F1 equipaggiate con il 4,5 litri. Il secondo tempo in prova unito al posto d'onore sul podio ed ai giri al comando della corsa con Ascari sono segnali finalmente incoraggianti. L'Alfa Romeo che proprio quel giorno conquista con Farina il titolo iridato è avvertita: nel 1951 la lotta sarà ancora più dura.

Che la Ferrari sia ormai diventata un avversario quanto mai temibile appare chiaro sin dal primo appuntamento iridato della nuova stagione, il Gran Premio di Svizzera, dove Piero Taruffi chiude secondo alle spalle dell'Alfetta 159 di Fangio. Ascari e Villoresi, seppur con distacchi pesanti, occupano il secondo e il terzo gradino del podio anche in Belgio e lo stesso accade in Francia, con due "rosse" alle spalle del vincitore.

Sabato 14 luglio 1951 è in programma il Gran Premio di Gran Bretagna e d'Europa a Silverstone. Sin dalle prove la Ferrari, che solo un anno prima aveva mancato questo appuntamento, dimostra di aver ormai colmato il gap che la separava dalle fortissime Alfa Romeo. L'argentino Froilán González con la 375 F1 ottiene il miglior tempo in prova ed in gara ingaggia un'aspra lotta con Fangio, lotta che conclude con uno spettacolare sorpasso ai danni del connazionale e con la prima affermazione di una monoposto del Cavallino nel Campionato del mondo di Formula 1. L'inseguimento è finito. Quel giorno a Silverstone l'Alfa Romeo, da oltre trent'anni ai vertici dell'automobilismo sportivo – posizione che lo stesso Ferrari le aveva permesso di raggiungere grazie alla febbrile attività della sua Scuderia – è costretta ad abdicare. Silverstone non è infatti un episodio sporadico, come dimostrano le due successive vittorie che Ascari ottiene in Germania e in Italia. Soltanto una scellerata scelta di pneumatici tarpa le ali al forte pilota milanese nell'ultima prova del Mondiale in Spagna, dove le gomme della sua monoposto vanno letteralmente in frantumi, costringendolo a ripetute soste ai box che gli impediscono di lottare ad armi pari con Fangio e con l'Alfa Romeo, iridata per il secondo anno consecutivo.

Il 1951, oltre che per l'ennesimo successo nella Mille Miglia con Villoresi e nella massacrante Carrera Panamericana con Luigi Chinetti, è per la Casa del Cavallino anche quello di un'incontro destinato a lasciare una profonda traccia nella storia della Ferrari. L'uomo di Maranello, da tempo, è alla ricerca di qualcuno che riesca ad interpretare l'anima delle sue automobili e che, soprattutto, sappia dare loro un abito adeguato. In questo né Allemano né Touring, con le pur mirabili 166, lo avevano convinto sino in fondo, entrambi troppo ancorati a stilemi ormai sorpassati. Non solo, ma proprio l'assenza di una

team worked tirelessly to ensure that at Monza, in the final round of the World Championship, both Ascari and Dorino Serafini were able to take to the track with two 375 F1's powered by the 4.5-litre unit. The second fastest qualifying time and second place at the finish, together with a number of laps in which Ascari led the race were at last encouraging signs. Alfa Romeo might have conquered the World Championship on that day with Farina but had been served fair warning: in 1951 the fight would be more closely matched.

That Ferrari had become a worthy rival appeared clear from the first round of the new championship season, the Swiss Grand Prix, in which Piero Taruffi finished second behind Fangio in the Alfetta 159. Ascari and Villoresi finished second and third in Belgium, albeit some way behind the winner, and it was the same again in France, with two "Rosse" finishing behind the winner.

Saturday the 14th of July 1951 saw the running of the British and European Grand Prix at Silverstone. In qualifying Ferrari, which just a year earlier had missed this race, showed that it had now closed the gap separating it from the remarkable Alfa Romeos. The Argentine Froilán González in the 375 F1 set the fastest lap and in the race itself engaged in a fierce duel with Fangio, a duel that concluded with a spectacular pass at the expense of his countryman and the first Formula 1 World Championship victory for the Prancing Horse. The chase was over. That day at Silverstone, Alfa Romeo, for over 30 years at motorsport's cutting edge – a position Ferrari himself had allowed it to reach thanks to the feverish activity of his Scuderia – was forced to abdicate. Silverstone was, in fact, no mere one-off, as demonstrated by the two successive victories Ascari recorded in Germany and Italy. Only a poor choice of tyres clipped the talented Milanese driver's wings in the final championship round in Spain where stripped treads obliged him to make repeated pit-stops and preventing him from competing on an equal footing with Fangio and Alfa Romeo, winners of the World Championship for the second consecutive year.

As well as bringing yet another victory in the Mille Miglia with Villoresi and the gruelling Carrera Panamericana with Luigi Chinetti, for the Prancing Horse 1951 was also the year of an encounter destined to make a significant mark in Ferrari history. For some time Enzo Ferrari had been searching for some one capable of interpreting the spirit of his cars and above all capable of providing them with appropriate styling. In this respect, neither Allemano nor Touring, not even with the admirable 166, had fully convinced him, both being still too attached to dated motifs. Moreover, the absence of a strong identity had led to Ferrari being subjected to the provocation – in his eyes close to blasphemy – of a Giannino Marzotto who on rolling chassis purchased from Maranello had had built two cars of dubious taste that have gone

forte identità aveva costretto Ferrari a subire le provocazioni – ai suoi occhi a dir poco blasfeme – di un Giannino Marzotto che su autotelai regolarmente acquistati a Maranello aveva allestito due vetture di dubbio gusto, passate alla storia come "Carretto siciliano" e "Uovo". La cosa ancor più grave per Ferrari è che, pur brutte, erano leggere ed affidabili, tanto da battere in alcune occasioni le vetture ufficiali. Inaccettabile.

L'uomo capace di dare la giusta forma alle sue automobili, Ferrari lo trova in Battista Farina, per tutti "Pinin" che, nella primavera di quell'anno, incontra a Tortona, a metà strada fra Torino e Maranello. I due si piacciono, si capiscono al volo ed il primo frutto di questo sodalizio destinato ad attraversare i decenni, appare al Salone di Parigi nell'ottobre del 1952: è un cabriolet di colore nero, allestito su chassis 212, sobrio, essenziale, elegantissimo, concettualmente moderno e capace di far d'improvviso invecchiare tutte le Ferrari viste sino a quel momento. L'uomo di Maranello ha finalmente trovato il suo sarto.

Orfano della rivale Alfa Romeo, uscita di scena dalle corse alla fine del 1951, ed in attesa di un nuovo regolamento che a partire dal 1954 rimescolerà le carte ed i rapporti di forza in Formula 1, il terzo Campionato del Mondo è riservato alle monoposto dell'allora Formula 2 e vive fin da subito sull'incontrastato dominio della Ferrari e del suo alfiere Ascari. L'agile e veloce 500 F2 equipaggiata da un nuovo ed affidabile 4 cilindri in linea firmato da Lampredi, permette a Taruffi di vincere il primo gran premio della stagione in Svizzera mentre Ascari, assente alla gara elvetica, centra a partire dal Belgio una serie di successi che gli consentono di laurearsi Campione del Mondo già in agosto all'indomani del Gran Premio di Germania, per poi assicurarsi anche quello d'Italia a Monza. Ma in quella gloriosa stagione il pilota milanese è protagonista anche al di là dell'Oceano. Il solito Chinetti ha infatti convinto Ferrari ad inviare ad Indianapolis una sua monoposto, una 375 F1 preparata per correre sul catino dell'Indiana. A guidarla sarà il pilota di punta della Scuderia, proprio Ascari, scortato negli Stati Uniti da Aurelio Lampredi e da Nello Ugolini, a dimostrazione che quella spedizione, pur "sponsorizzata", ha molto di ufficiale anche se – come si dice – Ferrari negherà sempre... Non a caso, in una celebre foto a colori che ritrae il gruppo a Indy, il Cavallino rampante che figura sulla vettura appare, per così dire, "sbianchettato". Ferrari fa bene a non esporsi visto che i limiti della 375 Indy emergono già in prova, con Ascari che non va

La partenza del Gran Premio d'Italia del 1951.
*The start of the 1951 Grand Prix of Italy.*

down in history as the "Sicilian cart" and the "Egg". What was even more aggravating for Ferrari was that, while ugly, they were actually light and fast enough to beat his works cars on occasion. Unacceptable.

Ferrari found the right man to give the right form to his cars in Battista or "Pinin" as he was known to everyone Farina who in the spring of that year he met in Tortona, mid-way between Turin and Milan. The two struck up an immediate relationship and the first fruit of a partnership destined to last for decades appeared at the Paris Motor Show in October 1952: a black cabriolet on a 212 chassis, sober, essential, particularly elegant, conceptually modern and capable of ageing all the previous Ferraris at a stroke. The man from Maranello had finally found his stylist.

Left without Ferrari's great rival Alfa Romeo, which had withdrawn from racing at the end of 1951, and awaiting new regulations that from 1954 would shuffle the cards and redistribute power in Formula 1, the third World Championship was run for single-seaters of what was then Formula 2 and was from the outset dominated by Ferrari and Ascari. The fast, agile 500 F2 powered by a new, reliable straight-four designed by Lampredi, allowed Taruffi to win the first Grand Prix of the season in Switzerland, while Ascari, absent from the Swiss race, recorded a sequence of wins starting in Belgium that allowed him to be crowned champion in August, following the German Grand Prix, before going on to win Ferrari's home race at Monza too. In that glorious season, the Milanese driver was also a protagonist on the other side of the ocean. Chinetti had in fact persuaded Ferrari to send one of his cars to Indianapolis, a 375 F1 prepared to race on the Indiana oval. As the team's number one driver, Ascari was to be behind the wheel and was accompanied to the United States by Aurelio Lampredi and Nello Ugolini, evidence that while "sponsored" there was much that was official about that expedition despite Ferrari's protests to the contrary. It was no coincidence that in a celebrated colour photo portraying the group at Indianapolis, the Prancing Horse on the car was conveniently "whitewashed". Ferrari was right to keep a low profile as the limits of the 375 Indy emerged as early as qualifying, with Ascari failing to do better than the 7th row before retiring from the race after 40-odd laps with a broken wheel hub. And in the endurance races? There was the customary victory in the Mille Miglia with Giovanni Bracco in a Vignale 250 S coupé powered by a new, experimental engine, the forefather of the power units that were to propel the future 250 GTs.

# 1950-1959

## SULLA VETTA DEL MONDO
### ON TOP OF THE WORLD

oltre la settima fila per poi abbandonare in gara, dopo una quarantina di giri, per il cedimento del mozzo di una ruota.

E sul fronte delle gare di durata? Immancabile affermazione alla Mille Miglia con Giovanni Bracco che su una berlinetta Vignale siglata 250 S, porta al debutto un motore sperimentale, capostipite dei propulsori che equipaggeranno le future 250 GT.

Anche per il 1953 il Campionato del Mondo di Formula 1 resta riservato alle monoposto di Formula 2 con il binomio Ferrari-Ascari indiscusso protagonista. Il dominio del campione italiano inizia in gennaio nel primo gran premio della stagione, nella lontana Argentina, e si conclude in agosto in quello di Svizzera dove "Ciccio" Ascari era arrivato con in tasca il titolo di Campione del Mondo per il secondo anno consecutivo. Fatta eccezione per Monza, dove le vetture del Cavallino devono cedere la vittoria alla Maserati di Fangio dopo un rocambolesco finale, nelle poche occasioni in cui non è Ascari a salire sul gradino più alto del podio ci pensano i suoi compagni di squadra, con il giovane Mike Hawthorn primo in Francia e l'anziano "Nino" Farina, vincitore sulla terribile pista del Nürburgring in Germania, il 2 agosto. Nove giorni più tardi, Tazio Nuvolari, da tempo consumato nel fisico da una estenuante quanto leggendaria esistenza, si spegne nella sua casa di Mantova. Appresa la notizia, Ferrari lascia Maranello per rendere omaggio al campione ed alla moglie Carolina senza tuttavia prender parte alle esequie del piccolo-grande uomo, compagno d'innumerevoli imprese.

Oltre al titolo iridato conquistato in Formula 1, in quel 1953 le vetture di Maranello s'impongono anche nel Campionato del Mondo riservato alle Sport, istituito ufficialmente proprio quell'anno, grazie ai successi di Giannino Marzotto alla Mille Miglia ed al doppio trionfo di Farina, alla 1000 Chilometri del Nürburgring insieme ad Ascari ed alla successiva 24 Ore belga di Spa con Hawthorn. Senza dimenticare i preziosi punti ottenuti dalle Ferrari spedite in Messico alla "Carrera", supportate dall'immancabile Luigi Chinetti e della Scuderia Guastalla di Franco Cornacchia.

Il 1954 inizia subito in salita: i piloti di punta della Scuderia, Ascari e Villoresi, decidono di lasciare la Casa di Maranello che, pur confermando il proprio impegno tanto in Formula 1 quanto nelle Sport, sta per entrare in una lunga fase di "stallo tecnico". Ad ingolosire i due alfieri del Cavallino sono le condizioni economiche ma soprattutto il programma sportivo che Gianni Lancia si appresta a varare, con la D24 nel Mondiale Sport e con la nuovissima monoposto D50, progettata nientemeno che da Vittorio Jano, in Formula 1.

Lo "strappo" con Ascari e Villoresi è soltanto la punta dell'iceberg poiché, a rendere tutto ancor più complesso, ci si mette la vicina Maserati. Forte delle ottime potenzialità della neonata 250 F, la Casa del Tridente s'impone con il solito Fangio in Argentina e Belgio, ma è il

In 1953, the Formula 1 World Championship was again run for Formula 2 cars, with the Ferrari-Ascari partnership the undisputed protagonist for the second consecutive year. The dominion of the Italian champion began in January in the first Grand Prix of the season in distant Argentina and concluded in August in Switzerland where "Ciccio" Ascari celebrated his second championship title. With the exception of Monza, where the cars of the Prancing Horse had to concede victory to Fangio in the Maserati after a thrilling finale, on the few occasions in which it was not Ascari on the top step of the podium it was one of his teammates, with the young Mike Hawthorn first in France and the ageing "Nino" Farina winning on the fearsome Nürburgring circuit in Germany on 2 August. Nine days later, Tazio Nuvolari, his body wracked by illness, passed away at his home in Mantua. On hearing the news, Ferrari left Maranello to pay tribute to the great champion and his wife Carolina, although he did not attend the funeral service for the great man, a companion of innumerable sporting adventures.

As well as winning the Formula 1 World Championship title, in 1953 the cars from Maranello also triumphed in the World Sportscar Championship, contested for the first time that year, thanks to Giannino Marzotto's win in the Mille Miglia and the victories obtained by Farina in the Nürburgring 1000 Km together with Ascari and the successive Spa 24 Hours in Belgium with Hawthorn. Then there were of course the precious points gained by the Ferraris sent to Mexico and the "Carrera" with the support of the omnipresent Luigi Chinetti and Franco Cornacchia's Scuderia Guastalla.

1954 was an uphill struggle from the outset: the scuderia's lead drivers, Ascari and Villoresi, decided to leave the Maranello firm which, while confirming its commitment to both Formula 1 and sports car racing, was about to enter a long period of "technological stagnation". What whetted the appetites of the Prancing Horse's two standard bearers were the economic rewards on offer and above all the sporting programme that Gianni Lancia was about to launch with the D24 in the World Championship and with the brand-new D50 single-seater, designed by none other than Vittorio Jano, in Formula 1.

The "divorce" from Ascari and Villoresi was but the tip of the iceberg as just to make things even more complicated Ferrari's neighbour Maserati decided to make its own contribution. On the strength of the great potential of the new 250 F, the Trident marque won with the inevitable Fangio in Argentina and Belgium, but it was to be the French Grand Prix early in July that sounded the death knell for the Italian cars. Following a long period of gestation, the Mercedes-Benz W196's were finally ready to take to the track at Reims and dominated both practice and the race itself. Fangio, who in the meantime had migrated to the Stuttgart firm, and his teammate Karl Kling recorded an overwhelming one-two.

seguente Gran Premio di Francia, ai primi di luglio, a suonare il definitivo "de profundis" per le vetture italiane. Dopo una lunga gestazione, per la gara di Reims le Mercedes-Benz W196 sono finalmente pronte a scendere in pista e lo fanno dominando in maniera netta sia in prova che in corsa. Fangio, frattanto "migrato" alla Casa di Stoccarda, ed il compagno di squadra Karl Kling sono autori di una soverchiante doppietta. Pur se nel successivo Gran Premio d'Inghilterra torna a svettare la Ferrari con Froilán González, tanto in Germania quanto in Svizzera Fangio e Mercedes impongono la loro dura legge e l'automobilismo sportivo italiano pare ormai alle corde. Le avveniristiche Lancia D50 sono ancora al palo, la Maserati non ha più l'asso argentino a far svettare la pur buona 250F, e le stesse Ferrari 625 e 553 continuano ad essere ben poca cosa rispetto alle Frecce d'Argento. Lo stesso Campione del Mondo in carica Ascari, che pur ha avuto modo di consolarsi vincendo con la Lancia D24 la Mille Miglia – gara che nelle sei edizioni precedenti era stata appannaggio di una Ferrari – continua a correre "a singhiozzo". Ma ecco arrivare la notizia che tutto il Paese aspettava: Ascari correrà il Gran Premio d'Italia con una vettura di Maranello grazie ad un accordo raggiunto fra Ferrari e Gianni Lancia, con la mediazione del Presidente dell'Automobile Club di Milano, Luigi Bertett. Scattato dalla prima fila con il secondo tempo, Ascari è autore di una corsa incisiva che lo vede a lungo al comando fino a quando il cedimento di una valvola non lo costringe alla resa. Nell'ultima prova del Mondiale, in Spagna, finalmente arriva il giorno del debutto per la Lancia D50 che mostra le sue enormi potenzialità ottenendo i migliori tempi in prova e in gara con Ascari, nell'appuntamento che rivede un trionfo targato Ferrari grazie all'inglese Hawthorn.

Per la Casa del Cavallino il 1954, pur irto di difficoltà, non è comunque tutto da buttare, anzi. I successi alla 1000 Chilometri di Buenos Aires, 24 Ore di Le Mans, Tourist Trophy e Carrera Panamericana fruttano il secondo titolo mondiale consecutivo nel Campionato riservato alle Sport. Sin dalla prima prova del Mondiale di Formula 1 del 1955 Fangio e la Mercedes ribadiscono la loro netta superiorità tecnica, consentendo al pilota argentino di aggiudicarsi il suo terzo titolo iridato e alle vetture di Stoccarda d'imporsi in ben cinque delle sei prove cui prendono parte, lasciando alla Ferrari solo il Gran Premio di Monaco, vinto da Maurice Trintignant nel giorno in cui Ascari finisce in mare con la sua Lancia D50 quando era al comando della corsa. È il 22 maggio e Alberto

Vittorio Marzotto su 500 Mondial, secondo nella Mille Miglia 1954.
*Vittorio Marzotto in the 500 Mondial, second in the 1954 Mille Miglia.*

Although Ferrari did return to the winner's enclosure with **Froilán González** in the British Grand Prix, in both Germany and Switzerland Fangio and Mercedes laid down the law and Italian automotive sport appeared to be on the ropes. The futuristic Lancia D50's were still at the starting post, Maserati had lost its Argentinian ace capable of taking its fine 250 F to a different level while the Ferrari 625 and 553 continued to be well behind the Silver Arrows. Despite the consolation of driving the Lancia D24 to victory in the Mille Miglia, the previous six editions of which had been won by a Ferrari, the reigning World Champion himself, Alberto Ascari continued to stutter. Then came the news the whole country was waiting for: Ascari was to compete in the Italian Grand Prix in a car from Maranello thanks to an agreement reached by Ferrari and Gianni Lancia, with the mediation of the president of the Automobile Club di Milano, Luigi Bertett. Starting from the front row of the grid with the second fastest time, Ascari drove a masterful race that saw him hold the lead until a broken valve led to his retirement. The last round of the World Championship in Spain finally saw the debut of the Lancia D50 which revealed its enormous potential by recording the fastest times in practice and practice and the race with Ascari. The Grand Prix was actually won once again by a Ferrari in the hands of the Englishman, Hawthorn.

While particularly problematic for the Prancing Horse, the 1954 season was by no means a wash out. Success in the Buenos Aires 1000 Km, the Le Mans 24 Hours, the Tourist Trophy and the Carrera Panamericana brought the marque's second consecutive title in the World Sportscar Championship.

From the first round of the 1955 Formula 1 World Championship, Fangio and Mercedes underlined their technological superiority, permitting the Argentinian driver to conquer his third championship title and the cars from Stuttgart to win no fewer than five of the six rounds in which they took part, leaving Ferrari just the Monaco Grand Prix won by Maurice Trintignant on the day Ascari crashed into the harbour when leading the race in his Lancia D50. It was the 22nd of May and Alberto did not yet know it would be his last race. Four days later, still convalescent, he and Villoresi turned up at Monza where their friend Eugenio Castellotti was testing a Ferrari Sport with unpainted bodywork. The great Alberto asked his disciple Eugenio if he could take over for a few laps. For reasons that are still unclear today, having started the second lap and coming out of the second Lesmo curve, he shot through the

ancora non sa che quella sarà la sua ultima corsa.

Quattro giorni dopo, ancora convalescente, si presenta in compagnia di Villoresi a Monza dove l'amico Eugenio Castellotti sta provando una Ferrari Sport con carrozzeria ancora grezza. Il maestro Alberto chiede al discepolo Eugenio di poter compiere qualche giro. Per cause ancora oggi non del tutto chiare, iniziato il secondo passaggio, esce dalla seconda curva di Lesmo, infila il sottopassaggio e si proietta verso la curva del Vialone che ha percorso innumerevoli volte ma... Alberto Ascari muore a 36 anni, il 26 maggio 1955.

La scomparsa del campione genera una vera e propria reazione a catena che come prima conseguenza provoca l'uscita della Lancia, già in gravi difficoltà economiche, dalla scena agonistica. La Ferrari, ancora in piena crisi tecnica, grazie ad un'operazione orchestrata dalla Fiat e dall'Automobile Club d'Italia, si vede così offrire su un piatto d'argento una ghiotta opportunità: rilevare le sei Lancia D50 sino a quel momento allestite, unitamente a tutto il materiale, tecnico ed umano, del reparto corse torinese. Ciò significa poter contare su una vettura dalle enormi potenzialità ma anche sul talento di Vittorio Jano che, a distanza di anni, torna a lavorare con Ferrari.

Alla vigilia del 1956 il Signore di Maranello si trova così di nuovo in una posizione di forza sia grazie alla nuova monoposto, sia per una rinnovata compagine di giovani talenti come Castellotti, Luigi Musso e Peter Collins ai quali si unisce Fangio che, dopo la definitiva uscita di scena dalle corse della Mercedes, approda alla Ferrari. Il *dream team* è a quel punto completo e sin dalla prima prova del Mondiale, in Argentina, mostra le sue enormi potenzialità. A fine Campionato il titolo Piloti è ancora di Fangio – e per lui fanno quattro – e della Ferrari, ma la stagione è tutta un susseguirsi di polemiche, veleni, rivalità interne che portano al divorzio a fine stagione fra il neo iridato e la Casa del Cavallino. Il titolo in Formula 1 e l'ennesima affermazione fra le Sport non possono mitigare il dramma di Ferrari per la terribile vicenda legata alla scomparsa dell'amato figlio di Dino che il 30 giugno 1956, a soli 24 anni, perde la sua battaglia contro la distrofia muscolare. Il giorno dopo, domenica, mentre tutta Modena è mobilitata per le esequie del giovane, a Reims, nel Gran Premio di Francia, Collins e Castellotti si piazzano al primo e al secondo posto con il loro caposquadra Fangio, quarto, ad una manciata di secondi ai piedi dal podio. Sin da quando si era presentato, giovanissimo, al via della Mille Miglia 1951 al volante di una Ferrari 166 MM, Castellotti aveva dimostrato di possedere un talento innato e straordinarie doti velocistiche. Divenuto il pupillo di Ascari, lo aveva seguito in Lancia mettendosi in luce su qualsiasi tipologia di percorso, per poi tornare a Maranello vincendo, proprio in quel 1956, un'edizione da tregenda della Mille Miglia, disputata a tratti sotto un autentico diluvio. All'alba

underpass heading for the Vialone corner he had negotiated innumerable times but... Alberto Ascari died at 36 years of age on the 26th of May 1955.

The death of the champion provoked a chain reaction that led firstly to the financially troubled Lancia abandoning the racing scene. Thanks to an operation orchestrated by Fiat and the Automobile Club d'Italia, Ferrari, which was still in the midst of its own technological crisis, found itself presented with an irresistible opportunity: taking over the six Lancia D50's that had been constructed, together with all the technical material and the staff of the Turinese racing department. This meant being able to count on a car with enormous potential but also the talent of Vittorio Jano who, after a separation lasting decades, was reunited with Enzo Ferrari.

On the eve of the 1956 season, the patron at Maranello was thus once again in a position of strength thanks to both the new single-seater and a renewed stable of talented young drivers such as Castellotti, Luigi Musso and Peter Collins who were joined at Ferrari by Fangio once Mercedes had definitively withdrawn from racing. The dream team was at that point complete and from the first round of the World Championship in Argentina displayed its boundless potential. At the end of the championship the Drivers' title went to Fangio, his fourth, and Ferrari, but the season had been a sequence of arguments, disputes and internal rivalries that led to a divorce between the newly crowned champion and the Prancing Horse. The Formula 1 title and the latest success in the World Sportscar Championship could do little to mitigate Enzo Ferrari's loss of his beloved son Dino who died on the 30th of June 1956 at just 24 years of age, having lost his battle against muscular dystrophy. On the following day, the Sunday, while all of Modena was focusing on the young man's funeral, at Reims, Collins and Castellotti finished first and second in the French Grand Prix, with their team leader Fangio fourth, just a handful of seconds off the podium.

From when he had introduced himself at a very young age at the start of the 1951 Mille Miglia, at the wheel of a Ferrari 166 MM, Castellotti had shown an innate talent and an extraordinary aptitude for speed. Having become the pupil of Ascari, he had followed him to Lancia, drawing attention to himself in all types of race. In 1956 he returned to Maranello and won a legendary edition of the Mille Miglia, sections of which were disputed under a biblical deluge. Early in 1957, the spotlights were all trained on the young, handsome and wealthy Ferrari, thanks also to his love story with Delia Scala, one of the most popular Italian actresses of the period. However, fate had other plans for Eugenio: during a test session at the Modena Aerautodromo his car left the track, flipped into the air and crashed into a

del 1957 tutti i riflettori, non solo quelli sportivi – vista la sua *love story* con Delia Scala, fra le attrici più in vista dell'epoca – sono puntati su questo giovane campione, bello, ricco e pilota di Ferrari. Ma per Eugenio il destino ha deciso diversamente: durante una seduta di prove all'Aerautodromo di Modena, la sua monoposto esce di pista, decolla e si schianta su una piccola tribuna in cemento. Per il lodigiano non c'è nulla da fare. È il 14 marzo 1957.

Circa due mesi più tardi è in programma la 24esima edizione della Mille Miglia. La Casa di Maranello si presenta in forze e fra le vetture alla partenza figura anche la 335 S n. 531 destinata a Olivier Gendebien. Il pilota belga prende invece il via su una meno potente 250 GT LWB e la 335 S passa al marchese spagnolo Alfonso De Portago insieme al copilota Edmund Nelson. Quando Taruffi, veterano della corsa bresciana ed al volante dell'altra Ferrari ufficiale n. 535, taglia vittorioso il traguardo centrando un successo che insegue da anni, l'ennesima tragedia si è appena consumata: la Ferrari di De Portago-Nelson è uscita di strada a folle velocità lasciando sull'asfalto, oltre ai due piloti, nove spettatori fra i quali anche alcuni bambini. È l'ultimo, tragico atto della Mille Miglia ma è anche l'inizio di un calvario mediatico e processuale destinato a durare alcuni anni, che vede Enzo Ferrari alla sbarra, additato come carnefice e principale responsabile morale di tante vittime.

Neppure sul piano sportivo il 1957 riserva chissà quali soddisfazioni: la Maserati non è più una minaccia ma una certezza e con il solito Fangio, frattanto passato alla Casa del Tridente e più che mai lanciato verso il quinto titolo iridato, spadroneggia nel Mondiale di Formula 1 dove la Ferrari non riesce a vincere nessun gran premio iridato, come non accadeva dal 1950, ma solo corse non titolate a Siracusa, Napoli e Reims. La lotta con la Maserati si rivela durissima anche nel Mondiale Sport, dove la Ferrari, con tre vittorie su sette partecipazioni, riesce a spuntarla proprio nell'ultima prova, il Gran Premio del Venezuela in novembre.

In quella difficilissima stagione la Casa di Maranello e il suo artefice non avevano smesso di guardare al futuro. In settembre, a Modena, il motore 6 cilindri a V 65° alla cui definizione aveva preso parte anche Dino, macina i primi chilometri mentre in novembre, durante il tradizionale incontro di fine anno, Ferrari svela alla stampa una nuova Sport carrozzata da Scaglietti e siglata 250 Testa Rossa, un nome destinato a lasciare un segno profon-

Umberto Maglioli, fra i più validi "stradisti" italiani del Dopoguerra.
*Umberto Maglioli, one of the finest post-war Italian road racers.*

small concrete grandstand. There was nothing that could be done for the Lodi-born driver. It was the 14th of March 1957.

Around two months later came the 24th edition of the Mille Miglia. Maranello was present in strength and among the cars at the start was the 335 S with race number 531 destined for Olivier Gendebien. The Belgian driver instead started at the wheel of a less powerful 250 GT LWB with the 335 S going to the Spanish Marquis Alfonso De Portago and his co-driver Edmund Nelson. When Taruffi, a veteran of the Brescian race and at the wheel of the second works Ferrari No. 535 crossed the finishing line to claim a victory he had been chasing for years, the latest tragedy had just occurred: the De Portago-Nelson Ferrari had just hurtled the road at high speed, killing the two crew members and nine spectators, including a number of children. This was the last, tragic act of the Mille Miglia, but was also the beginning of a media and legal ordeal that was to last years and was to see Enzo Ferrari in the dock, indicated as the man with the moral responsibility for all the victims.

1957 failed to provide much respite in sporting terms: Maserati was no longer a threat, more of a certainty and with Fangio, who had in the meantime moved to the Trident and was charging towards his fifth world title, the marque dominated in the Formula 1 World Championship. For the first time since 1950 Ferrari failed to win single round, claiming only the non-championship Grands Prix in Siracusa, Naples and Reims. The fight with Maserati was particularly tough in the World Sportscar Championship too, although with three victories in seven races the Prancing Horse eventually took the title at the season's finale, the Grand Prix of Venezuela in November.

In that very difficult season the company and its founder had never failed to look to the future. In September, the 65° V6 engine to which Dino had contributed began road testing in Modena, while in November, during the traditional end of year reunion, Ferrari introduced the press to a new Scaglietti-bodied car, the 250 Testa Rossa, a name destined to make an indelible mark in the history of the Prancing Horse.

While in the Sport category Ferrari was ready to start the 1958 season with a new, avant-garde car, the same cannot be said for the single-seaters. There was no lack of horsepower with the six-cylinder Dino engine being expanded to the 2.5-litre limit and fitted to

# 1950–1959

## SULLA VETTA DEL MONDO
*ON TOP OF THE WORLD*

do nella storia del Cavallino.

Se sul fronte delle Sport la Ferrari si appresta a disputare la stagione 1958 con una vettura nuova ed all'avanguardia, non altrettanto si può dire per le monoposto. I cavalli certo non mancano al 6 cilindri Dino portato al limite dei 2,5 litri e montato sulla 246 D ma per quanto concerne il telaio, il progetto complessivo inizia ad accusare gli anni. Non solo, ma il primo appuntamento della stagione, il Gran Premio d'Argentina, è vinto da Stirling Moss sulla piccola ed agile Cooper-Climax a motore centrale-posteriore. Una vetturetta che in molti − Ferrari in primis − giudicano con scetticismo ma che già a Monaco, nella seconda gara del Campionato, s'impone di nuovo con Trintignant e dimostra così di essere tutto tranne che una meteora. I piloti Ferrari sono comunque in lotta per il titolo con Musso che alla vigilia del Gran Premio di Francia è in testa alla classifica. Nelle prime fasi di gara, mentre è in lotta con il compagno di squadra Hawthorn, è però vittima di una tragica uscita di pista che gli costa la vita. A poco più di un anno dalla sciagura della Mille Miglia 1957, Ferrari vede cadere un altro suo pilota e finisce ancora una volta nell'occhio del ciclone: *l'Osservatore romano*, principale organo di stampa del Vaticano, non esita a definirlo «... un Saturno ammodernato che uccide i suoi figli...». Come se non bastasse, un altro "figlio", l'inglese Collins, perde la vita quattro settimane più più tardi volando fuori pista nel Gran Premio di Germania. A difendere i colori del Cavallino resta Hawthorn che, grazie ad una vittoria in Francia unita ad una lunga serie di podi e giri più veloci − che per regolamento valgono un punto − riesce proprio all'ultima gara ad agguantare il titolo iridato davanti a Moss su Vanwall, marca inglese che si assicura il primo titolo Costruttori nella storia della Formula 1. Oltre all'iride nel massimo Campionato la Casa di Maranello si impone nuovamente anche fra le Sport grazie ai successi alle 1000 Chilometri di Buenos Aires, 12 Ore di Sebring, Targa Florio e nella prestigiosa 24 Ore di Le Mans. Il neo iridato Hawthorn a fine stagione annuncia il suo ritiro dalle corse ma neppure così, al termine di un periodo tragico per i piloti in genere, avrà salva la vita. La sera del 22 gennaio 1959 mentre rientra a casa con la sua Jaguar esce di strada, complice la velocità e la pioggia, schiantandosi contro un albero. La Ferrari, letteralmente falciata nelle ultime tre stagioni, per il 1959 deve affidarsi a nomi nuovi fra i quali spicca quello di un altro inglese, Tony Brooks, che con la "solita" 246 D riesce ad imporsi nei Gran Premi di Francia e Germania, risultati che però non bastano ad impedire alla Cooper-Climax − con motore rigorosamente alle spalle del pilota − di aggiudicarsi il primo titolo iridato con Jack Brabham. Dopo tre anni consecutivi, l'iride sfugge anche fra le Sport dove ad imporsi è l'Aston Martin. I tempi sono davvero maturi per passare al motore posteriore, ormai lo hanno capito anche a Maranello.

the 246 D, but in overall terms the chassis was beginning to show its age. Moreover, the first round of the season, the Argentinian Grand Prix, was won by Stirling Moss at the wheel of the small, agile Cooper-Climax with its rear-central engine. A tiny car that many − Ferrari certainly among them − were sceptical about but which at Monaco in the second round of the World Championship triumphed again in the hands of Trintignant, showing that it was anything but a flash in the pan. The Ferraris were nonetheless in the hunt for the championship title and going into the French Grand Prix Musso was leading the standings. In the early part of the race, while duelling with his teammate Hawthorn, he was the victim of a tragic accident that cost him his life. Just over a year on from the Mille Miglia disaster in 1957, Ferrari saw another of his drivers fall and was once again in the eye of the storm; the *Osservatore Romano*, the mouthpiece of the Vatican, did not hesitate to define him as "a modern Saturn slaughtering his sons...". As if this was not enough, another of those "sons", the Englishman Collins, lost his life four weeks later after crashing in the German Grand Prix. Left flying the flag for the Prancing Horse was Hawthorn who, thanks to a win in France and a long series of podium finishes and fastest laps − which as per the regulations were worth a point − actually managed to win the World Championship title at the last race of the season ahead of Moss in the Vanwall, the English marque that instead took the first ever Formula 1 Constructors' World Championship. Maranello also continued to enjoy success in the Sport category thanks to wins in the Buenos Aires 1000 Km, the Sebring 12 Hours, the Targa Florio and the prestigious Le Mans 24 Hours. At the end of the season the newly crowned World Champion Hawthorn announced his retirement from racing but in such a tragic period of drivers, not even this could save his life. On the evening of the 22nd of January, as he was returning home in his Jaguar, he crashed into a tree, the accident caused by a combination of high speed and poor weather. His team having been mown down over the previous three seasons, for 1959 Enzo Ferrari had to put his faith in new names, among which was another Englishman, Tony Brooks, who with the "traditional" 246 D managed to win the French and German Grands Prix but was unable to prevent the Cooper-Climax with its rear-mounted engine from taking its first championship title in the hands of Jack Brabham. After three consecutive years, the title escaped Ferrari in the Sport category too, with Aston Martin taking the honours.

Even Maranello had to accept that the time was now ripe for the shift to a rear-engined architecture.

La Ferrari 195 S berlinetta carrozzata da Touring del Conte Giannino Marzotto al via della XVII Mille Miglia (23-24 aprile). A salutare il pilota vicentino, e il suo secondo Marco Crosara, è il patron della corsa Renzo Castagneto che quasi quattordici ore più tardi abbasserà la bandiera a scacchi sullo stesso equipaggio vittorioso a Brescia. In alto, Giannino, visibilmente soddisfatto, stringe la mano a Castagneto mentre alle sue spalle si riconosce un altro degli artefici della Mille Miglia, Aymo Maggi.

Pagina a fronte, ancora Mille Miglia: c'è grande attesa per la presenza di Alberto Ascari che, in coppia con Senesio Nicolini, porta in corsa una vettura molto simile alla 166 MM ma equipaggiata con un 12 cilindri sperimentale di 3322 cc e per questo siglata 275 S.

## 1950

*The Touring-bodied Ferrari 195 S berlinetta of Count Giannino Marzotto at the start of the XVII Mille Miglia (23-24 April). Saluting the Vicenza-born driver and his co-driver is the race patron Renzo Castagneto who almost 14 hours later was to show the chequered flag to the same crew, victorious in Brescia. Top, Giannino, visibly satisfied, shake Castagneto's hand while behind him can be recognised another of the artificers of the Mille Miglia, Aymo Maggi.*

*Facing page, the Mille Miglia again: there was great excitement about the presence of Alberto Ascari paired with Senesio Nicolini in a car very similar to the 166 MM but equipped with an experimental 3322 cc V12 and therefore designated as the 275 S.*

Altro protagonista alla Mille Miglia di quell'anno è Antonio Stagnoli, al via della corsa in coppia con Aldo Bianchi, a bordo di un'originale 166 MM berlinetta allestita da Zagato in versione così detta "Panoramica" per le ampie superfici vetrate che caratterizzavano il padiglione. Sul traguardo di Brescia Stagnoli chiuderà al 36° posto assoluto.

Pagina a fianco, Giovanni Bracco già siede nell'abitacolo della 166 MM che assieme al giovane Umberto Maglioli, al suo fianco, condurrà sino al 4° posto finale in classifica assoluta. Un risultato che vale il successo fra le Sport sino a 2 litri.

### 1950

*Among the protagonist of the Mille Miglia that year were Antonio Stagnoli, at the start with his co-driver Aldo Bianchi in an original 166 MM berlinetta bodied by Zagato in the so-called "Panoramica" style with ample upper body glazing. Stagnoli was to reach Brescia in 36th place overall.*

*Facing page, Giovanni Bracco is already seated in the cockpit of the 166 MM which he shared with the young Umberto Maglioli and took to 4th place overall. A result that earned him the win in the two-litre Sport class.*

Pagina a fianco, disertata la prova inaugurale del neonato Campionato del mondo di Formula 1, il 13 maggio a Silverstone, la Ferrari è regolarmente presente a Montecarlo (21 maggio) dove schiera due 125 F1 per Alberto Ascari, sopra, e Gigi Villoresi, sotto. Mentre Ascari ottiene un incoraggiante secondo posto alle spalle del vincitore Juan Manuel Fangio su Alfa Romeo "Alfetta" 158, Villoresi è costretto al ritiro.

Sopra, oltre alla Mille Miglia, nel corso della stagione, Giannino Marzotto, sempre in coppia con Marco Crosara, si aggiudica un'altra grande classica come la Coppa delle Dolomiti (16 luglio) al volante di una 195 S.

A destra, il 3 settembre, nel Gran Premio d'Italia, Alberto Ascari (nella foto), e Dorino Serafini portano al debutto la tanto attesa 375 F1 spinta dal 12 cilindri di 4,5 litri. Dopo essersi dovuto arrendere per un problema al ponte posteriore, Ascari chiude comunque al secondo posto con la vettura di Serafini.

## 1950

*Facing page, having deserted the first round of the new Formula 1 World Championship on the 13th of May at Silverstone, Ferrari lined up at Monte Carlo with two 125 F1's for Alberto Ascari, above, and Gigi Villoresi, below. While Ascari obtained an encouraging second place behind the winner Juan Manuel Fangio in the Alfa Romeo "Alfetta" 158, Villoresi was forced to retire.*

*Above, as well as the Mille Miglia, during the course of the season Giannino Marzotto, again paired with Marco Crosara, won another great classic, the Coppa delle Dolomiti (16 July) at the wheel of a 195 S.*

*Right, 3 September, in the Italian Grand Prix, Alberto Ascari (in the photo) and Dorino Serafini gave a debut to the eagerly awaited 375 F1 powered by the 4.5-litre V12. After having to retire with a broken rear axle, Ascari nonetheless finished second after taking over Serafini's car.*

A fianco, a Sanremo, sul circuito di Ospedaletti (22 aprile), è lotta in famiglia fra le Ferrari 375 F1 di Gigi Villoresi (n. 26) a Alberto Ascari (n. 18). Il primo dovrà ritirarsi mentre il secondo chiuderà al primo posto dopo aver fatto segnare il giro più veloce in gara.

Sotto e alla pagina a fianco, alcuni momenti della Mille Miglia (29 aprile) vinta dalla Ferrari 340 America di Gigi Villoresi e Pasquale Cassani. Le due immagini in corsa ritraggono la vettura al controllo di Bologna dov'è presente Enzo Ferrari (l'uomo di profilo con il cappello nell'immagine in basso a sinistra), mentre l'ultimo scatto ritrae Villoresi sorridente dopo il traguardo.

## 1951

*Right, an internecine struggle on the Ospedaletti circuit at San Remo (22 April) between the Ferrari 375 F1's of Gigi Villoresi (No. 26) and Alberto Ascari (No. 18). The first was forced to retire, while the second won the race after having recorded the fastest lap.*

*Below and facing page, episodes from the Mille Miglia (29 April) won by the Ferrari 340 America of Gigi Villoresi and Pasquale Cassani. The two action shots show the car at the Bologna checkpoint with Enzo Ferrari (the figure in profile in the hat in the shot to the bottom left), while the third portrays a beaming Villoresi after the finish.*

FRA LE FERRARI AL VIA DELLA MILLE MIGLIA FIGURAVA ANCHE QUESTA 166 MM GUIDATA DA UN PILOTA CHE BEN PRESTO FARÀ PARLARE DI SÉ: EUGENIO CASTELLOTTI GIÀ IN QUELL'EDIZIONE DELLA CORSA MOSTRA GRANDI QUALITÀ CONCLUDENDO AL CINQUANTESIMO POSTO IN CLASSIFICA GENERALE.

SOTTO E IN ALTO ALLA PAGINA A FIANCO, ALBERTO ASCARI, SEMPRE A PROPRIO AGIO SULLE MONOPOSTO, OTTIENE IMPORTANTI RISULTATI ANCHE IN FORMULA 2 COME LA VITTORIA NEL GRAN PREMIO DELL'AUTODROMO A MONZA (13 MAGGIO) DOVE SI AGGIUDICA ENTRAMBE LE MANCHE; AL SECONDO POSTO IN CLASSIFICA FINALE "OTTENUTA PER SOMMA DI TEMPI" SI PIAZZA IL COMPAGNO DI SQUADRA GIGI VILLORESI (IN BASSO).

## 1951

*AMONG THE FERRARIS TO START THE MILLE MIGLIA WAS THIS 166 MM DRIVEN BY A YOUNG MAN WHOSE NAME WAS SOON TO BE ON EVERYONE'S LIPS: EUGENIO CASTELLOTTI WHO IN THIS EDITION WAS ALREADY DISPLAYING A GREAT TALENT WHILE FINISHING IN 50TH PLACE OVERALL.*

*BELOW AND TOP ON THE FACING PAGE, ALBERTO ASCARI, ALWAYS AT HIS EASE IN SINGLE-SEATERS, ALSO ACHIEVED IMPORTANT RESULTS IN FORMULA 2, INCLUDING A WIN IN THE GRAN PREMIO DELL'AUTODROMO AT MONZA (13 MAY) IN WHICH HE TOOK BOTH HEATS; SECOND PLACE IN THE OVERALL STANDINGS WAS HIS TEAMMATE GIGI VILLORESI (BOTTOM).*

Al Gran Premio d'Italia a Monza (16 settembre) la Ferrari fa le cose in grande schierando cinque 375 F1 per Ascari (n. 2), González (n. 6), Villoresi (n. 4), Taruffi (n. 8) e Landi (n. 12). A recitare la parte del leone in gara è Ascari (pagina a fianco) che – come già nel 1949 – si aggiudica la corsa portandosi a sole tre lunghezze da Fangio nel Mondiale poi buttato alle ortiche nell'ultima corsa, in Spagna, a causa dei gravi problemi alle gomme patiti dalle vetture di Maranello. La stagione 1951 è comunque positiva con tre vittorie in gare iridate e l'appuntamento con il titolo è soltanto rimandato.

## 1951

*Ferrari did things in style at the Italian Grand Prix at Monza (16 September), fielding five examples of the 375 F1 for Ascari (No. 2), González (No. 6), Villoresi (No. 4), Taruffi (No. 8) and Landi (No. 12). The leading role was played by Ascari (facing page) who – as in 1949 – won the race to go within three points of Fangio in the championship standings, a position thrown away in the last race in Spain due to the serious problems with their tyres suffered by the cars from Maranello. The 1951 season was nonetheless positive, with three wins in World Championship races and a date with the World title only postponed.*

PAGINA A FIANCO, TOCCA AD ASCARI PORTARE AL DEBUTTO NEL GRAN PREMIO DI MODENA (23 SETTEMBRE) LA NUOVA 500 F2 SPINTA DA UN INEDITO 4 CILINDRI IN LINEA DI 1984 CC REALIZZATO DA AURELIO LAMPREDI. ASCARI SI AGGIUDICA LA CORSA SENZA PARTICOLARI DIFFICOLTÀ A DIMOSTRAZIONE CHE LA VETTURA È NATA BENE. SE IL BUONGIORNO SI VEDE DAL MATTINO…

GRAZIE AL SUPPORTO LOGISTICO DI CHINETTI CHE TROVA SPONSOR E MEZZI LA FERRARI, IN NOVEMBRE, PUÒ PRENDERE PARTE ALLA SECONDA CARRERA PANAMERICANA. ASCARI-VILLORESI FANNO "COPPIA FISSA" A BORDO DI UNA 212 EXPORT E, DOPO ESSERSI AGGIUDICATI QUATTRO DELLE OTTO TAPPE SU CUI SI ARTICOLA LA GARA, CONCLUDONO AL SECONDO POSTO IN CLASSIFICA ASSOLUTA ALLE SPALLE DELLA COPPIA CHINETTI-TARUFFI SEMPRE SU FERRARI. AMPIA L'ECO CHE AVRÀ QUESTO RISULTATO SULLA PUBBLICISTICA DELLA CASA.

## 1951

*FACING PAGE, AT THE GRAN PREMIO DI MODENA (23 SEPTEMBER) ASCARI HAD THE HONOUR OF DEBUTING THE NEW 500 F2, POWERED BY A NEW 1984 CC STRAIGHT-FOUR DESIGNED BY AURELIO LAMPREDI. ASCARI WON THE RACE WITH RELATIVE EASE, PROVING THAT THE CAR WAS RIGHT FROM THE OUTSET. THE FUTURE WAS LOOKING BRIGHT…*

*THANKS TO THE LOGISTIC SUPPORT FROM CHINETTI WHO FOUND SPONSORS AND MATERIALS, IN NOVEMBER FERRARI WAS ABLE TO TAKE PART IN THE SECOND CARRERA PANAMERICANA. ASCARI-VILLORESI WERE A SHOE-IN FOR ONE OF THE 212 EXPORTS AND AFTER HAVING WON FOUR OF THE EIGHT STAGES OF THE RACE FINISHED SECOND OVERALL BEHIND THE CHINETTI-TARUFFI CREW IN ANOTHER FERRARI. THIS RESULT WAS TO BE WIDELY PUBLICISED BY THE FIRM.*

# AURELIO LAMPREDI

## Dal motore del primo successo in Formula 1 ad un inglorioso bicilindrico

Fra i temi "più caldi" sui tavoli da disegno nei primi anni di vita della Ferrari c'era anche l'annosa questione dell'impiego o meno del compressore sui motori da corsa, nello specifico, quelli destinati alle monoposto di Formula 2 e Formula 1. Lo sviluppo e la messa a punto dei propulsori sovralimentati diedero non pochi problemi ai tecnici di Maranello tanto che, alla fine, si decise di percorrere la strada dei motori atmosferici puntando a raggiungere con il già classico dodici cilindri a V la soglia dei 4,5 litri di cilindrata, imposta dal regolamento sportivo per i motori non sovralimentati.

Questo complesso quanto delicato compito fu portato avanti soprattutto da Aurelio Lampredi, livornese, classe 1917, approdato alla Ferrari nel 1946 forte di un diploma conseguito presso l'Istituto Tecnico superiore di Friburgo, ma soprattutto di una già solida esperienza maturata prima in ambito navale, poi presso l'ufficio tecnico della Piaggio alle dipendenze dello stesso Corradino d'Ascanio, quindi alle Officine Meccaniche Reggiani-Caproni a Reggio Emilia. La sua prima esperienza a Maranello si chiuse nel volgere di pochi mesi per contrasti interni sorti sia con Busso che con Colombo, e fu soltanto con l'uscita di scena dei due "colleghi" che Lampredi fece ritorno alla Ferrari a valle di una breve esperienza all'Isotta Fraschini.

Ottenuti pieni poteri, Lampredi si mise subito all'opera attorno al dodici cilindri ad alimentazione atmosferica. I primi frutti maturano già nel 1950 quando, prima in via sperimentale su due vetture Sport iscritte alla Mille Miglia di quell'anno, poi su una monoposto affidata ad Alberto Ascari nel Gran Premio del Belgio, viene impiegato un inedito V12 di 3.322 cc con cilindrata unitaria di 276,66 cc da cui – secondo tradizione – deriva la sigla di quei nuovi modelli: 275 S. Già al successivo Gran Premio delle Nazioni, a fine luglio, sempre Ascari ebbe a disposizione un motore con cilindrata portata sino a quota 4.101,66 cc, grazie a valori di alesaggio e corsa pari a 80 x 68 mm. Dopo un ulteriore sforzo, il fatidico limite dei 4,5 litri fu raggiunto in settembre per il Gran Premio d'Italia quando debuttarono le nuove 375 F1 che già nella stagione successiva permisero alla Ferrari di ottenere le prime vittorie in Formula 1 (con Froilán González a Silverstone e con lo stesso Ascari in Germania e Italia) e di contendere il titolo all'Alfa Romeo sino all'ultima gara.

Anche l'improvvisa uscita di scena dalle competizioni della Casa del Portello alla fine di quella stessa stagione obbligò la Federazione a "promuovere"

## From the engine powering the first F1 winner to an inglorious twin

Among the most pressing issues on the drawing boards in Ferrari's early years was the long-standing question of whether to use supercharging or not on racing engines, specifically those destined for the Formula 2 and Formula 1 single-seaters. The development and tuning of supercharged engines presented the Maranello engineers with considerable problems and it was eventually decided to follow the path of naturally aspirated power units which led to the classic V12 displacing 4.5 litres, in accordance with the sporting regulations for non-supercharged engines.

This complex and particularly delicate operation was carried forwards above all by Aurelio Lampredi of Livorno, class of 1917, who had joined Ferrari in 1946 on the strength of a diploma from the Higher Technical Institute of Freiburg and above all the solid experience gained firstly in naval engineering and then in the technical department of Piaggio, under Corradino d'Ascanio and the Officine Meccaniche Reggiani-Caproni in Reggio Emilia. His initial stint at Maranello lasted just a few months due to internal conflicts with both Busso and Colombo and it was only after his two "colleagues" left that Lampredi returned to Ferrari following a brief spell with Isotta Fraschini.

Having been given a free rein, Lampredi immediately set to work on the naturally aspirated 12-cylinder. The first fruits emerged in 1950 when, firstly in experimental form in two Sport category cars entered for the Mille Miglia that year and then in a single-seater entrusted to Alberto Ascari for the Belgian Grand Prix, a new 3322 cc V12 first appeared. In the best Ferrari traditions, the unitary displacement of 276.66 cc of the unit provided the new models with their name: 275 S. At the successive Grand Prix of Nations in late July, Ascari was provided with an engine with a displacement increased to 4104 cc thanks to bore and stroke dimensions of 80x68 mm. Further work enable the 4.5-litre limit to be reached in September for the Italian Grand Prix that saw the debut of the new 375 F1. The following season saw this car bring Ferrari its first F1 victories (with Froilán González at Silverstone and with Ascari in Germany and Italy) and to compete with Alfa Romeo for the title through to the final race.

The sudden withdrawal from racing of the cars from the Portello factory at the end of that season obliged the Federation to "promote" the smaller

AURELIO LAMPREDI, AL CENTRO DELL'IMMAGINE, ACCANTO AD ALBERTO ASCARI,
DURANTE LA SFORTUNATA SPEDIZIONE A INDIANAPOLIS NEL 1952.

AURELIO LAMPREDI, IN THE CENTRE OF THE PHOTO, ALONGSIDE ALBERTO ASCARI,
DURING THE UNSUCCESSFUL EXPEDITION TO INDIANAPOLIS IN 1952.

Sopra, in senso orario, la 275 S di Ascari-Nicolini equipaggiata con un 12 cilindri di 3,3 litri "curato" da Lampredi, al via della Mille Miglia 1950; ancora Mille Miglia ma edizione 1952, Lampredi a colloquio con Paolo Marzotto; Lampredi, primo a destra, accanto a Ferrari, Giberti e Villoresi, in uno scatto datato 1953.

A fianco, Paolo Marzotto con la 4 cilindri 500 Mondial, taglia il traguardo, secondo assoluto alla Mille Miglia 1954.

*Above, clockwise, the Ascari-Nicolini 275 S fitted with a 3.3-litre V12 "breathed on" by Lampredi at the start of the 1950 Mille Miglia. Another edition of the Mille Miglia, this time in 1952, with Lampredi talking to Paolo Marzotto; Lampredi, first right, along with Ferrari, Giberti and Villoresi in a shot from 1953.*

*Left, Paolo Marzotto with the four-cylinder 500 Mondial crosses the finishing line second overall in the '54 Mille Miglia.*

# AURELIO LAMPREDI

le piccole monoposto di Formula 2 al rango di prime attrici nel massimo Campionato. Lampredi non si fece cogliere impreparato tanto che già al Gran Premio di Modena del 1951 Ascari portò al debutto e al successo la nuova 500 F2, piccola ed agile monoposta spinta da un inedito quattro cilindri in linea di 1.984 cc.

Caratterizzata da un'ottima ripartizione dei pesi e da una straordinaria affidabilità, l'ultima creatura di Lampredi fu assoluta dominatrice nel biennio 1952-1953 (quattordici vittorie su quindici partecipazioni nel Mondiale in due anni) consentendo ad Ascari e alla Ferrari di assicurarsi entrambi i titoli iridati. L'impiego del quattro cilindri proseguì con alterne fortune sino a metà degli anni Cinquanta, sia sulle vetture a ruote scoperte che su una serie di Sport (625 TF, 735 S e 500 Mondial), ma l'assenza di altri risultati concreti e, soprattutto, il fallito tentativo di dar vita ad un motore bicilindrico, condussero ad un progressivo inasprirsi dei rapporti fra Enzo Ferrari e Lampredi. Ricordava anni dopo Romolo Tavoni quanto lo stesso Ferrari ebbe a dire: «*Se entro un anno il progetto del motore a due cilindri non avrà dato buon esito, noi non avremo più nulla da dirci con l'ingegner Lampredi (…) Ferrari aveva lasciato fare, ma 364 giorni dopo mi chiama: "Tavoni, legga il verbale del giorno". Io leggo. "Ecco, dice, sono le undici e mezza. Mandi in banca il ragioniere, gli faccia prendere la liquidazione. Voglio che per le 11:45 Lampredi sia fuori dal cancello". Gli pagò tutto, anche i due anni successivi, ma fu irremovibile come una montagna*».

Archiviata l'esperienza in Ferrari, per Lampredi si dischiuse una lunga e prolifica esperienza in seno alla Fiat dove, negli anni, ha firmato importanti motori come quello della 124 (1966), noto anche come "bialbero Lampredi", il quattro cilindri in linea della 128 (1969) o ancora il sei cilindri a V della 130 (1971). Dopo aver rivestito importanti incarichi anche all'Abarth sino ai primi anni Ottanta, Lampredi andò in pensione nel 1982 per poi scomparire a Livorno il 1° giugno 1989.

*Formula 2 single-seaters to the status of protagonists in the World Championship. Lampredi was not found wanting and by the Grand Prix of Modena in 1951, Ascari was able to drive to a debut win the new 500 F2, a small and agile single-seater powered by a new straight-four displacing 1984 cc.*

*Characterised by excellent weight distribution and extraordinary reliability, Lampredi's latest creation dominated the two-year period 1952-1953 (14 victories from 15 World Championship races over the two seasons) and permitted Ascari and Ferrari to claim both championship titles. The use of the four-cylinder engine continued with alternating fortunes through to the mid-Fifties, both in open-wheel cars and a series of Sport models (625 TF, 735 S and 500 Mondial), but the absence of other concrete results and, above all, the failed attempt to create a two-cylinder engine, led to a progressive worsening of relations between Enzo Ferrari and Lampredi. Years later, Romolo Tavoni recalled what Ferrari himself had to say: "If within a year the two-cylinder engine project does not bear fruit, we shall nothing more to say to Ingegner Lampredi […] Ferrari had allowed him to work, but 364 days later he called me: 'Tavoni, read the minutes.' I read. 'So, he said, it's 11:30. Send the bookkeeper to the bank, have him withdraw the severance payment. I want Lampredi out of the door by 11:45.' He paid him everything, including the two following years, but was as unmoveable as a mountain."*

*With his time at Ferrari behind him, Lampredi went on to enjoy a long and prolific period at Fiat where, over the years, he was responsible for important engine such as that of the 124 (1966), also known as the "Lampredi Twin-Cam", the straight-four of the 128 (1969) and the V6 from the 130 (1971). After having also held important positions at Abarth through to the early Eighties, Lampredi retired in 1982 and passed away in Livorno on the 1st of June 1989.*

La stagione 1952 riparte nello stesso modo in cui si era chiusa quella precedente: Alberto Ascari e la 500 F2 continuano ad essere un binomio vincente. Il 16 marzo il pilota milanese porta infatti la 4 cilindri di Maranello nuovamente al successo nel Gran Premio di Siracusa.

Nel frattempo anche la "vecchia" 375 F1 conosce una nuova giovinezza con importanti interventi meccanici che la portano a sviluppare una potenza massima di 400 CV, tutto in vista di una partecipazione alla 500 Miglia di Indianapolis. Prima di varcare l'oceano la 375 "Indy" viene schierata al Gran Premio del Valentino a Torino (6 aprile) dove è Gigi Villoresi a portarla al successo. Piuttosto travagliata la corsa di Nino Farina (n. 20) che alla fine è anche vittima di un incidente. Nella foto in alto, un giovane Gianni Agnelli fa visita al box Ferrari, un'abitudine che non perderà nel corso degli anni. Da destra si riconoscono Piero Taruffi, Nino Farina con il casco, Gianni Agnelli, Aurelio Lampredi, parzialmente nascosto, e Gigi Villoresi.

## 1952

The 1952 season picked up where the previous had left off: Alberto Ascari and the 500 F2 continued to be a winning combination. On 16 March the Milanese driver scored another win with the four-cylinder car in the Siracusa Grand Prix.

In the meantime, the "old" 375 F1 was enjoying a second wind thanks to mechanical modifications that led to a maximum power output of 400 hp in view of the marque's participation in the Indianapolis 500. Before crossing the ocean the 375 "Indy" was entered in the Valentino Grand Prix in Turin (6 April) with Gigi Villoresi driving it to victory. Nino Farina (No. 20) endured a troubled race and eventually crashed out. In the top photo, a young Gianni Agnelli visits the Ferrari pits, a habit he was to maintain over the years. Recognisable from the right are Piero Taruffi, Nino Farina with the helmet, Gianni Agnelli, Aurelio Lampredi, partially concealed and Gigi Villoresi.

NONOSTANTE LA PRESENZA IN FORMA UFFICIALE DELLA MERCEDES, LA FERRARI RIESCE AD IMPORSI ANCORA UNA VOLTA ALLA MILLE MIGLIA (3-4 MAGGIO) E LO FA GRAZIE ALLA STRAORDINARIA IMPRESA DI GIOVANNI BRACCO CHE PORTA AL DEBUTTO UNA BERLINETTA CARROZZATA DA VIGNALE, SIGLATA 250 S (N. 611) E SPINTA DA UN V12 SPERIMENTALE DI 2953,21 CC, PRIMA RAPPRESENTANTE DELLA GLORIOSA GENEALOGIA DELLE FERRARI 250. ACCANTO ALLA FERRARI DI BRACCO SI RICONOSCE CON L'IMPERMEABILE

ALFRED NEUBAUER, DIRETTORE SPORTIVO DELLA MERCEDES. FRA LE NUMEROSE VETTURE DEL CAVALLINO PRESENTI A BRESCIA FIGURAVANO ANCHE LE 225 S, SEMPRE FIRMATE DA VIGNALE, DI MARIO E FRANCO BORNIGIA (N. 606) E PIERO SCOTTI-GIULIO CANTINI (N. 610).

## 1952

*DESPITE THE PRESENCE OF THE WORKS MERCEDES, FERRARI TRIUMPHED ONCE AGAIN IN THE MILLE MIGLIA (3-4 MAY) THANKS TO THE REMARKABLE DRIVE BY GIOVANNI BRACCO WHO DEBUTED THE VIGNALE-BODIED 250 S BERLINETTA (NO. 611), POWERED BY AN EXPERIMENTAL 2953.21 CC V12, THE FIRST ITERATION OF THE GLORIOUS FERRARI 250 FAMILY. RECOGNISABLE IN THE RAINCOAT ALONGSIDE BRACCO'S FERRARI IS ALFRED NEUBAUER, THE MERCEDES SPORTING DIRECTOR. AMONG THE NUMEROUS REPRESENTATIVES OF THE PRANCING HORSE PRESENT AT BRESCIA THERE WERE ALSO THE 225 S'S, AGAIN BODIED BY VIGNALE, OF MARIO BORNIGIA-FRANCO BORNIGIA (NO. 606) AND PIERO SCOTTI-GIULIO CANTINI (NO. 610).*

IL 30 MAGGIO 1952 IL VECCHIO SOGNO DI ENZO FERRARI DI PRENDERE PARTE ALLA 500 MIGLIA DI INDIANAPOLIS DIVENTA REALTÀ. L'IMMANCABILE FOTO DI GRUPPO, A COLORI, VEDE ASCARI GIÀ NELL'ABITACOLO DELLA 375 "INDY" MENTRE ALLE SUE SPALLE SI RICONOSCONO AURELIO LAMPREDI, PRIMO A SINISTRA, E GIOVANNI CANESTRINI, INVIATO DE *LA GAZZETTA DELLO SPORT*, CON L'INSEPARABILE PIPA. SI NOTI IL CAVALLINO RAMPANTE CANCELLATO A VOLER SOTTOLINEARE CHE QUELLA NON È COMUNQUE UNA PARTECIPAZIONE UFFICIALE. FERRARI PRESAGISCE FORSE QUANTO POI ACCADRÀ IN GARA CON ASCARI FUORI DEI GIOCHI AL 41° GIRO PER IL CEDIMENTO DEL MOZZO DELLA RUOTA POSTERIORE DESTRA.

PAGINA A FIANCO, SEMPRE AL VOLANTE DELLA 500 F2 NEL GRAN PREMIO DEL BELGIO (22 GIUGNO), ASCARI TORNA A VINCERE DAVANTI AL COMPAGNO DI SQUADRA FARINA. SOTTO, TRE FERRARI OCCUPANO LA PRIMA FILA DEL GRAN PREMIO DELL'AUTODROMO A MONZA (8 GIUGNO): ASCARI CON IL N. 22, VINCITORE DELLA PRIMA MANCHE, FARINA CON IL N. 20, VINCITORE ASSOLUTO, GONZÁLEZ (N. 14) E VILLORESI (N. 26).

## 1952

*ON 30 MAY 1952 ENZO FERRARI'S LONG-HELD DREAM OF TAKING PART IN THE INDIANAPOLIS 500 FINALLY CAME TRUE. THE OBLIGATORY GROUP PHOTO, IN FULL COLOUR, SEES ASCARI IN THE COCKPIT OF THE 375 "INDY", WHILE BEHIND HIM CAN BE SEEN AURELIO LAMPREDI, FIRST LEFT AND GIOVANNI CANESTRINI, A REPORTER FROM LA GAZZETTA DELLO SPORT WITH HIS INSEPARABLE PIPE. NOTE THAT THE PRANCING HORSE HAS BEEN ELIMINATED, UNDERLINING THAT THIS WAS NOT AN OFFICIAL WORKS ENTRY. FERRARI HAD PERHAPS FORESEEN WHAT WAS TO HAPPEN IN THE RACE, WITH ASCARI OUT OF THE RUNNING ON THE 41ST LAP WITH A BROKEN RIGHT REAR HUB.*

*FACING PAGE, AGAIN AT THE WHEEL OF THE 500 F2 IN THE BELGIAN GRAND PRIX (22 JUNE), ASCARI RETURNED TO THE WINNER'S ENCLOSURE AHEAD OF HIS TEAMMATE FARINA.*
*BELOW, THREE FERRARIS OCCUPY THE FRONT ROW OF THE GRID AT THE GRAN PREMIO DELL'AUTODROMO AT MONZA (8 JUNE): ASCARI IN CAR NO. 22 WINNER OF THE FIRST HEAT, FARINA WITH NO. 20 THE OVERALL WINNER, GONZÁLES (NO 14) AND VILLORESI (NO 26).*

7 SETTEMBRE, GRAN PREMIO D'ITALIA, MONZA. L'IMPRESSIONANTE DISPIEGAMENTO DI FORZE MESSO IN CAMPO DALLA FERRARI NEL GRAN PREMIO DI CASA VEDE AL VIA CINQUE VETTURE UFFICIALI AFFIDATE A SIMON (N. 8), FARINA (N. 10), ASCARI (N. 12), VILLORESI (N. 16) E TARUFFI (N. 14). QUATTRO DI QUESTE CONCLUDERANNO NEI PRIMI SEI POSTI IN CLASSIFICA CON ASCARI LAUREATOSI GIÀ CAMPIONE DEL MONDO IN GERMANIA, CAPACE DI COGLIERE IL SESTO SUCCESSO CONSECUTIVO NELLA STAGIONE A DIMOSTRAZIONE DI UNA SCHIACCIANTE SUPREMAZIA.

## 1952

*7 SEPTEMBER, ITALIAN GRAND PRIX, MONZA. THE IMPOSING SHOW OF STRENGTH BY FERRARI FOR THE MARQUE'S HOME GRAND PRIX SAW FIVE WORKS CARS START THE RACE IN THE HANDS OF SIMON (NO. 8), FARINA (NO. 10), ASCARI (NO. 12), VILLORESI (NO. 16) AND TARUFFI (NO. 14). FOUR OF THEM WERE TO FINISH IN THE FIRST SIX PLACES WITH ASCARI, WHO HAD ALREADY BEEN CROWNED WORLD CHAMPION IN GERMANY, SECURING HIS SIXTH CONSECUTIVE VICTORY OF THE SEASON IN A DEMONSTRATION OF CRUSHING SUPREMACY.*

25-26 APRILE, XX MILLE MIGLIA. CHI PENSAVA CHE IL CONTE GIANNINO MARZOTTO, GIÀ VINCITORE DELLA CLASSICA BRESCIANA NEL 1950, FOSSE UNA METEORA SI SBAGLIAVA. IL NOBILE VICENTINO, SEMPRE ACCOMPAGNATO DALL'INSEPARABILE MARCO CROSARA, TORNA AD IMPORSI NELLA GARA DELLA FRECCIA ROSSA ANCHE NEL 1953. LO FA AL VOLANTE DI UNA BARCHETTA 340 MM CARROZZATA DA VIGNALE RIUSCENDO ADDIRITTURA A PREVALERE SU JUAN MANUEL FANGIO, SECONDO CON L'ALFA ROMEO – UNA 6C 3000 CM – TORNATA IN FORMA UFFICIALE ALLE CORSE. IN QUESTE IMMAGINI MARZOTTO È COLTO FRA LA FOLLA IN PIAZZA DELLA VITTORIA, ALLA PARTENZA E ALL'ARRIVO DELLA CORSA.

## 1953

*25-26 APRIL, XX MILLE MIGLIA. THOSE WHO THOUGHT THAT COUNT GIANNINO MARZOTTO, WINNER OF THE BRESCIAN CLASSIC IN 1950, WAS A "ONE HIT WONDER" HAD TO THINK AGAIN. THE VICENZA-BORN NOBLEMAN, AS EVER ACCOMPANIED BY MARCO CROSARA, WAS BACK BEHIND THE WHEEL OF A FERRARI FOR THE 1953 RACE TOO. THIS TIME HE WAS DRIVING A 340 MM BARCHETTA BODIED BY VIGNALE AND EVEN MANAGED TO GET THE BETTER OF JUAN MANUEL FANGIO, SECOND IN A WORKS ALFA ROMEO 6C 3000 CM. IN THESE SHOTS THE VICENZA NOBLEMAN IS SEEN IN THE CROWD IN PIAZZA DELLA VITTORIA, AT THE START AND FINISH OF THE RACE.*

Il Gran Premio dell'Autodromo a Monza (29 giugno) vive sul confronto fra la Ferrari – presente con la sua intera produzione di modelli – e la Lancia che schiera le D23. A prevalere in entrambe le manche sarà Gigi Villoresi al volante di una Ferrari 250 MM berlinetta Pinin Farina (n. 12) con la quale fa segnare anche il giro più veloce nella seconda batteria.

Sotto e alla pagina a fianco, il dominio di Ascari e della 500 F2 nel Campionato del mondo di Formula 1 prosegue frattanto indisturbato con il pilota milanese che, nonostante il ritiro in Germania (a fianco) dove vince il compagno di squadra Farina, è protagonista sfortunato anche nel Gran Premio d'Italia a Monza dove però a prevalere, all'ultima curva, sarà la Maserati con Fangio. Nella foto in alto Ascari precede proprio il pilota argentino (n. 50), Farina (n. 6) e l'altra Maserati di Marimón (n. 54).

## 1953

*The Gran Premio dell'Autodromo at Monza (29 June) was all about the duel between Ferrari – which lined up with its full range – and Lancia with its D23's. The winner of both heats was to be Gigi Villoresi at the wheel of a Ferrari 250 MM Pinin Farina berlinetta (No. 12) with which he also recorded the fastest lap in the second heat.*

*Below and facing page, the domination of the Formula 1 World Championship by Ascari and the 500 F2 continued despite the Milanese driver's retirement in Germany (left) where te race was won by his teammate Farina. Ascari was also a protagonist in the Italian Grand Prix at Monza, althougth the Maserati driven by Juan Manuel Fangio prevailed at the last corner. In the top photo Ascari leads the Argentine driver (No. 50), his teammate Farina (No. 6) and the second Maserati of Marimón (No. 54).*

Anche nel 1954 il Campionato del Mondo di Formula 1 si apre in Argentina. Nino Farina partito dalla prima fila con la Ferrari 625 F1 (n. 10) al traguardo sarà secondo alle spalle di Fangio con la nuova Maserati 250F, una monoposto che fa già paura.

Pagina a fianco, Mille Miglia (1-2 maggio). Primo piano per la barchetta 500 Mondial carrozzata da Pinin Farina e condotta da Franco Cortese – un veterano della corsa bresciana – sino all'arrivo al 14° posto in classifica.

## 1954

The World Championship again opened with the Argentine Grand Prix in 1954. Nino Farina started from the front row in the Ferrari 625 F1 (No. 10) and was to be second at the finish behind Fangio in the new Maserati 250F, a car that with frightening potential.

Facing page, the Mille Miglia (1-2 May). A close-up for the 500 Mondial barchetta bodied by Pinin Farina and driven by Franco Cortese – a veteran of the Brescian race – to a 14th place finish.

ALCUNI MOMENTI DELLA STAGIONE. SOPRA, LA FERRARI 375 PLUS DI UMBERTO MAGLIOLI AL VIA DELLA XXI MILLE MIGLIA (1-2 MAGGIO), GARA IN CUI SARÀ COSTRETTO AL RITIRO; SOTTO, ANCORA LA 375 PLUS PORTATA INVECE AL SUCCESSO DALL'EQUIPAGGIO TRINTIGNANT-GONZÁLEZ ALLA 24 ORE DI LE MANS (12-13 GIUGNO).

PAGINA A FIANCO, SOPRA, ANCORA GONZÁLEZ AI BOX NEL VITTORIOSO GRAN PREMIO D'INGHILTERRA A SILVERSTONE (17 LUGLIO); "IN CODA" SI RICONOSCE ANCHE L'ALTRA 625 F1 DI MIKE HAWTHORN. IN BASSO A SINISTRA, ASCARI – PRESTATO DALLA LANCIA ALLA CASA DI MARANELLO PER DISPUTARE IL GRAN PREMIO D'ITALIA – INSEGUE LA MERCEDES-BENZ W196 DI FANGIO, A FINE STAGIONE IRIDATO PER LA SECONDA VOLTA IN CARRIERA. A DESTRA, HAWTHORN AVVIATO VERSO IL SUCCESSO CON LA 625 F1 NELL'ULTIMA PROVA DEL MONDIALE IN SPAGNA (24 OTTOBRE).

## 1954

A NUMBER OF EPISODES FROM THE SEASON: ABOVE, THE FERRARI 375 PLUS OF UMBERTO MAGLIOLI AT THE START OF THE XXI MILLE MIGLIA (1-2 MAY), A RACE IN WHICH HE WAS FORCED TO RETIRE; BELOW, THE 375 PLUS AGAIN, THIS TIME INSTEAD DRIVEN TO VICTORY BY THE TRINTIGNANT-GONZÁLEZ CREW IN THE LE MANS 24 HOURS (12-13 JUNE).

FACING PAGE, TOP, GONZÁLEZ AGAIN IN THE PITS BEFORE WINNING THE BRITISH GRAND PRIX AT SILVERSTONE (17 JULY); IN THE "QUEUE" IS THE SECOND 625 F1 DRIVEN BY MIKE HAWTHORN. BOTTOM LEFT, ASCARI – LENT TO BY MARANELLO TO LANCIA FOR THE ITALIAN GRAND PRIX – CHASING THE MERCEDES-BENZ W 196 OF FANGIO WHO AT THE END OF THE SEASON WAS TO BE CROWNED WORLD CHAMPION FOR THE SECOND TIME. RIGHT, HAWTHORN HEADING FOR VICTORY WITH THE 625 F1 IN THE LAST ROUND OF THE CHAMPIONSHIP IN SPAIN (24 OCTOBER).

30 aprile-1° maggio, XXII Mille Miglia. La Ferrari 750 Monza di Piero Carini si appresta a scendere dalla pedana di partenza. La sua corsa si concluderà già dopo il primo controllo a Ravenna. Di tono ben diverso la gara dell'equipaggio composto da Umberto Maglioli-Luciano Monteferraio che, con la 118 LM, giungono a Brescia al terzo posto assoluto dietro le imbattibili Mercedes-Benz 300 SLR dei vincitori Moss-Jenkinson e di Juan Manuel Fangio.

## 1955

*30 April-1 May, XXII Mille Miglia. The Ferrari 750 Monza of Piero Carini about to descend the starting ramp. His race was concluded prematurely after the first checkpoint at Ravenna. Umberto Maglioli and Luciano Monteferraio in the 118 LM enjoyed a very different race, reaching Brescia in third place overall behind the unbeatable Mercedes-Benz 300 SLR's of the winners Moss and Jenkinson and Juan Manuel Fangio.*

Dopo un'intera stagione di attesa e dopo aver finalmente debuttato nell'ultima prova del Mondiale di Formula 1 1954, la Lancia D50 è considerata da molti la vettura da battere per il 1955. Nel Gran Premio del Valentino a Torino (27 marzo) Ascari la porta al successo, risultato che ottiene anche a Napoli. Poi, dopo essere finito in mare nel Gran Premio di Monaco, ancora convalescente, trova la morte a Monza in circostanze oggi ancora non chiarite uscendo di pista al volante della Ferrari Sport con la quale Eugenio Castellotti sta conducendo alcuni test a Monza in vista dell'imminente Gran Premio Supercortemaggiore.

Pagina a fianco in alto. alla Lancia non resta che ritirarsi dalle corse cedendo le monoposto D50 alla Casa di Maranello. In basso, Castellotti porta la sua Ferrari 857 S verso il terzo posto assoluto nella Targa Florio (16 ottobre).

## 1955

*Following a full season's wait and after having finally disputed the last round of the 1954 World Championship, the Lancia D50 was considered by many to be the car to beat in 1955. In the Valentino Grand Prix in Turin (27 March), Ascari drove it to victory, a result he repeated in Naples too. Then, after having ended up in the harbour at Monte Carlo and still convalescent, he was killed at Monza in circumstances still obscure today, crashing at the wheel of the Ferrari Sport that Castellotti was testing at Monza in view of the imminent Supercortemaggiore Grand Prix.*

*Facing page, top, Lancia were obliged to retire from racing, with all the D50's being handed over to Maranello. Bottom, Eugenio Castellotti drives his Ferrari 857 S to third place overall in the Targa Florio (16 October).*

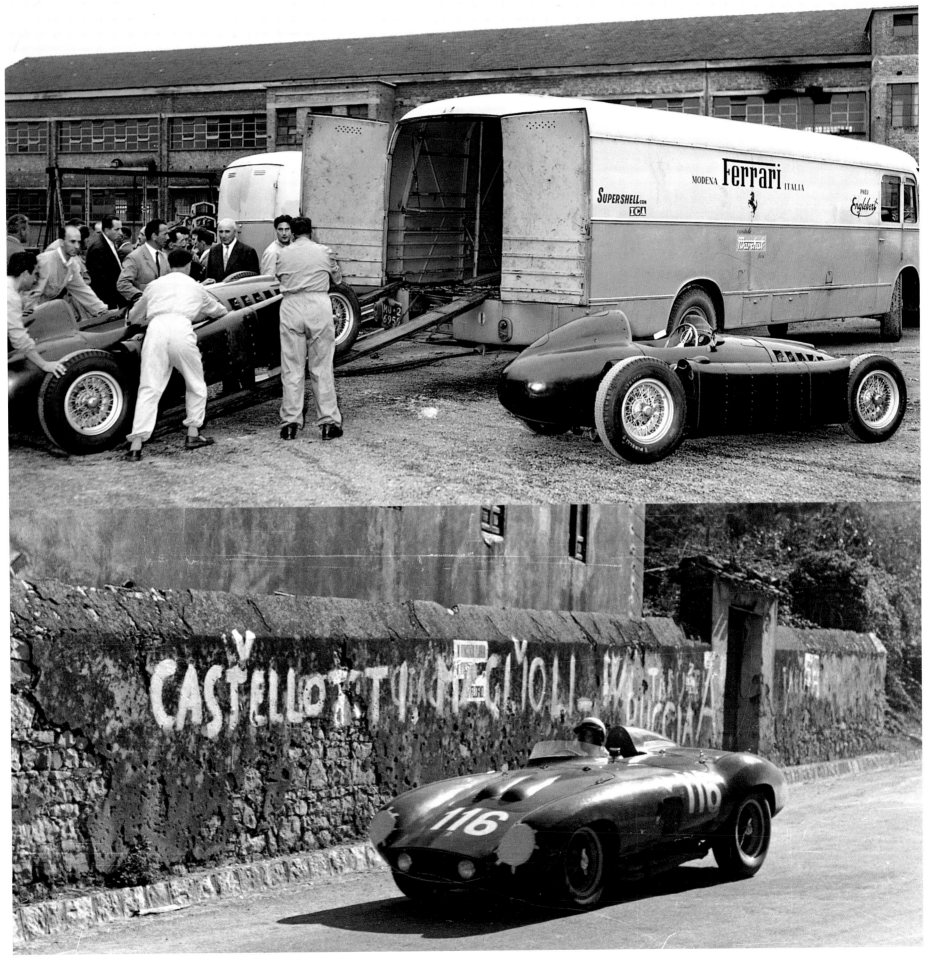

Grazie alle D50 divenute ormai "definitivamente" Ferrari, la Casa di Maranello – complice la definitiva uscita di scena dalle competizioni della Mercedes-Benz – si ritrova in una posizione di predominio in Formula 1 tornando a vincere sin dalla prova inaugurale in Argentina (22 gennaio) dove Luigi Musso (n. 34) e Juan Manuel Fangio (n. 30) portano al successo "in coppia" la monoposto ex-Lancia. Nella foto, la Maserati 250F (n. 6) di Carlos Menditeguy è stretta fra le due Ferrari.

Pagina a fianco, una spettacolare immagine a colori di Alberto Sorlini immortala le vetture del Cavallino che entrano in piazza della Vittoria a Brescia in vista della XXIII Mille Miglia (29 aprile) vinta dalla 290 MM di Eugenio Castellotti, artefice di una corsa straordinaria.

## 1956

*Thanks to the D50's which were now definitively Ferraris, and the withdrawal from racing of Mercedes-Benz, the Maranello-based firm found itself in a dominant position in Formula, winning from the first round in Argentina (22 January) in which Luigi Musso (No. 34) and Juan Manuel Fangio (No. 30) combined to give the ex-Lancia single-seater a victorious start to the season. In the photo, the Maserati 250F (No 6) of Carlos Menditeguy is sandwiched between the two Ferraris.*

*Facing page, a spectacular colour photo by Alberto Sorlini immortalises the cars of the Prancing Horse entering Piazza della Vittoria in Brescia ahead of the XXIII Mille Miglia (29 April) won by the 290 MM of Eugenio Castellotti who enjoyed a fantastic race.*

Altre immagini dall'album della Mille Miglia che oltre a Castellotti, sopra al via della corsa e sotto pochi istanti dopo l'arrivo, ha fra i suoi protagonisti anche Juan Manuel Fangio (sopra a destra), non particolarmente a proprio agio sulla una 290 MM (n. 600) analoga a quella del lodigiano. Al traguardo chiuderà soltanto al quarto posto in classifica assoluta con un pesante distacco dal vincitore.

## 1956

*Other images from the Mille Miglia album: as well as Castellotti, seen above at the start of the race and moments after the finish, the protagonists included Juan Manuel Fangio (above, right), who was not exactly at his ease in the 290 MM (No. 600), identical to Castellotti's car. He could do no better than fourth overall, some way down on the winner's time.*

Pagina a fianco, 13 maggio, Gran Premio di Monaco. Durante le prove Luigi Musso sale sulla D50 di Eugenio Castellotti. In realtà la corsa del pilota romano durerà appena tre giri prima che un incidente lo tolga dalla gara.

25 maggio, Nino Farina è iscritto alle prove per la 500 Miglia d'Indianapolis con la Bardahl Experimental Kurtis Kraft 500 D mossa da un motore Ferrari 6 cilindri in linea di 4,4 litri. Il torinese manca però la qualificazione. L'auto è stata assemblata, dopo un primo intervento a Maranello, presso le officine OSCA dei F.lli Maserati ed aveva sostenuto dei test sull'anello d'Alta Velocità di Monza. Ad Indianapolis, Farina prova tutti i giorni per circa un mese, utilizzando in alcune sessioni anche la 375 Indy, modificata nel telaio, e con cui corse Alberto Ascari nel 1952, senza tuttavia riuscire a qualificarsi.

## 1956

*Facing page, 13 May, Monaco Grand Prix. During practice Luigi Musso drove Eugenio Castellotti's D50. The Rome driver's race was to last just three laps before an accident took him out of the running.*

*25 May, Nino Farina was entered for qualifying for the Indianapolis 500 with the Bardahl Experimental Kurtis Kraft 500 D powered by a 4.4 cc straight-six Ferrari engine. The Italian driver failed to qualify however. After initial work at Maranello, the car had been assembled at the Maserati brothers' OSCA workshop and had been tested on the Monza High Speed oval. At Indianapolis, Farina tested every day for around a month, completing a number of sessions with the Indy 375 with the modified chassis used by Alberto Ascari in 1952, without however managing to qualify.*

PAGINA A FIANCO, GRAN PREMIO DI PESCARA (18 AGOSTO). AL VIA FIGURANO OTTO FERRARI FRA CUI LA 500 TR DI FRANCO CORTESE (N. 46), TERZO SULLO SCHIERAMENTO DI PARTENZA E QUARTO ALL'ARRIVO, STACCATO DI SOLI CINQUE SECONDI E MEZZO DAL VINCITORE (ROBERT MANZON SULLA GORDINI T15S CHE SI INTRAVVEDE SULLO SFONDO). LA N. 44 È L'ALTRA 500 MONDIAL GUIDATA DA PIERO CARINI CHE AL TRAGUARDO SARÀ SESTO ASSOLUTO.

SOPRA, IL GRAN PREMIO D'ITALIA (2 SETTEMBRE) È APPENA PARTITO, UNA CORSA ROCAMBOLESCA IN CUI COLLINS CON UN GESTO DI GRANDE SPORTIVITÀ CONSEGNA IL TITOLO A FANGIO DOPO AVERGLI CEDUTO LA PROPRIA MONOPOSTO IN MODO CHE QUEST'ULTIMO POSSA CONCLUDERE LA GARA; L'ARGENTINO AVEVA INFATTI ABBANDONATO PER NOIE MECCANICHE MA CON IL SECONDO POSTO FINALE, CONQUISTATO SALENDO SULLA VETTURA DELL'INGLESE, RIESCE A FARE SUOI I PUNTI NECESSARI PER VINCERE IL SUO QUARTO TITOLO IRIDATO.

## 1956

*FACING PAGE, THE PESCARA GRAND PRIX, 18 AUGUST. EIGHT FERRARIS STARTED THE RACE, INCLUDING THE 500 TR OF FRANCO CORTESE (No. 46), THIRD ON THE GRID AND FOURTH AT THE FINISH, JUST FIVE AND A HALF SECONDS DOWN ON THE WINNER (ROBERT MANZON IN THE GORDINI T15S WHO CAN BE SEEN IN THE BACKGROUND). No. 44 IS THE OTHER 500 MONDIAL DRIVEN BY PIERO CARINI WHO WAS TO FINISH SIXTH OVERALL.*

*ABOVE, THE ITALIAN GRAND PRIX (2 SEPTEMBER) HAS JUST GOT UNDERWAY, A THRILLING RACE IN WHICH COLLINS SPORTINGLY CONCEDED THE WORLD CHAMPIONSHIP TITLE TO FANGIO AFTER HANDING HIM HIS CAR SO THAT HE COULD FINISH THE RACE. THE ARGENTINE HAD HAD TO RETIRE WITH MECHANICAL PROBLEMS, BUT THE SECOND PLACE HE ACHIEVED AFTER TAKING OVER THE ENGLISHMAN'S CAR WAS GOOD ENOUGH TO PROVIDE THE POINTS HE NEEDED TO WIN HIS FORTH WORLD TITLE.*

PAGINA A FIANCO, CIÒ CHE RESTA DELLA MONOPOSTO CHE EUGENIO CASTELLOTTI STAVA PROVANDO SULLA PISTA DI MODENA IL 14 MARZO. LA SCOMPARSA DEL CAMPIONE LODIGIANO È UN COLPO DURISSIMO PER ENZO FERRARI – E PIÙ IN GENERALE PER L'AUTOMOBILISMO ITALIANO – COME DIMOSTRA IN MODO INEQUIVOCABILE IL VOLTO DEL COSTRUTTORE DI MARANELLO MENTRE SI APPRESTA A FAR VISTA AL FERETRO DEL SUO PILOTA.

SOPRA, LA FERRARI 801 DI MIKE HAWTHORN (N. 28) PROVA A FARSI STRADA NEL GRUPPO FRA LA MASERATI 250F DI HARRY SCHELL (N. 38) E LA VANWALL DI TONY BROOKS (N. 20), DURANTE LE PRIME FASI GRAN PREMIO DI MONTECARLO (19 MAGGIO), UNA CORSA INFELICE PER LE VETTURE DI MARANELLO CHE DEVONO ACCONTENTARSI SOLO DI UN QUINTO POSTO CON MAURICE TRINTIGNANT.

## 1957

*FACING PAGE, WHAT REMAINED OF THE CAR EUGENIO CASTELLOTTI WAS TESTING ON THE MODENA TRACK ON THE 14TH OF MARCH. THE DEATH OF THE LODI-BORN CHAMPION WAS A TERRIBLE BLOW FOR ENZO FERRARI – AND FOR ITALIAN MOTORSPORT IN GENERAL – AS CAN CLEARLY BE SEEN IN THE MARANELLO CONSTRUCTOR'S FACE AS HE GOES TO PAY HIS RESPECTS AT HIS DRIVER'S COFFIN.*

*ABOVE, MIKE HAWTHORN'S FERRARI 801 (No. 28) TRIES TO FIND A WAY THROUGH BETWEEN THE MASERATI 250F OF HARRY SCHELL (No. 38) AND THE VANWALL OF TONY BROOKS (No. 20) DURING THE OPENING PHASE OF THE MONACO GRAND PRIX (19 MAY), NOT THE BEST OF RACES FOR THE PRANCING HORSE WHICH HAD TO SETTLE FOR A FIFTH PLACE WITH MAURICE TRINTIGNANT.*

# ROMOLO TAVONI

## IL SEGRETARIO PARTICOLARE DEL DRAKE

Diploma di ragioneria, esperienza come contabile alla Maserati, fra i prescelti per un "posto fisso" in banca al Credito Italiano di Modena con libertà di scelta fra la sede centrale, quella di Carpi o di Sassuolo; poi, su consiglio del suo stesso direttore di banca, il primo contatto, nel 1950, con la Ferrari e il suo "monumentale" artefice. Questo, in estrema sintesi, il *cursus honorum* che nel volgere di poco trasformò Romolo Tavoni – di Casinalbo, classe 1926 – da semplice ragioniere a segretario particolare, braccio destro, confidente, e uomo di fiducia di Enzo Ferrari, per poi ricoprire, in una fase successiva, anche il delicato ruolo di direttore sportivo. Non male per uno che alla Ferrari non ci voleva neppure andare non fosse altro perché proveniente dall'odiata Maserati. E invece «*Incredibilmente, di punto in bianco, ero stato assunto alla Ferrari come segretario personale del Commendatore, cominciando così a conoscere lui e l'azienda*», ricordava lo stesso Tavoni. Al pari di altri fu ben presto sul punto di andarsene: vivere quotidianamente a fianco di una figura tanto ingombrante come quella di Ferrari era tutt'altro che facile eppure «*Imparai a prendermi anch'io le mie brave strapazzate per un nonnulla. Imparai a sbrigarmela da solo, a osservare un codice di comportamento speciale, quello del Commendatore, fatto di semplicità, di logica e soprattutto di onestà e verità, unite alla dedizione e allo spirito di sacrificio. Imparai a far tardi alla sera, a lavorare il sabato e la domenica, a non segnare straordinaria, ad essere sempre a disposizione*».

Far parte della "famiglia Ferrari" voleva dire anche questo. Nei primi sei anni di militanza a Maranello, Tavoni visse a stretto contatto con Ferrari condividendo, giorno dopo giorno, le funzioni di segretario, assieme a Valerio Stradi, e passando attraverso i due primi titoli iridati di Alberto Ascari in Formula 1 (1952-1953), il debutto nel Campionato del Mondo riservato ai Costruttori (1953), la cessione da parte della Lancia di tutto il materiale, umano e meccanico, nell'estate del 1955 dopo la tragica scomparsa dello stesso Ascari, ma anche l'arrivo in squadra, nel 1956, di un personaggio tanto complesso quanto campione quale Juan Manuel Fangio che lo stesso anno si laurea iridato con la Ferrari-Lancia D50. Poi, «*dal 1957, oltre alle mansioni di segretario personale, sono anche nominato direttore sportivo della squadra corse*», ruolo di per sé quanto mai difficile e delicato poiché – tradotto – significava diventare "l'occhio di Ferrari" sui campi di gara oltre che l'uomo pronto ad assumersi tutte le responsabilità in caso di sconfitta…

## THE DRAKE'S SPECIAL SECRETARY

A diploma in bookkeeping, experience as a clerk at Maserati, one of those preselected for a permanent post at the Credito Italiano bank in Modena, with the freedom to choose between the head office and those of Carpi and Sassuolo; then, on the recommendation of the mank manager himself, came the first contact with Ferrari and his "monumental" artifice. This, in extreme synthesis, is the career path that was soon to transform Romolo Tavoni – born at Casinalbo, class of 1926 – from a simple bookkeeper to the special secretary, right-hand man, confidante and trustee of Enzo Ferrari and later establish him in the delicate role of Sporting Director. Not bad for a man who was never keen on moving to Ferrari, not least because he came from the detested Maserati. And yet, 'incredibly, from out of nowhere, I was taken on at Ferrari as the Commendatore's personal secretary, in this way getting to know both him and the company", as Tavoni himself recalled. Like others, he was soon on the point of leaving: working on a day-to-day basis alongside such an intrusive figure as Ferrari was by no means easy and yet 'I too learnt to cope with a haranguing for the merest trifle. I learnt to get by on by my own devices, to keep to a special code of behaviour, that of the Commendatore, composed of simplicity, logic and above all honesty and truthfulness, combined with dedication and a spirit of sacrifice. I learnt to keep long hours, to work Saturdays and Sunday, never to claim overtime and to be always available." Being part of the "Ferrari family" entailed all this and more. In his first six years at Maranello, Tavoni lived in close contact with Ferrari, sharing, on a daily basis, the duties of secretary with Valerio Stradi and experiencing the first two World Championship titles won by Alberto Ascari in Formula 1 (1952-1953), the debut in the Constructors' World Championship (1953), the sale by Lancia of all its F1 resources, human and mechanical, in the summer of 1955 following the tragic death of Ascari himself, but also the arrival at the Scuderia, in 1956, of a figure as talented as he was complex, Juan Manuel Fangio who that year was crowned World Champion with the Ferrari-Lancia D50. Then, 'from 1957, along with the duties of a personal secretary, I was also appointed as Sporting Director of the racing team", a role that was particularly onerous and delicate in that it meant becoming "Ferrari's eyes" at the track and being the man who would shoulder all responsibilities in the case of defeat, but none of the glory in the case of victory. This task was made all the difficult for Tavoni as he performed it in

ROMOLO TAVONI, A DESTRA, AD UN "TAVOLO DI LAVORO" ACCANTO AD UNO DEI SUOI PUPILLI, GIANCARLO BAGHETTI.

ROMOLO TAVONI, RIGHT, AT A "DESK" ALONGSIDE ONE OF HIS PROTÉGÉS, GIANCARLO BAGHETTI.

## L'otto senza timoniere

NUVOLARI — Non ti preoccupare, fratello, vanno
via tutti, ma il cervello rimane!

Tavoni a bordo pista e ai box: in alto a sinistra – coperto da un meccanico – intento alle "segnalazioni" per la Ferrari di Tony Brooks, a Monaco, nel 1959. Sopra, a sinistra, ancora a Monaco nel 1961 in compagnia di Richie Ginther e Franco Gozzi (di spalle). Sopra, una celebre vignetta apparsa sul *Guerin Sportivo* ironizzava sulla "decapitazione" degli otto dirigenti Ferrari, nell'ottobre del 1961:

A fianco, foto di gruppo per la squadra ATS, anno 1963. Da sinistra: Carlo Chiti, il giornalista Lorenzo Pilogallo, Giorgio Billi, Romolo Tavoni, Giancarlo Baghetti.

*Tavoni track-side and in the pits: top, left, concealed by a mechanic, intent on signalling to the Ferrari driven by Tony Brooks at Monaco in 1959. Above, left, at Monaco again in 1961 in the company of Richie Ginther and Franco Gozzi (right). Top, a famous satirical cartoon published in Guerin Sportivo regarding the "decapitation" of the eight Ferrari managers in the October of 1961:*

*Left, a group photo for the ATS team in 1963. From the left: Carlo Chiti, the journalist Lorenzo Pilogallo, Giorgio Billi, Romolo Tavoni, Giancarlo Baghetti.*

ma non gli onori in caso di successo. Funzione tanto più gravosa se, come per Tavoni, ricoperta in anni che per la Casa del Cavallino coincisero con l'immane tragedia della Mille Miglia 1957 e con tutti gli strascichi giudiziari che questa comportò, ma anche con la scomparsa in rapida successione di un'intera generazione di piloti: da Eugenio Castellotti a Luigi Musso, da Peter Collins allo stesso Mike Hawthorn, rimasto vittima di un incidente stradale con la sua Jaguar personale, pochi mesi dopo essersi laureato Campione del mondo con la Ferrari nel 1958. Non solo, ma sempre nella duplice veste di segretario e DS, Tavoni ha vissuto da protagonista l'avvento degli assemblatori inglesi in Formula 1, seguito al non semplice passaggio del motore da anteriore a posteriore, nel biennio 1960-1961.

Già, quel fatidico 1961, scandito sì dall'ennesimo titolo iridato in Formula 1 a firma di Phil Hill e della Ferrari 156 F1 progettata da Carlo Chiti, ma segnato anche, proprio nel giorno dell'iride a Monza, dall'ennesima immane sciagura, con la morte di Wolfgang von Trips oltre a quella di diverse persone fra il pubblico. Come se non bastasse, il clima in seno al Reparto Corse si era fatto sempre più teso proporzionalmente alle ingerenze di Laura Garello – la moglie di Ferrari – in seno alla Scuderia. Ben sapendo che con il Drake l'argomento non si poteva neppure sfiorare, alcuni uomini di punta, fra cui lo stesso Tavoni, sottoscrissero una lettera indirizzata al Commendatore, fatta redigere da un avvocato, nella quale gli chiedevano di prendere posizione circa il ruolo della Signora Garello in seno alla squadra. A valle di una riunione apparentemente normale durante la quale Ferrari lasciò di proposito spuntare dalla sua agenda la lettera che aveva appena ricevuto, in modo che tutti sapessero della "presa visione", Ermanno della Casa, Gerolamo Gardini, Fausto Galassi, Federico Giberti, Enzo Selmi, Carlo Chiti, Giotto Bizzarrini e Romolo Tavoni, i firmatari della missiva, furono tutti licenziati in tronco. *«Giù, il portiere, ci dice che ha avuto ordine di lasciarci passare in un solo senso di marcia, quello verso l'esterno».*

Tavoni fu fra quelli che cercò di tornare, invano, sui suoi passi, dovendo poi ripiegare sulla fugace quanto infelice esperienza dell'ATS assieme allo stesso Chiti. Poi, grazie ai buoni uffici di Luigi Bertett, all'epoca presidente dell'ACI Milano, ma anche di figure come Gigi Villoresi e lo stesso Giovanni Lurani, divenne consulente presso l'Ufficio sportivo del medesimo Automobil Club per poi iniziare ben presto ad occuparsi dell'Autodromo di Monza di cui diventò anche direttore.

Oggi (2020), Tavoni ha novantaquattro anni e continua a vivere nella sua Casinalbo.

*a period that for the Prancing Horse coincide with the immense tragedy of the 1957 Mille Miglia and all the legal wrangling that ensued, but also the deaths in rapid succession of an entire generation of drivers: from Eugenio Castellotti to Luigi Musso, from Peter Collins to Mike Hawthorn, the victim of a road accident in his own Jaguar just a few motnhs after winning the World Championship with Ferrari in 1958. Moreover, in his dual role as secretary and Sporting Director, Tavoni had first-hand experience of the advent of the "English assemblers in Formula 1, followed by the hardly simple passage from the front to the rear engine in 1960 and '61.*

*That fateful 1961, which of course brought the latest Formula 1 World Championship title with Phil Hill and the Ferrari 156 F1 designed by Carlo Chiti, but which was also blighted on the very day the title was won at Monza by the latest terrible tragedy, with the death of Wolfgang von Trips and a number of spectators. As if that were enough, the climate within the Racing Department was becoming increasingly fraught due to the interference of Laura Garello, Ferrari's wife, within the Scuderia. Well aware that the matter could not even be hinted at to the Drake, a number of leading figures, including Tavoni, signed a letter addressed to the Commendatore, drawn up by a lawyer, in which they asked him to take a stand regarding Signora Garello's role within the team. Following an apparently routine meeting during which Ferrari deliberately allowed the letter he had just received to poke out of his diary so that everyone knew that he had seen it, Ermanno della Casa, Gerolamo Gardini, Fausto Galassi, Federico Giberti, Enzo Selmi, Carlo Chiti, Giotto Bizzarrini and Romolo Tavoni, the signatories to the letter, were sacked without notice.*

"Downstairs, the doorman, told us that he had orders to let us pass in just one direction, towards the exit."

*Tavoni was one of those who tried in vain to make an about turn and then had to fall back on a spell at ATS, as brief as it was unhappy, together with Chiti. Thanks to the good offices of Luigi Bertett, then the president of the ACI in Milan, as well as figures such as Gigi Villoresi and Giovanni Lurani, Tavoni then became a consultant in the Automobile Club's competition department and soon began to become involved with the Monza Autodromo of which he also became the director.*

*Tavoni is 94 years old now (2020) and continues to live in Casinalbo.*

Più che una didascalia, per l'ultima edizione della Mille Miglia (12-13 maggio) si potrebbe scrivere un libro a parte. Mentre Piero Taruffi riesce finalmente a conquistare la classica corsa bresciana con la Ferrari 315 S (n. 535), il marchese Alfonso De Portago (sopra) e il suo copilota Edmund Nelson (n. 531) trovano la morte nelle ultime battute lasciando sull'asfalto numerosi spettatori. Con il quarto posto finale in classifica assoluta Olivier Gendebien e Jacques Washer (n. 417) si aggiudicano la classe Gran Turismo oltre 2000 cc. Nell'immagine sotto, ecco il momento dell'arrivo per la Ferrari di Piero Taruffi e per quella di Wolfgang Von Trips.

## 1957

The last edition of the Mille Miglia (12-13 May) would merit a book of its own rather than a caption. While Piero Taruffi finally managed to win the classic Brescian race with the Ferrari 315 S (No. 535), the Marquis Alfonso De Portago (above) and his co-driver Edmund Nelson (No. 531) were killed along with numerous spectators towards the end of the race. Finishing fourth overall, Olivier Gendebien and Jacques Washer (No. 417) won the 2000 cc GT class. In the photo below, the Ferraris of Piero Taruffi and Wolfgang von Trips at the finish.

Il Gran Premio di Pescara (18 agosto) è appena partito e dalla prima fila scattano la Maserati 250F di Juan Manuel Fangio (n. 2), la Vanwall di Stirling Moss (n. 26) – poi vincitore della gara – e la Ferrari 801 F1 (n. 34) di Luigi Musso, in basso impegnato in corsa. La prova dell'unica Ferrari al via terminerà però al decimo dei diciotto giri in programma.

Pagina a fianco, l'8 settembre va in scena il Gran Premio d'Italia dove il pilota romano con la Ferrari 801 F1 (n. 32) chiude soltanto all'ottavo posto. Nella foto in alto è all'inseguimento della Vanwall di Stuart Lewis-Evans (n. 20); in quella in basso è invece Mike Hawthorn (n. 34) – poi sesto al traguardo – ad inseguire le Maserati 250F di Fangio (n. 2) e di Moss (n. 18).

## 1957

*The Pescara Grand Prix (18 August) has just started and sprinting away from the front row is the Maserati 250F of Fangio (No. 2), the Vanwall of Stirling Moss (No. 26) – who went on to win the race – and the Ferrari 801 F1 (No. 34) of Luigi Musso, seen in action here below. The Rome-born driver's race end on the 10TH of 18 scheduled laps.*

*Facing page, the Italian Grand Prix was scheduled for the Italian Grand Prix in which the Rome driver with the Ferrari 801 F1 (No. 32) finished in 8TH place. In the top photo, he is seen chasing the Vanwall of Stuart Lewis-Evans (No. 20); in the one below it is instead Mike Hawthorn (No. 34) – sixth at the finish – who is seen following the Maserati 250F's of Fangio (No. 2) and Moss (No. 18).*

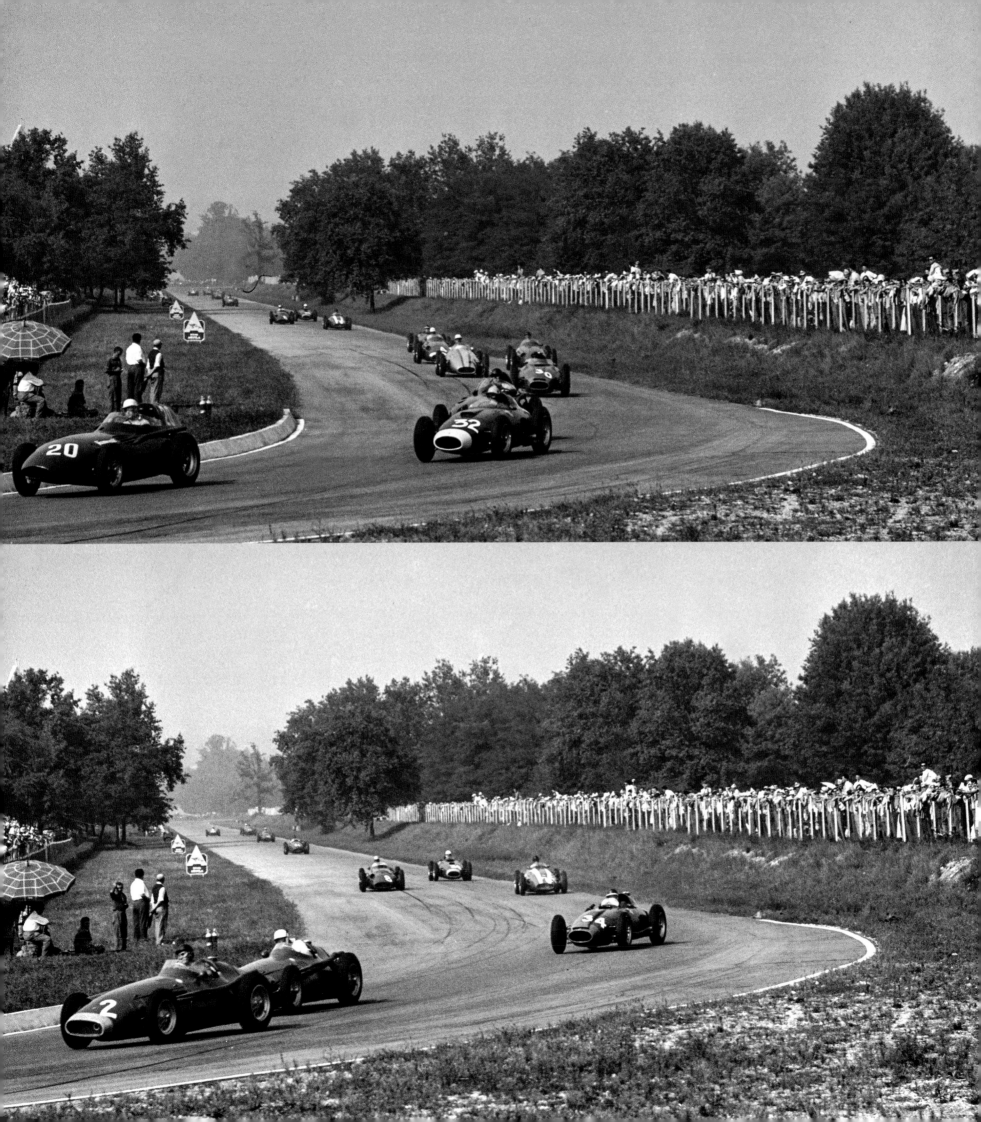

Uno degli ultimi appuntamenti della stagione è come sempre il Gran Premio di Modena (22 settembre). Ecco Luigi Musso al via con la Dino 156 F2 che condurrà sino al secondo posto finale dopo essersi piazzato sempre secondo in entrambe le manche su cui si articola la gara.

### 1957

*One of the last races of the season was as usual the Modena Grand Prix (22 September). Luigi Musso starting in the Dino 156 F2 that he was to take to second place overall after finishing second in both heats.*

IL CAMPIONATO DEL MONDO DI FORMULA 1 SI APRE ANCORA UNA VOLTA IN ARGENTINA. LUIGI MUSSO (N. 16) PORTA LA 246 F1 SUL SECONDO GRADINO DEL PODIO DAVANTI AL COMPAGNO DI SQUADRA HAWTHORN E DIETRO AL VINCITORE MOSS CHE PORTA PER LA PRIMA VOLTA AL SUCCESSO IN UNA GARA VALIDA PER IL MONDIALE UNA VETTURA SPINTA DA UN MOTORE POSTERIORE, LA COOPER-CLIMAX T43. QUEL GIORNO INIZIA UNA NUOVA ERA.

IN BASSO, UN IMPONENTE ENZO FERRARI, RITRATTO NELLE VECCHIE RIMESSE DI MONZA, PARE OSSERVARE DALL'ALTO LA 246 F1 CERCANDO RISPOSTE SU UN CAMPIONATO CHE ALLA FINE VEDRÀ PREVALERE LE SUE VETTURE PER UN NIENTE SULLA RIVALE VANWALL.

## 1958

*THE FORMULA 1 WORLD CHAMPIONSHIP OPENED ONCE AGAIN IN ARGENTINA. LUIGI MUSSO (NO. 16) TOOK THE 246 F1 TO SECOND PLACE AHEAD OF HIS TEAMMATE HAWTHORN AND BEHIND THE WINNER MOSS WHO DROVE A REAR-ENGINED CAR, THE COOPER-CLIMAX T43, TO VICTORY IN A WORLD CHAMPIONSHIP RACE FOR THE FIRST TIME. THIS MARKED THE BEGINNING OF A NEW ERA.*

*BOTTOM, AN IMPOSING ENZO FERRARI, PORTRAYED IN THE OLD GARAGES AT MONZA, SEEMS TO BE OBSERVING THE 246 F1 FROM ABOVE, SEEKING ANSWERS REGARDING A CHAMPIONSHIP THAT WAS TO SEE HIS CARS PREVAIL BY A HAIR'S BREADTH FROM THE TEAM'S RIVAL VANWALL.*

Un intenso primo piano di Luigi Musso che sta scaldando il motore – almeno a giudicare dalla fanciulla che sullo sfondo si tappa le orecchie – della sua monoposto 412 MI con la quale prende parte alla seconda edizione della 500 Miglia di Monza/Trofeo dei Due Mondi, gara che vede confrontarsi vetture e piloti europei con i "colleghi" d'oltreoceano.

Al 26° giro della prima delle tre gare su cui si articola la manifestazione, il Premio Esso, Musso è costretto a rientrare ai box per un principio di intossicazione dovuto ai gas di scarico cedendo la vettura al compagno Hawthorn. Lo stesso gli accadrà nella seconda prova, il Premio Mobil, dove deve alzare bandiera bianca lasciando la 412 a Phil Hill.

### 1958

*An intense close-up for Luigi Musso intent on warming up the engine – judging by the reaction of the girl plugging her ears at least – of his 412 MI with which he took part in the second edition of the Monza 500 Miles/Two Worlds Trophy, a race that saw European cars and drivers challenging their trans-Atlantic colleagues.*

*On the 26th lap of the first of the three races making up the event, the Premio Esso, Musso was forced to pit due to intoxication from the exhaust fumes, handing over his car to his teammate Hawthorn. The same thing happened in the second race, the Premio Mobil, in which he had to surrender and hand over his 412 to Phil Hill.*

Pagina a fianco, sopra Wolfgang von Trips impegnato con la 246 Formula 1 nelle prove del Gran Premio di Francia (6 luglio), gara che poi sarà vinta da Mike Hawthorn, sempre su Ferrari.

Sotto, il Mondiale 1958 è alle battute finali e vede proprio Hawthorn e Moss su Vanwall in lotta per il titolo. Nell'immagine – scattata a Monza durante il Gran Premio d'Italia del 7 settembre – Hawthorn precede la Vanwall di Stuart Lewis-Evans.

Per la definitiva assegnazione del titolo bisognerà ancora attendere l'ultima corsa, il 19 ottobre, a Casablanca, dove Hawthorn – qui a fianco in un bellissimo ritratto di Franco Villani – grazie al secondo posto conquista il titolo di Campione del Mondo.

## 1958

*Facing page, above, Wolfgang von Trips at the wheel of the 246 F1 during practice for the French Grand Prix (6 July), a race that was to be won by Mike Hawthorn in another Ferrari.*

*Below, the 1958 World Championship was drawing to a close with Hawthorn and Moss in the Vanwall fighting for the title. In this shot – taken at Monza during the Italian Grand Prix on the 7th of September – Hawthorn is leading the Vanwall of Stuart Lewis-Evans.*

*We had to wait until the last race of the season on the 19th of October at Casablanca for the title to be decided, with Hawthorn – seen here in wonderful shot by Franco Villani – finishing in second place to be crowned World Champion.*

Ferrari non è ancora convinto circa l'opportunità di spostare il motore alle spalle dell'abitacolo e, per questo, in vista della stagione 1959, ordina di proseguire le prove con la "vecchia" 246 che scende in pista anche a Monza con il collaudatore Martino Severi.

Nella prova inaugurale del Campionato il 10 maggio a Montecarlo, pagina a fianco, la Scuderia di Maranello schiera tre 246 aggiornate per Tony Brooks (n. 50), Jean Behra (n. 46), Phil Hill (n. 48), oltre ad una Dino 156 per Cliff Allison (n. 52). Sullo sfondo si riconosce il direttore tecnico Carlo Chiti in giacca e cravatta… come si conviene a Montecarlo.

## 1959

*Ferrari had yet to be convinced that the way to go was to move the engine behind the cockpit and ahead of the 1959 season gave orders to continue testing with the "old" 246 that took to the track at Monza in the hands of the test driver Martino Severi.*

*At the first round of the World Championship on the 10ᵗʰ of May at Monte Carlo, facing page, the team from Maranello entered three updated 246's for Tony Brooks (No. 50), Jean Behra (No. 46) and Phil Hill (No. 48) as well as a Dino 156 per Cliff Allison (No. 52). In the background can be seen the technical director Carlo Chiti in a shirt and tie… as was the done thing at Monte Carlo.*

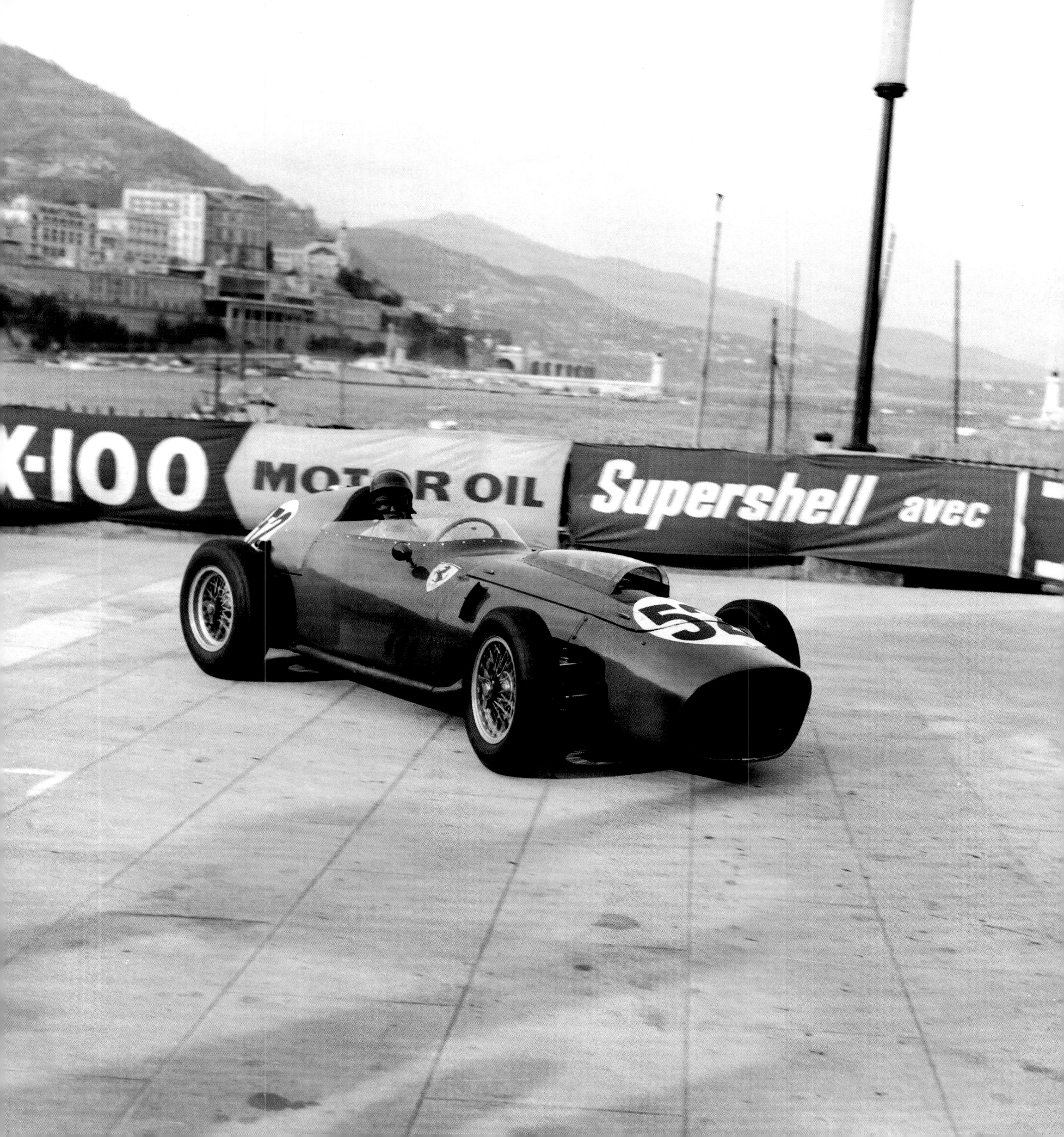
X-100
MOTOR OIL
Supershell avec

Pagina a fianco, ecco ancora Cliff Allison impegnato durante le prove monegasche. La sua corsa sarà assai breve a causa di un incidente già nel corso del secondo giro.

Sopra, sfrecciano le monoposto subito dopo il via sulla pista di Reims dove, il 6 luglio, va in scena il Gran Premio di Francia vinto da Tony Brooks con la Ferrari 246 F1 (n. 24). L'immagine lo vede affiancare la Cooper-Climax di Jack Brabham (n. 8) mentre alle loro spalle si riconoscono l'altra 246 F1 di Phil Hill (n. 26), la Cooper-Climax T51 di Masten Gregory (n. 10) e la BRM P25 di Stirling Moss (n. 2).

## 1959

*Facing page, Cliff Allison again seen during practice. His race was to be cut short by an accident as early as the second lap.*

*Above, the cars sat speed immediately after the start at Reims, the setting on the 6ᵀᴴ of July for the French Grand Prix won by Tony Brooks in the Ferrari 246 F1 (No. 24). This photo shows him drawing alongside Jack Brabham's Cooper-Climax (No. 8) while behind them can be seen Phil Hill in the other 246 F1 (No. 26), the Cooper-Climax T51 of Masten Gregory (No. 10) and the BRM P25 of Stirling Moss (No. 2).*

# 1960 – 1969

## QUEI FAVOLOSI ANNI SESSANTA
### *THE FABULOUS SIXTIES*

Le molteplici passioni giovanili per lo sport in generale, per il teatro, con una particolare predilezione per l'operetta, ma anche per il giornalismo, con le prime cronache calcistiche a sua firma redatte per *La Gazzetta dello Sport* e, non ultimo, la prematura scomparsa del padre Alfredo e del fratello Dino che lo avevano lasciato irrimediabilmente solo davanti alle molteplici contingenze della vita, erano stati tutti fattori che avevano impedito al giovane Ferrari di dedicarsi allo studio. Eppure il futuro costruttore di Maranello una prima laurea *honoris causa* se la sarebbe guadagnata sul campo, molti anni più tardi, nel 1960, quando la prestigiosa Università di Bologna, fra le più antiche e di maggior tradizione in Europa, decise di conferirgli l'importante quanto meritata onorificenza in Ingegneria meccanica.

Le celebri immagini di quel 7 aprile 1960 ci restituiscono un uomo che a 62 anni, con tanto di toga indosso, spiega al consesso di professori che gli siede davanti, l'importanza della ricerca e dell'evoluzione tecnica quali valori fondanti della sua impresa, senza dimenticare tutti coloro che anche attraverso l'estremo sacrificio hanno contribuito al raggiungimento di tali traguardi.

Che le parole pronunciate da Ferrari presso l'ateneo bolognese corrispondessero al vero lo dimostra, proprio in quei mesi del 1960, quanto stava maturando all'interno della fabbrica di Maranello. Nel Gran Premio di Monaco, in programma l'ultima domenica di maggio, il pilota americano Richie Ginther porta infatti al debutto una monoposto denominata 246 P, sigla che si riferisce al motore Dino 6 cilindri a V finalmente piazzato alle spalle del pilota.

Con "i buoi ormai dietro al carro", la nuova vettura ottiene un incoraggiante sesto posto pur con un pesante distacco dal vincitore Stirling Moss; una Ferrari a motore anteriore, quella di Phil Hill, finisce comunque sul terzo gradino del podio. Per tutto il Campionato – vinto per il secondo anno consecutivo dalla Cooper di Jack Brabham – la Scuderia del Cavallino continua ad impiegare sia il modello a motore posteriore che quello con il propulsore piazzato in posizione tradizionale. Anzi, l'ultimo successo di una monoposto a motore anteriore lo ottiene proprio Hill a Monza, in un Gran Premio dominato dalle Ferrari, complice la defezione dei team inglesi, in polemica con gli organizzatori che hanno scelto di far disputare la gara sul tracciato comprensivo dell'Anello di Alta Velocità, giudicato dalle squadre d'oltremanica troppo pericoloso.

Phil Hill, primo americano iridato in F1 con la Ferrari nel 1961.
*Phil Hill, the first American Formula 1 World Champion with Ferrari in 1961.*

His multiple youthful passions for sport in general, for the theatre, with a particular predilection for light opera, but also for journalism with his first football reports written for *La Gazzetta dello Sport,* along with the premature deaths of his father Alfredo and his brother Dino which had left the young Enzo Ferrari irremediably alone in the face of the numerous vicissitudes of everyday life, had all been factors that had prevented him from devoting himself to his studies. Nonetheless, the future automotive constructor from Maranello was to earn a first honorary degree many years later, in 1960, when the prestigious University of Bologna, one of the oldest in Europe, decided to award him an important and well-deserved *laurea honoris causa* in Mechanical Engineering.

The celebrated photographs of that 7th of April 1960 show us a 62-year-old man in academic robes, explaining to the group of professors sitting in front of him, the importance of research and technical evolution as fundamental values of his business, without forgetting all those whose extreme sacrifice had in some way contributed to the achievement of such objectives.

Evidence of the essential truth of what Ferrari was saying in Bologna could be seen in that period in 1960 in the form of what was taking place in the Maranello factory. In the Monaco Grand Prix, scheduled for the last Sunday in May, the American driver Richie Ginther debuted the 246 P single-seater, the designation referring to the V6 Dino engine finally set behind the driver's shoulders.

With the "oxen now behind the cart", the new car obtained an encouraging sixth place, albeit well down on the winner Stirling Moss; a front-engined Ferrari driven by Phil Hill, instead crossed the finishing line in third place. Throughout the championship – won for the second year running by Cooper's Jack Brabham – the team from Maranello continued to use both the rear-engined car and the one with the traditionally located engine. In fact, the last victory for a front-engined Formula 1 car was recorded by Hill at Monza, in a Grand Prix dominated by Ferrari, thanks in part to the defection of the British teams engaged in a dispute with the organizers who had chosen to hold the race on the full circuit including the High Speed Oval that Cooper et al felt was too dangerous.

# 1960-1969

QUEI FAVOLOSI ANNI SESSANTA
*THE FABULOUS SIXTIES*

La monoposto impiegata nel 1960 è comunque una vettura di transizione che prelude a quella attorno alla quale, da tempo, sta lavorando l'ingegner Carlo Chiti, divenuto responsabile del settore tecnico della Scuderia dopo la tragica scomparsa di Andrea Fraschetti nel 1957.
La 156 F1 è una vettura rivoluzionaria sia per il leggero telaio tubolare, sia per le forme della carrozzeria contrassegnata dalla inconfondibile doppia presa d'aria frontale, sia per il propulsore 6 cilindri a V, nelle versioni a 65° e 120°, di 1,5 litri aspirato come impone il nuovo regolamento sportivo entrato in vigore proprio a partire da quella stagione.
Sin dalle prime gare non valide per il Campionato, la 156 F1 si rivela una vettura vincente capace di imporsi nel Gran Premio di Siracusa così come in quello di Napoli sul circuito di Posillipo, in entrambe le occasioni condotta da Giancarlo Baghetti, giovane pilota da molti considerato l'astro nascente dell'automobilismo italiano.
A Monaco, prima prova valida per il Mondiale 1961, la 156 conferma le sue enormi potenzialità con Ginther, Hill e il tedesco Wolfgang von Trips al secondo, terzo e quarto posto nella classifica finale. La definitiva consacrazione della vettura firmata da Chiti giunge nelle successive gare: in Olanda vince von Trips davanti al compagno Hill mentre in Belgio i due concludono a posizioni invertite. Poi, il 2 luglio in Francia, tocca a Baghetti, nel giorno del suo debutto in una gara iridata, ritoccare verso l'alto il *palmarès* del Cavallino, ulteriormente incrementato da von Trips in Inghilterra.
L'ultimo dubbio da sciogliere in questa stagione trionfale è capire chi, fra gli alfieri della Ferrari, si aggiudicherà il titolo Piloti, dubbio che spetta ai restanti Gran Premi d'Italia e Stati Uniti sciogliere.
La storia è purtroppo ben nota: a Monza, nelle primissime fasi di gara, la Ferrari di von Trips, tamponata dalla Lotus di Jim Clark, finisce sul terrapieno delimitante la pista, che diventa un autentico trampolino tanto da far volare l'auto del tedesco contro le reti dietro le quali si trovano gli spettatori. Il bilancio è pesantissimo: quindici persone restano a terra oltre al pilota il cui corpo giace sull'asfalto. L'ennesima tragedia si è consumata.
Poco più di due mesi dopo, alla fine di novembre, la Ferrari occupa di nuovo i titoli dei giornali con una vicenda, non proprio di carattere sportivo, che ha dell'incredibile. Il Signore di Maranello ha infatti giubilato tutti gli uomini chiave della sua azienda, il suo "stato maggiore", licenziando in tronco Gerolamo Gardini, direttore commerciale, Ermanno Della Casa, direttore amministrativo, Federico Giberti, alla direzione degli approvvigionamenti, Enzo Selmi, direttore del personale e Fausto Galassi, capo della fonderia. Completano l'elenco nientemeno che Romolo Tavoni, all'epoca direttore sportivo, Giotto Bizzarrini e Carlo Chiti ai vertici del reparto tecnico e della progettazione. Motivo? Semplice: quegli uomini avevano avuto la malaugurata idea di redigere una lettera,

The single-seater used in 1960 was, however, a transitional car ahead of the introduction of the model on which the engineer Carlo Chiti had been working for some time. Chiti had taken over responsibility for the technical sector of the Scuderia following the tragic death of Andrea Fraschetti in 1957.
The 156 F1 was a revolutionary design in terms of its light tubular chassis and its bodywork distinguished by the unmistakable dual air intake at the nose and its naturally aspirated V6 engine in 65° and 120° forms with the 1.5-litre displacement imposed by the regulations introduced at the start of that season.
The first non-championship races provided early evidence that the 156 F1 was a winning car capable of imposing itself on the Siracusa Grand Prix and the Naples Grand Prix held on the Posillipo circuit, driven on both occasions by Giancarlo Baghetti, a young man considered by many to be the rising star of Italian motor racing.
The 156 confirmed its enormous potential in the first round of the 1961 World Championship at Monte Carlo, with Ginther, Hill and the German Wolfgang von Trips finishing second, third and fourth overall. The definitive consecration of Chiti's car came in the races that followed: von Trips won in Holland ahead of his teammate Hill, while in Belgium the pair finished in reverse order. On the 2nd of July in France, on his F1 World Championship debut, it was then Baghetti's turn to contribute to the Prancing Horse's *palmarès*, which was enhanced still further by von Trips in Great Britain. The last remaining doubt to be resolved in this triumphant season was which of the Ferrari stars would take the Drivers' title, a question that would be settled at the remaining Italian and United States Grands Prix.
How the story panned out is well known: early in the race at Monza von Trips' Ferrari was clipped by the Lotus of Jim Clark and ploughed into the banking around the track which acted as a launch pad, throwing the German's car against the fencing behind which the spectators were crowded. The death toll was terrible: fifteen spectators were killed along with the driver whose body lay on the asphalt. The latest tragedy had unfolded.
A little over two months later, at the end of November, Ferrari was again in the headlines, this time in a remarkable story that had little to do with sport. Maranello's patron had in fact decided to purge his company of a number of key men, summarily dismissing the sales director Gerolamo Gardini, the administrative director Ermanno Della Casa, the head of procurement Federico Giberti, the personnel director Enzo Selmi, and the head of the foundry Fausto Galassi. The list was completed by none other than Romano Tavoni, then the sporting director, Giotto Bizzarrini and Carlo Chiti, heads

sottoscritta da tutti loro e recapitata tramite avvocato direttamente al grande capo, dove si lamentavano per le forti ingerenze − sfociate talvolta in episodi davvero incresciosi − che la signora Laura Garello, moglie di Ferrari, aveva da tempo in molte delle questioni inerenti la gestione aziendale e sportiva della Casa; esausti per quella situazione, chiedevano all'unisono l'intervento di Ferrari.

Come si dice, non lo avessero mai fatto.

Pur essendo il rapporto fra Laura ed Enzo da tempo lacerato, Ferrari non volle in alcun modo screditare la moglie, o meglio, la mamma di Dino, preferendo perdere tutti i suoi uomini rei di non avergli parlato apertamente e di aver affidato il loro disappunto ad una gelida missiva.

Il primo caporale a diventare colonnello è un giovane ingegnere di 26 anni, alto, molto magro e figlio di un vecchio collaboratore di Ferrari. Il suo nome è Mauro Forghieri. Proprio a lui Ferrari affida la completa responsabilità tecnica del reparto corse. È l'inizio di una nuova era.

Il 24 febbraio 1962, in occasione della tradizionale conferenza stampa di presentazione della stagione sportiva, nei cortili della fabbrica, Ferrari schiera tutte le sue "armi".

Accanto ad una serie di nuove vetture Sport con motori da 6 e 8 cilindri, oltre alla 156 F1 chiamata a disputare il Mondiale di Formula 1, appare una spettacolare berlinetta dalle forme sinuose, con il tricolore che la attraversa longitudinalmente, che avrebbe gareggiato nel Campionato Sport, quell'anno riservato proprio alle Gran Turismo. Le Sport, quelle vere, sarebbero state invece protagoniste del Challenge Mondiale Endurance articolato su quattro grandi classiche di durata: 12 Ore di Sebring, 24 Ore di Le Mans, 1000 Chilometri del Nürburgring e Targa Florio.

Tanto la nuova berlinetta, poi divenuta universalmente nota come 250 GTO, quanto le Sport del Cavallino spadroneggiarono nei rispettivi Campionati assicurandosi a fine stagione entrambi i titoli. Note non altrettanto positive giunsero dalla Formula 1 dove la 156 dimostrò di essere una vettura ormai al capolinea, incapace di reggere il passo con Lotus e BRM. Se la "GTO" era stata la grande novità della conferenza di inizio anno, la presentazione di un libro in cui Ferrari, per la prima volta, metteva ordine fra le sue memorie, contrassegnò l'incontro con la stampa ai primi di dicembre. Il suo titolo, *Le mie gioie terribili*, costituiva la perfetta sintesi del cammino compiuto sino a quel momento dal gigante di Maranello.

Stirling Moss e John Surtees, due icone del motorismo sportivo di tutti i tempi.
*Stirling Moss and John Surtees, two of motorsport's greatest icons.*

of the technical and design departments. Why? Simple: those men had had the ill-fated idea of writing a letter, which they all signed and had sent by a lawyer to Ferrari himself, complaining about the serious interference − that on occasion developed into truly regrettable episodes − on the part of Signora Laura Garello, wife of Enzo Ferrari, in questions regarding the corporate and sporting management of the company; unhappy with this situation, with one voice they asked Ferrari to intervene.

Not, perhaps, the wisest of moves.

While the relationship between Laura and Enzo had been strained for some time, Ferrari had no intention of discrediting his wife, that is to say, the mother of Dino, preferring to lose all those key men guilty of not having spoken to him directly and having expressed their displeasure in a callous letter.

The first corporal promoted to colonel was a 26-year-old engineer, tall, thin and the son of a long-time Ferrari associate. His name was Mauro Forghieri. Ferrari entrusted him with complete responsibility for the racing department. The dawn of a new era.

On the 24th of February 1962, on the occasion of the traditional press conference presenting the forthcoming season, Ferrari presented the full array of his "armoury" in the factory courtyards. Alongside a series of new Sport category models with six- and eight-cylinder engines and the 156 F1 that would dispute the Formula 1 World Championship, there was a spectacular coupé with sinuous lines and a longitudinal Italian tricolour stripe that was to race in the Sport category Championship which that year was reserved for GT cars. The true Sport models were instead to compete in the Challenge Mondial de Vitesse featuring the four classic endurance races: the Sebring 12 Hours, the Le Mans 24 Hours, the Nürburgring 1000 Km and the Targa Florio.

The new berlinetta, subsequently universally known as the 250 GTO, and the Prancing Horse sports prototypes dominated their respective Championships, bringing home both titles at the end of the season. Less positive news arrived from the Formula 1 Championship in which the 156 proved to have reached the end of the road, unable to keep pace with Lotus and BRM. While the GTO had been the great talking point of the preseason press conference, the presentation of a book in which for the first time Ferrari recorded his memoirs

# 1960-1969
## QUEI FAVOLOSI ANNI SESSANTA
### *THE FABULOUS SIXTIES*

Il 1963 è l'anno in cui la 156 rinata sotto la direzione di Forghieri consente alla Ferrari e al suo nuovo pilota, l'ex centauro e pluriiridato delle due ruote John Surtees, di tornare a vincere in Formula 1 nel Gran Premio di Germania. Ma quel 1963 è anche l'anno in cui tanto la "GTO" quanto le Sport del Cavallino confermano la propria leadership nei rispettivi campionati, con la 250 P, prima Ferrari a ruote coperte a montare il classico 12 cilindri a V in posizione posteriore-longitudinale, vittoriosa a Le Mans con l'equipaggio tutto italiano composto da Lodovico Scarfiotti e Lorenzo Bandini. Il 1963 è soprattutto l'anno di due vicende che si consumano lontano dalle piste. In aprile, il presidente della Ford Italiana, Filmer Paradise, incontra Ferrari per sondare l'eventuale interesse da parte della Casa di Maranello a realizzare una vettura sportiva che la Ford avrebbe poi prodotto in quantità ben più elevate rispetto agli abituali standard delle vetture del Cavallino. In realtà, man mano che il discorso prosegue, appare chiaro che le intenzioni di Ford sono ben altre e che l'eventuale accordo avrebbe potuto portare all'acquisizione da parte del colosso americano della piccola Casa italiana per quanto concerne il settore produzione lasciando a Ferrari la gestione del reparto corse. Le trattative proseguono, si infittiscono, la presenza degli uomini Ford a Maranello si fa sempre più intensa e, a fine maggio, tutti i fascicoli dell'accordo sono schierati sulla scrivania di Ferrari, pronti per essere firmati. Ma nell'allegato n. 17, quello concernente proprio il reparto corse, c'è una frase che manda in frantumi in un attimo l'intero castello. Il documento, redatto in inglese, recita che Ferrari dovrà chiedere preventivo assenso a Detroit nel caso in cui, nel corso di una stagione, dovesse spendere di più rispetto ai 450 milioni di lire previsti per il reparto corse. Tradotto, se Ferrari firmasse, perderebbe di fatto la sua autonomia e il totale controllo sulla Scuderia, per lui ben più di un reparto corse ma autentica emanazione del suo essere da quando ne aveva gettato le basi nel lontano 1929.

Il dado è tratto, l'accordo salta e dalle carte bollate la sfida si sposta ben presto in pista, con il colosso americano che dichiara guerra alla Casa di Maranello. Inizia una sfida che si protrae sino alla fine del 1967, il cui primo atto va in scena alla 24 Ore di Le Mans del 1964. La Ford schiera tre GT40 ufficiali, vetture potenti, veloci ma che, alla distanza, pagano in termini di affidabilità. Risultato: successo pieno per le auto di Maranello che monopolizzano il podio con la 275 P di Nino Vaccarella e Jean Guichet sul gradino più alto e con due 330 P a completare il podio. Il secondo atto va nuovamente in scena alla 24 Ore del 1965 dove sia Ford che Ferrari fanno le cose in grande. Il dispiegamento di forze degli americani è impressionante con le varie Mk II, GT 40 oltre alle Cobra Daytona quanto mai agguerrite, ma alla fine tutte pagano sulla distanza. Le cose non vanno meglio in casa Ferrari dove nessuna delle vetture ufficiali vede il traguardo.

in printed form, characterised the meeting with the press early in December. Its title, *My terrible joys*, constituted a perfect summary of the path followed by the Maranello giant up to that point.

1963 was the year in which the 156, reborn under the direction of Forghieri, allowed Ferrari and its new driver, the multiple motorcycling World Champion John Surtees, to return to winning ways in Formula 1 in the German Grand Prix. However, 1963 was also the year in which the GTO and Ferrari's Sport models confirmed their leadership in their respective championships, with the 250 P, the first covered-wheel Ferrari powered by the classic V12 in a rear-central location, victorious at Le Mans with the all-Italian crew of Lodovico Scarfiotti and Lorenzo Bandini. Above all, 1963 was the year of two stories that unfolded away from the track. In April, the chairman of Ford Italiana, Filmer Paradise, met Ferrari to gauge Maranello's potential interest in creating a sports car which Ford would then have built in much greater quantities than the Prancing Horse was accustomed to. In reality, it gradually became clear that Ford had very different intentions and that the eventual agreement might well have led to the acquisition of the tiny Italian firm by the American colossus with regards to the production sector, leaving Ferrari to manage the racing department. As negotiations continued, there was an increasingly intensive presence of Ford men at Maranello and late in May the various papers relating to the agreement were all on Ferrari's desk waiting to be signed. However, in attachment No. 17, which concerned the racing department, there was a phrase that brought the entire house of cards crashing down. The document, drafted in English, stated that Ferrari would have to ask prior authorisation from Detroit should during the course of the season he have to spend more than the 450 million Lire budgeted for the racing department. Had Ferrari signed he would to all intents and purposes have lost his independence and total control over the Scuderia, which for him was far more than a mere racing department and a part of his very being ever since he laid its foundations back in 1929. The die had been cast, the agreement collapsed and the challenge shifted from the notorized documents to the track, with the American major declaring war on the firm from Maranello. This marked the beginning of an epic battle that lasted to the end of 1967, with the first act being staged at the 1964 Le Mans 24 Hours.

Ford entered three works GT40's, powerful, fast cars that ultimately paid the price for a lack of reliability. Result: a clean sweep for the cars from Maranello which monopolised the podium with the 275 P of Nino Vaccarella and Jean Guichet winning ahead of two 330 P's. The second act was once again staged at the Le Mans 24 Hours in 1965, with both Ford and Ferrari pushing the boat out.

Ad assicurare comunque alla Casa del Cavallino la sesta affermazione consecutiva nella classicissima francese ci pensa una vettura privata, la 275 LM iscritta dalla NART di Luigi Chinetti e affidata all'equipaggio Masten Gregory e Jochen Rindt. Ferrari, certo preoccupato per la resa di tutte le sue auto, si prende una bella soddisfazione contro la Ford *in primis* ma anche nei confronti della Commissione Sportiva Internazionale che proprio alla 250 LM aveva negato l'omologazione nella Categoria Gran Turismo (non essendo stata prodotta in almeno 100 esemplari) obbligandola a correre fra i Prototipi.

Al terzo tentativo la Ford riesce nell'impresa. La 24 Ore di Le Mans del 1966 è per la Ferrari un'autentica Caporetto. Tre Ford Mk II occupano i primi tre gradini del podio con anche quattro Porsche alle loro spalle. Il successo fra le GT di una Ferrari 275 GTB/C è davvero una magra consolazione. Il quarto e definitivo atto di questa sfida fra titani va in scena di nuovo a Le Mans, edizione 1967, dove la Ford ottiene un altro successo con la Ferrari 330 P4 di Scarfiotti in coppia con l'inglese Mike Parkes in seconda posizione. In questa lotta Ford vs Ferrari c'è in realtà un altro episodio che, una volta tanto, non va in scena sul tracciato della Sarthe ma sulla pista di Daytona, in Florida, dove nella prima prova del Mondiale Marche di quell'anno due Ferrari 330 P4 e una P3 avevano chiuso in parata ai primi tre posti in classifica la 24 Ore dopo che il giornalista Franco Lini, in quel momento direttore sportivo della Scuderia, aveva dato l'ordine ai tre equipaggi Bandini-Amon, Parkes-Scarfiotti e Rodríguez-Guichet di compattarsi in prossimità dell'arrivo in modo da

Chris Amon e Lorenzo Bandini sul podio della 1000 Km di Monza 1967.
*Chris Amon and Lorenzo Bandini on the podium of the 1967 Monza 1000 Km.*

sfrecciare sulla linea del traguardo in parata. Uno smacco per la Ford ma soprattutto un'immagine che ha fatto il giro del mondo.

In mezzo a tutto questo, c'è il ritorno a Maranello del titolo iridato Formula 1 nel 1964 con Surtees che, spalleggiato dal fedele scudiero Bandini, vincitore in Austria, si laurea Campione del Mondo dopo aver vinto i Gran Premi di Germania e d'Italia ed essere giunto secondo nell'ultima prova in Messico. Come già nella precedente corsa al Watkins Glen, le Ferrari scendono in pista in quell'occasione con i colori bianco e blu dalla NART di Chinetti; l'uomo di Maranello, ancora in polemica con la Commissione Sportiva Internazionale per la mancata omologazione della 250 LM fra le Gran Turismo, aveva infatti restituito la tessera di concorrente uscendo di fatto ufficialmente dalle corse e, per questo, si era affidato a Chinetti per disputare le ultime due gare oltreoceano.

The deployment of resources by the Americans was stunning with the various Mk II's and GT 40's, as well as the particularly aggressive Cobra Daytonas, but in the end they all failed to last the distance. Things went no better for Ferrari, with not one of the works cars seeing the chequered flag.

However, the Prancing Horse's sixth consecutive win in the French classic was guaranteed by a private entry, the 275 LM run by Luigi Chinetti's NART and driven by the pairing of Masten Gregory and Jochen Rindt. While undoubtedly concerned by the surrender of his works cars, Ferrari was happy to get the better of Ford *in primis* but also the CSI (the International Sporting Committee) which had denied homologation of the 250 LM in the GT category (as 100 example had not been constructed), obliging it to compete among the prototypes.

At the third time of asking Ford succeeded. The 1966 Le Mans 24 Hours was for Ferrari a true mauling. Three Ford Mk II's occupied all three steps on the podium, followed home by four Porsches. The success enjoyed by a Ferrari 275 GTB/C among the GT cars was pretty cold comfort. The fourth and definitive act in this duel between titans came at the 1967 edition of the Le Mans 24 Hours, in which Ford recorded another win with the Ferrari 330 P4 driven by Scarfiotti and the Englishman Mike Parkes in second place. Within this Ford v. Ferrari struggle, there was in reality another episode that took place not on the Sarthe track but at Daytona, in Florida, where in the first round of the World Championship for Marques that year, two Ferrari 330 P4's and a P3 had paraded home 1-2-3 overall in the 24 Hours after the journalist Franco Lini, then the Scuderia's sporting director, had given the order to the three crews Bandini-Amon, Parkes-Scarfiotti and Rodriguez-Guichet to close up as they approached the finish so as to take the chequered flag line abreast. An embarrassment for Ford and above all an image that travelled the world.

In the midst of all this there was the return to Maranello of the Formula 1 World Championship title in 1964 with Surtees who, supported by his faithful number 2 Bandini, winner in Austria, was crowned World Champion after having won the German and Italian Grands Prix and having finished second in the final round in Mexico. As in the previous race at Watkins Glen, the Ferraris took to the track on that occasion in the blue and white colours of Chinetti's NART Ferrari was in fact still embroiled in a dispute with the CSI regarding

# 1960-1969

QUEI FAVOLOSI ANNI SESSANTA
*THE FABULOUS SIXTIES*

Se in Formula 1 il 1965 si rivela una sorta di monologo della Lotus e del suo campione Clark, che si conferma iridato per la seconda volta in carriera, per la Casa di Maranello e per il suo artefice quell'anno è segnato dalla scomparsa di Vittorio Jano: il fedele collaboratore di Ferrari sin dal 1924 quando, transfuga dalla Fiat, aveva dato vita a quel capolavoro dell'Alfa Romeo P2, muore suicida nella sua casa di Torino. Altrettanto terribile è la tragica fine di Bruno Deserti che, a Monza, durante alcuni test in vista della 24 Ore di Le Mans, brucia nell'abitacolo della sua Ferrari Sport. Poi, il 15 ottobre, Ferrari è colpito negli affetti più cari per la perdita di mamma Adalgisa. Quello stesso giorno Piero Ferrari – il figlio che l'uomo di Maranello aveva avuto nel 1945 da Lina Lardi – dà finalmente un volto al fratello Dino che suo padre gli mostra in fotografia.

Ma il 1965 riserva anche note positive con il memorabile successo di Vaccarella e Bandini nella Targa Florio, quello dell'equipaggio Surtees-Scarfiotti alla 1000 Chilometri del Nürburgring e il trionfo, sempre con Scarfiotti, nel Campionato Europeo della Montagna.

Già in dicembre viene svelata la monoposto destinata a gareggiare nel Campionato del Mondo di Formula 1 1966. Come prevede il nuovo regolamento, la vettura adotta un motore 3 litri aspirato che nel corso della stagione si rivelerà competitivo tanto da permettere a John Surtees di vincere il Gran Premio del Belgio il 12 giugno. Tre giorni più tardi "Big John", come lo hanno soprannominato i tifosi, è però già un ex pilota Ferrari. I primi dubbi sul campione inglese erano sorti a Maranello un anno prima quando Ferrari aveva appreso dai giornali che il suo pilota, nei ritagli di tempo, aveva dato vita ad un team parallelo in modo da poter gareggiare in quelle corse cui la Ferrari non prendeva parte; non solo, ma sempre a tempo perso, aveva anche contribuito allo sviluppo e alla progettazione di una vettura della concorrenza, la Lola T70. Ferrari, molto legato a Surtees, aveva incassato ma quando, un anno più tardi, i rapporti fra il campione inglese ed Eugenio Dragoni, all'epoca direttore sportivo del Cavallino, erano divenuti insostenibili, a Ferrari non era restato che giubilare il suo pilota. A difendere i colori del Cavallino erano così rimasti Lorenzo Bandini, Mike Parkes e Lodovico Scarfiotti che fra i Gran Premi di Francia e quello di Germania ottengono un secondo e due sesti posti.

Ma il 4 settembre 1966 proprio Scarfiotti si aggiudica una memorabile edizione del Gran Premio d'Italia mandando in visibilio il pubblico di Monza. Era dai tempi di Alberto Ascari che un italiano al volante di una "rossa" non faceva propria la gara di casa, per di più davanti ad un'altra Ferrari, in questo caso guidata da Parkes. A Bandini, costretto alla resa per noie meccaniche, non resta invece che attendere giorni migliori.

the failure to homologate the 250 LM in the GT class and had actually returned its competitor's license and officially withdrawn from racing and had therefore turned to Chinetti to dispute the last two races on the other side of the Atlantic.

While in Formula 1 the 1965 season proved to be something of a Lotus monologue, with Jim Clark winning his second World Championship title, for the Maranello-based firm and Enzo Ferrari in particular the year was marked by the death of Vittorio Jano: a faithful associate since 1924 when, having moved from Fiat, he had created that racing masterpiece the Alfa Romeo P2, Jano committed suicide in his Turin home. Just as terrible was the tragic loss of Bruno Deserti who, at Monza, during testing ahead of the Le Mans 24 Hours, was burnt to death in the cockpit of his Ferrari Sport. Then, on the 15th of October, Ferrari was dealt another cruel blow with the death of his mother Adalgisa. That same day Piero Ferrari – the son the patron of Maranello had had in 1945 with Lina Lardi – was finally introduced to the face of his brother Dino in the photograph he was shown by his father.

There were also more positive aspects to 1965 with the memorable victory of Vaccarella and Bandini in the Targa Florio, that of the Surtees-Scarfiotti crew in the Nürburgring 1000 Km and Scarfiotti's triumph in the European Hillclimb Championship.

September saw the presentation of the car destined to compete in the 1966 Formula 1 World Championship. As per the new regulations, the car was powered by a naturally aspirated three-litre engine that over the course of the season was to prove to be sufficiently competitive to allow John Surtees to win the Belgian Grand Prix on the 12th of June. Three days later "Big John", as he had been nicknamed by the fans, was already a former Ferrari driver. The first doubts regarding the English champion had arisen at Maranello a year earlier when Ferrari had learnt from the press that in his spare time his driver had set up a parallel team of his own so as to be able to compete in those races in which Ferrari did not feature; moreover, but always in his spare time, he had contributed to the design and development of rival car, the Lola T70. Ferrari, who was very close to Surtees, was initially understanding, but when a year later the relationship between the English champion and Eugenio Dragoni, then the Prancing Horse's sporting director, had become unsustainable, all he could do was to release his driver. Left to defend the colours of the Prancing Horse were Lorenzo Bandini, Mike Parkes and Lodovico Scarfiotti who in the French and German Grands Prix obtained a second and a two sixth places. However, on the 4th of September 1966 it was Scarfiotti who won a memorable edition of the Italian Grand Prix, sending the Monza

Giorni che per il generoso pilota di origine libiche ormai di casa a Maranello non tardano ad arrivare. L'inizio del 1967 è semplicemente esaltante con le vittorie alla 24 Ore di Daytona e alla 1000 Chilometri di Monza. Quando la Ferrari sbarca a Montecarlo per disputare il suo primo gran premio stagionale dopo aver disertato la prova inaugurale del Mondiale in Sudafrica Lorenzo, che sul tracciato monegasco si è sempre trovato a proprio agio, sa che i tempi sono ormai maturi per puntare al successo pieno anche in Formula 1. Scattato dalla prima fila con il secondo tempo, Bandini scivola però sull'olio lasciato in pista dal motore andato in pezzi di Jack Brabham, ed è costretto ad una furiosa rimonta. Quando, ad una ventina di giri dall'arrivo, si trova secondo alle spalle di Denis Hulme, esce di strada alla variante del porto. La Ferrari n. 18 in un istante è avvolta dalle fiamme. Per Lorenzo non c'è scampo. Morirà tre giorni più tardi, il 10 maggio 1967, all'ospedale di Monaco.

Chris Amon coglie ancora qualche risultato ma, nella sostanza, la stagione della Ferrari in Formula 1 finisce proprio in quel giorno maledetto a Monaco. Frattanto, nel Mondiale Marche, prosegue la lotta con la Ford ma nell'ultima prova iridata, la 6 Ore di Brands Hatch, il secondo posto conquistato dalla 330 P4 iscritta dalla Maranello Concessionaires ed affidata all'astro nascente Jackie Stewart permette alla Ferrari di carpire l'ennesimo titolo Costruttori.

L'ultimo evento da ricordare di quel 1967 è il debutto al Salone dell'Automobile di Francoforte della "Dino", la GT equipaggiata da quel 6 cilindri a V alla cui definizione, oltre dieci anni prima, aveva contribuito anche l'amato figlio Alfredo.

Chris Amon, poliedrico ma sfortunato pilota nella seconda metà degli anni Sessanta.
*Chris Amon was a multifaceted but unlucky driver in the second half of the Sixties.*

La gestazione di quella berlinetta dalle forme sinuose ed eleganti era stata quanto mai lunga e complessa ma la "quasi Ferrari", come recitava la pubblicità dell'auto, era ormai divenuta realtà. Pur mancando del Cavallino rampante sulla carrozzeria, quella vettura, oltre che per il suo nome, si sarebbe rivelata un modello di particolare importanza nella storia della Casa. Il suo 6 cilindri, nel 1965, era stato infatti al centro di un accordo di collaborazione fra Fiat e Ferrari, che prevedeva l'impiego di quel propulsore da un lato su una sportiva a marchio Fiat prodotta in grandi numeri e, dall'altro, sulle monoposto di Maranello destinate alla Formula 2. Sempre quell'anno, proprio su indicazione di Gianni Agnelli, Piero Gobbato era poi subentrato ad Enzo Ferrari nella carica di direttore generale della Casa di Maranello sempre più avviata verso una dimensione industriale.

crowd wild. It was not since the time of Alberto Ascari that an Italian at the wheel of a "rossa" had won his home race, ahead of another Ferrari moreover, driven in this case by Parkes. Bandini, forced to retire with mechanical problems, could only wait for better days.

Those better days soon arrived for the talented driver of Libyan origins who had become an integral part of the Maranello team. The start of the 1967 season was simply stunning, with victories in the Daytona 24 Hours and the Monza 1000 Km. When Ferrari arrived in Monte Carlo to dispute its first Grand Prix of the season after having missed the opening race of the Championship in South Africa, Lorenzo, who had always enjoyed the Monaco street circuit, knew that the time was right to focus on success in Formula 1 too. Around 20 laps from the finish he was lying in second place behind Denny Hulme when he crashed at the harbour chicane. His Ferrari No. 18 was instantly engulfed in flames. There was no way out for Lorenzo. He was to die three days later on the 10th of May 1967 at the Monaco hospital.

Chris Amon did go on to obtain a few decent results, but to all intents and purposes, Ferrari's Formula 1 season finished on that tragic day in Monaco. In the meantime, in the World Championship for Marques, the duel with Ford continued but in the last championship race, the Brands Hatch 6 Hours, the second place obtained by the 330 P4 entered by Maranello Concessionaires and entrusted to the rising star Jackie Stewart allowed Ferrari to win yet another Constructors' title.

The final event worth recalling from 1967 was the debut at the Frankfurt Motor Show of the Dino, the GT powered by the V6 to the design of which Ferrari's beloved son Alfredo had contributed 10 years earlier.

The period of gestation of that sinuous, elegant coupé had been particularly long and complex, but the "almost Ferrari", as the advertising ran was now at last a reality. Despite lacking the Prancing Horse on the bodywork, the car with the evocative name was to prove to be a model of particular importance in the history of the marque. In 1965, its six-cylinder engine was at the centre of an industrial partnership between Fiat and Ferrari that provided for the use of the unit in both a Fiat-badged, mass-produced sports car and in Maranello's single-seater destined for Formula 2. Again that year, on Gianni Agnelli's recommendation, Piero Gobbato had replaced Enzo Ferrari as the Maranello firm's general director as it moved in

# 1960-1969

QUEI FAVOLOSI ANNI SESSANTA
*THE FABULOUS SIXTIES*

Una dimensione che forse Ferrari stesso non avrebbe mai immaginato e che certo doveva essere da una parte motivo di orgoglio ma anche di preoccupazione. Sfumate le trattative con la Ford, così come quelle con l'Alfa Romeo e con il suo presidente Giuseppe Luraghi, il "buon porto" poteva essere rappresentato soltanto dalla Fiat con la quale le trattative si infittiscono nel corso del 1968 tanto che, già alla fine di quell'anno, l'affare Ferrari-Fiat può considerarsi chiuso.

Ferrari e l'Avvocato Gianni Agnelli si incontrarono in due occasioni nei primi mesi del 1969, poi, il 18 giugno non restò che firmare l'accordo – divulgato tre giorni più tardi – con il quale Enzo Ferrari cedeva il 50% della sua azienda alla Fiat conservando – e questo ai suoi occhi era ciò che contava davvero – piena autonomia nel reparto corse che anzi, proprio da questa collaborazione, avrebbe tratto nuova linfa.

A 71 anni di età Ferrari aveva garantito un futuro alla sua azienda e nell'introduzione del tradizionale annuario apparso alla fine della stagione 1970, che racchiudeva quanto accaduto nel triennio 1968-1970, scriveva «A Maranello io ho dato solo il nome di una fabbrica di automobili conosciuta in tutto il mondo. La Fiat realizzerà una vera fabbrica di automobili. È trascorso un anno: la Ferrari, che aveva un'area complessiva di 40.000 metri quadrati, occupa ora una superficie di 90.000 metri. È passata da 500 a 710 collaboratori. La produzione, con particolare impulso per le Dino, è passata da 650 a 1000 unità, cifra vicina a quella che sarà la dimensione futura prevista sulle 1500 vetture annue».

Passati i settant'anni di età il "Grande Vecchio" di Maranello poteva star certo che ci sarebbe stata una Ferrari anche dopo Ferrari.

the direction of industrial-scale production. This was something that perhaps Ferrari himself might never have imagined and must have been both a source of pride but also some cause for concern. Negotiations with Ford had broken down, as had those with Alfa Romeo and its chairman Giuseppe Luraghi, and only Fiat was left as a safe port in that particular storm. Talks intensified during the course of 1968 to the point where at the end of the year the Ferrari-Fiat deal could be considered to have been completed.

Ferrari and Avvocato Gianni Agnelli met on two occasions in the early months of 1969 then, on the 18th of July all that remained was to sign the agreement – rendered public three days later – whereby Ferrari sold 50% of his company to Fiat retaining – and this was really mattered to him – complete independence regarding the racing department, which thanks to this agreement would benefit from fresh impetus.

At 71 years of age, Ferrari had guaranteed a future for his company and in the introduction to the traditional annual published at the end of the 1970 season, which covered events in the three years 1968-1970, wrote "At Maranello I have given only my name to a factory of cars known throughout the world. Fiat will build a true car factory. A year has passed: Ferrari, which had an overall area of 40,000 square metres now occupies an area of 90,000 square metres. It has expanded from 500 to 710 employees. Production, with a particular emphasis on the Dinos, has risen from 650 to 1000 units, a figure close to that predicted for the future of 1500 cars annually."

As he headed into his seventies, the "Grand Old Man" of Maranello could be sure there would be a Ferrari even after Ferrari.

Il Gran Premio di Monaco (29 maggio) segna una tappa importante nella storia della Ferrari che fa debuttare la sua prima monoposto a motore posteriore. Si chiama 246 P e a condurla sul tracciato monegasco è l'americano Richie Ginther (n. 34) che si classifica al sesto posto. In alto, l'ingegner Carlo Chiti ai box.

Pagina a fianco, Wolfgang von Trips e Phil Hill guidano ancora due 246 con il classico 12 cilindri in posizione anteriore-longitudinale. Nell'immagine scattata nel tratto di pista che si affaccia sul porto, la Ferrari dell'americano (n. 36) precede la BRM di Graham Hill (n. 6).

## 1960

*The Monaco Grand Prix (29 May) was an important moment in Ferrari's history as it saw the debut of the marque's first rear-engined single-seater. The 246 P was driven on the Monaco street circuit by the American Richie Ginther (No. 34) who finished in sixth place. Top, the engineer Carlo Chiti in the pits.*

*Facing page, Wolfgang von Trips and Phil Hill driving two examples of the 246 with the classic front-longitudinally mounted V12. In the photo taken on the stretch of the circuit running alongside the port, the American's Ferrari (No. 36) leads the BRM of Graham Hill (No. 6).*

Il 7 luglio l'Università di Bologna conferisce ad Enzo Ferrari la laurea *honoris causa* in Ingegneria meccanica. Il costruttore di Maranello, visibilmente soddisfatto, con tanto di toga e tócco in testa – il goliardico cappello dei laureandi – legge le motivazioni relative alla sua attività che gli ha permesso di conseguire quell'importante riconoscimento.

## 1960 ————————————————————————————

*On the 7th of July, the University of Bologna awarded Enzo Ferrari an honorary degree in Mechanical Engineering. The Maranello constructor, visibly satisfied and dressed in academic robes and hat – the tócco, the Italian equivalent of the mortar board – reads the motivations regarding his business that brought him such an important award.*

Nel Campionato del Mondo di Formula 1 la squadra del Cavallino ottiene quell'anno una sola vittoria, a Monza il 4 settembre, con Phil Hill. A favorire quel risultato concorre l'assenza dei team inglesi che, all'ultimo momento, decidono di non gareggiare in polemica con gli organizzatori che hanno deciso di usare l'intero tracciato, compreso l'Anello di Alta Velocità. Fra gli altri ferraristi in gara, quel giorno c'è anche von Trips (n. 22) che porta al quinto posto una 156 F2 a motore posteriore.

Pagina a fianco, ancora le Formula 2 sono protagoniste del Gran Premio di Modena (2 ottobre). Nella corsa di casa la Ferrari schiera due Dino 156 per von Trips (n. 24) e Ginther (n. 26). All'arrivo, l'americano e il tedesco occupano rispettivamente il secondo e il terzo gradino del podio dietro la Porsche 718/2 del vincitore Jo Bonnier.

## 1960

In the Formula 1 World Championship the team from Maranello enjoyed just one victory that year, at Monza on the 4th of September with Phil Hill. This result was favoured by the absence of the British teams that at the last moment had decided not to race due to a dispute with the organizers who had decided to use the full circuit, including the High Speed Oval. Among the other Ferraristi racing that day was von Trips (No. 22) who drove his rear-engined 156 F2 to fifth place.

Facing page, the Formula 2 cars were again protagonists in the Modena Grand Prix (2 October). In its home race, Ferrari lined up with two Dino 156's for von Trips (No. 24) and Ginther (No. 26). The American and the German finished second and third respectively behind the Porsche 718/2 driven by the winner Jo Bonnier.

IL MONDIALE DI FORMULA 1 SI APRE IL 14 MAGGIO A MONTECARLO. IN SENO ALLA FERRARI LA NOVITÀ PIÙ IMPORTANTE È COSTITUITA DALLE NUOVISSIME 156 F1 PROGETTATE DA CARLO CHITI – NELLA PAGINA A FIANCO RITRATTO AI BOX MENTRE PARLA CON PHIL HILL – SPINTE DA UN 6 CILINDRI A V DI 60° O 120°. SEMPRE NELL'IMMAGINE A PIENA PAGINA, ALLE SPALLE DI CHITI, SI RICONOSCE VON TRIPS.

NELLA FOTO IN ALTO, PHIL HILL "È INVECE A RAPPORTO" DAL DIRETTORE SPORTIVO ROMOLO TAVONI, MENTRE IN QUELLA IN BASSO SCAMBIA ALCUNE BATTUTE CON L'EX PILOTA FERRARI, PIERO TARUFFI, ULTIMO VINCITORE DELLA MILLE MIGLIA.

## 1961

*THE F1 WORLD CHAMPIONSHIP OPENED ON THE 14*[TH] *OF MAY AT MONTE CARLO. AT FERRARI THE MOST IMPORTANT NOVELTY WAS THE NEW 156 F1 DESIGNED BY CARLO CHITI – SEEN ON THE FACING PAGE IN THE PITS TALKING TO PHIL HILL – POWERED BY A V6 IN 60° OR 120° CONFIGURATION. ALSO RECOGNISABLE BEHIND CHITI IN THE PHOTO ON THE FACING PAGE IS VON TRIPS.*

*IN THE PHOTO, TOP, PHIL HILL IS INSTEAD "REPORTING" TO THE SPORTING DIRECTOR ROMOLO TAVONI, WHILE IN THE BOTTOM PHOTO HE IS TALKING TO THE FORMER FERRARI DRIVER PIERO TARUFFI, THE LAST WINNER OF THE MILLE MIGLIA.*

ALTRE ISTANTANEE DAI BOX DI MONTECARLO DOVE LA 156 F1 N. 40 DESTINATA A VON TRIPS NON SEMBRA
ESSERE LA PRINCIPALE ATTRATTIVA… TANTO CHE ANCHE IL GRUPPO DI PILOTI NELL'IMMAGINE IN ALTO PARE
MOSTRARE INTERESSE… PER ALTRI ARGOMENTI. SOPRA, DA SINISTRA UN GIOVANISSIMO JIM CLARK, INNES
IRELAND, RICHIE GINTHER E GIORGIO SCARLATTI, IN GIACCA E CRAVATTA.
CHI INVECE HA PENSIERI DEL TUTTO DIFFERENTI, ALMENO A GIUDICARE DALLA SUA ESPRESSIONE, È PHIL HILL,
CON IL CASCO IN TESTA, NELL'ABITACOLO DELLA SUA 156 F1.

## 1961

*FURTHER SHOTS FROM THE MONACO PITS WHERE THE 156 F1 NO. 40 DESTINED FOR VON TRIPS HARDLY SEEMS
TO BE THE PRINCIPAL ATTRACTION… AND EVEN THE GROUP OF DRIVERS IN THE PHOTO, TOP, LEFT, APPEAR TO HAVE
OTHER THINGS IN MIND… ABOVE, FROM THE LEFT, A VERY YOUNG JIM CLARK, INNES IRELAND, RICHIE GINTHER
AND GIORGIO SCARLATTI IN JACKET AND TIE. THE ONLY ONE WHO TO JUDGE BY HIS EXPRESSION SEEMS TO BE
CONCENTRATING ON DIFFERENT MATTERS IS PHIL HILL, IN HIS HELMET BEHIND THE WHEEL OF HIS 156 F1.*

Pagina a fianco, Jack Brabham, appena rientrato da Indianapolis dove ha disputato le prove in vista della 500 Miglia, risale la griglia (avendo provato soltanto il giovedì partiva infatti dall'ultima fila) a pochi minuti dal via, passando accanto alla Ferrari di Phil Hill che ha il quinto tempo.

A fianco, la corsa è appena scattata e, sotto, Phil Hill è già all'inseguimento dei primi. A fine gara sarà terzo.

## 1961

*Facing page, Jack Brabham, just back from Indianapolis where he was involved in the practice sessions ahead of the 500 Miles, walks through the field (having only practiced on the Thursday he started from the back of the grid) passing Phil Hill's Ferrari in fifth place a few minutes before the start.*

*Right, the race has just started and Phil Hill is already chasing the leaders. At the end of the race he was to finish third.*

RICHIE GINTHER ALLA CURVA DEL GASOMETRO CON LE TRIBUNE GREMITE DI FOLLA SULLA SUA 156 F1 (N. 36) CHE GLI PERMETTE DI SALIRE SUL SECONDO GRADINO DEL PODIO DIETRO AL VINCITORE STIRLING MOSS SU LOTUS-CLIMAX 18.

IN ALTO, ANCORA GINTHER È IN SCIA ALLA FERRARI DI PHIL HILL MENTRE SOPRA, VON TRIPS, PUR NON ARRIVANDO AL TRAGUARDO, CON LA SUA 156 (N. 40) VIENE CLASSIFICATO AL QUARTO POSTO A DUE GIRI DAL VINCITORE.

## 1961

*RICHIE AT THE GASOMETER CORNER IN FRONT OF THE PACKED GRANDSTAND IN HIS 156 F1 (No. 36) WHICH CARRIED HIM TO SECOND PLACE BEHIND THE WINNER STIRLING MOSS IN THE LOTUS-CLIMAX 18.*

*TOP, GINTHER AGAIN IN PHIL HILL'S SLIPSTREAM WHILE, ABOVE, VON TRIPS DESPITE NOT FINISHING WITH HIS 156 F1 (No 40) WAS CLASSIFIED IN FOURTH PLACE, TWO LAPS DOWN ON THE WINNER.*

# CARLO CHITI

## L'INGEGNERE E IL PROGETTISTA
## DEL "TUTTO DIETRO"

Ventinove agosto 1957, Aerautodromo di Modena. In pista, per una delle tante giornate di collaudo, è Andrea Fraschetti, giovane ingegnere ben più che di belle speranze. È fra i pochi progettisti capaci di passare con disinvoltura dal tavolo da disegno al volante di una vettura da corsa e, in quel momento, è impegnato con una monoposto di Formula 2 quando un'uscita di pista gli è fatale.

Una grave perdita che colpisce non poco lo stesso Enzo Ferrari lasciando un vuoto fra i vertici tecnici della Scuderia, ben presto colmato dall'arrivo a Maranello di un ingegnere toscano. È Carlo Chiti, pistoiese, classe 1924, personaggio che si è già fatto un nome in seno all'Alfa Romeo lavorando attorno a vetture come la 6C 3000 CM o le Giulietta Sprint Veloce destinate alle corse. A quest'ultimo progetto ha operato a stretto contatto con Giotto Bizzarrini, l'uomo che in quell'estate del 1957 lo portò "alla corte del *Drake*".

Fra i primi progetti che passarono dalle mani di Chiti ci fu anche la monoposto 246 F1, vettura che l'ingegnere toscano contribuì ad affinare e che nel 1958 permise a Mike Hawthorn di aggiudicarsi il titolo iridato, "di misura", sulla Vanwall di Stirling Moss.

Note non altrettanto positive giunsero l'anno dopo, con le monoposto del Cavallino che iniziarono chiaramente a palesare un ritardo tecnico rispetto alle agili e ormai veloci Cooper-Climax a motore posteriore: con Jack Brabham le vetture inglesi dominarono il Mondiale lasciando alla Ferrari solo i gran premi di Francia e Germania, entrambi vinti da Tony Brooks.

Malgrado le ben note resistenze dello stesso Ferrari, fervido sostenitore del motore anteriore per ragioni commerciali ancor prima che tecniche – le "sue" granturismo adottavano in quel momento il classico V12 in posizione anteriore-longitudinale –, i tempi erano ormai maturi per iniziare finalmente a dar vita ad una monoposto con il propulsore montato alle spalle dell'abitacolo. Proprio Chiti fu il grande artefice di questa storica innovazione facendo scendere in pista già al Gran Premio di Monaco del 1960 la 246 P, prima monoposto del Cavallino a motore posteriore-longitudinale abbinato al tradizionale cambio a cinque rapporti + RM, che in quell'occasione Richie Ginther condusse sino al sesto posto al traguardo.

Frattanto, all'alba del 1961, l'introduzione di nuove regole imposte dalla Federazione portò a profondi cambiamenti in Formula 1: cilindrata massima di 1,5 litri per i motori aspirati e peso minimo per le monoposto fissato

## THE ENGINEER AND THE DESIGNER
## OF THE "REAR-ENGINE, REAR-DRIVE"

*The 29th of August 1957, Modena Aerautodromo. On track, for one of the many test days, was Andrea Fraschetti, a young and highly promising engineer. He was one of the few designers capable of switching seamlessly between the drawing board and the cockpit of a racing car and, at that moment, he was at the wheel of a Formula 2 car when a crash proved fatal.*

*A grave loss that hit Enzo Ferrari himself very hard and left a void among the leading technical staff at the Scuderia, a gap soon filled by the arrival at Maranello of a Tuscan engineer. This was Carlo Chiti from Pistoia, class of 1924, a figure who had already established his reputation at Alfa Romeo, working on cars such as the 6C 3000 CM and the Giulietta Sprint Veloces destined for racing. On this last project he had worked in close contact with Giotto Bizzarrini, the man who in the summer of 1957 brought him to the "court of the Drake".*

*Among the first projects that Chiti worked on was the 246 F1 single-seater, a car which the Tuscan engineer helped refine and which in 1958 carried Mike Hawthorn to the World Championship title, just ahead of Stirling Moss in the Vanwall.*

*Things did not go quite so well the following year, with the Prancing Horse's cars beginning to show clear signs of technological obsolescence with respect to the agile and now rapid rear-engined Cooper-Climaxes. The English cars dominated the World Championship with Jack Brabham, leaving only the French and German Grands Prix to Ferrari, both won by Tony Brooks.*

*Despite well-documented resistance from Ferrari himself, a fervid supporter of the front engine for commercial rather than technical reasons – his GTs of the time naturally featured a classic V12 mounted front-longitudinally – the time was ripe to begin work on a car with the engine installed behind the cockpit. It was Chiti who was the great artificer of this historic innovation, introducing as early as the 1960 Monaco Grand Prix the 246 P, the Prancing Horse's first car with a rear-longitudinal engine combined with a traditional gearbox offering five speeds and reverse. On that occasion, Richie Ginther drove the car to a 6th place finish.*

*In the meantime, early in 1961, the introduction of new rules imposed by the Federation led to profound changes in the world of Formula 1: a maximum displacement of 1.5 litres for naturally aspirated engine and a*

IMPONENTE, MASSICCIO, CARLO CHITI DOMINA LA SCENA AI BOX DELLA SCUDERIA
FERRARI, A MONTECARLO, NEL 1959.

AN IMPOSING FIGURE, CARLO CHITI DOMINATES THE SCENE IN THE SCUDERIA FERRARI
PITS AT MONTE CARLO IN 1959.

CHITI A CONFRONTO CON ALCUNI PILOTI DELL'EPOCA. IN ALTO A SINISTRA CON LORENZO BANDINI, MENTRE A DESTRA DISCUTE FITTAMENTE CON GIANCARLO BAGHETTI.

A FIANCO, IN SENSO ORARIO: A COLLOQUIO CON IL GIOVANE RICARDO RODRÍGUEZ, MENTRE SULLO SFONDO ENZO FERRARI E L'AMICO BERNARDO D'OLANDA SE LA RIDONO; A MODENA ASSIEME A RICHIE GINTHER E AL TAVOLO DA DISEGNO.

*CHITI TALKING TO A NUMBER OF DRIVERS OF THE TIME. TOP LEFT, WITH LORENZO BANDINI, WHILE ON THE RIGHT HE IS DEEP IN A DISCUSSION WITH GIANCARLO BAGHETTI.*

*LEFT, CLOCKWISE: TALKING TO THE YOUNG RICARDO RODRÍGUEZ, WHILE IN THE BACK-GROUND ENZO FERRARI AND HIS FRIEND BERNARD D'OLANDA ARE SHARING A JOKE; IN MODENA WITH RICHIE GINTHER AND AT THE DRAWING BOARD.*

a 450 Kg, con olio e acqua ma senza carburante. La Ferrari che grazie all'esperienza in Formula 2, da tempo, aveva sviluppato un propulsore con quello specifico frazionamento, non si fece cogliere impreparata, con Chiti che proprio attorno a quella collaudata meccanica – sei cilindri a V con angolo di inclinazione fra le bancate di 120° –, diede vita ad una delle vetture più iconiche in tutta la storia del massimo Campionato, la 156 F1. Con quella monoposto resa inconfondibile in particolare dalle due grandi bocche ogivali anteriori destinate al raffreddamento della meccanica, ma anche da forme compatte e filanti di grande suggestione, la Ferrari dominò letteralmente il Campionato del mondo del 1961 con i suoi piloti, Wolfgang von Trips – tragicamente scomparso durante le prime fasi del Gran Premio d'Italia di quell'anno – e Phil Hill – iridato a fine stagione – capaci di aggiudicarsi ben quattro delle sette gare a cui partecipano, cui si aggiunge il successo di Giancarlo Baghetti, sempre al volante di una 156 F1, nel Gran Premio di Francia.

Non solo, ma sempre in quella stagione, anche alcune vetture Sport del Cavallino beneficiarono delle soluzioni aerodinamiche introdotte da Chiti: si pensi all'adozione della coda tronca e, di nuovo, delle vistose bocche di aerazione frontali su modelli come la 246 SP.

Già alla fine di quella gloriosa stagione anche Carlo Chiti entrò nella "lista nera" di Ferrari finendo per essere licenziato in tronco assieme ad altri sette dirigenti per i ben noti fatti legati alle ingerenze della moglie del Commendatore in seno alla Scuderia.

Chiusa la breve ed infelice esperienza che lo portò a progettare la monoposto 8 cilindri a V a marchio ATS, già nel 1963 Carlo Chiti torna al suo "primo amore", l'Alfa Romeo, andando a dirigere per un ventennio il nuovo reparto corse della Casa milanese, l'Autodelta, in seno alla quale firma modelli leggendari come le TZ e TZ2, le GTA, e diverse 33, protagoniste per un decennio fra le Sport dalla metà degli anni Sessanta, sino a diventare il *deus ex machina* del ritorno dell'Alfa in Formula 1, prima come fornitrice dei motori per la Brabham di Bernie Ecclestone, poi con una monoposto interamente a marchio italiano, l'Alfa-Alfa, nel 1979.

Chiusa anche questa lunga esperienza, Chiti resta nel mondo della Formula 1 dando vita ad una propria struttura, la Motori Moderni che, dalla metà degli anni Ottanta, fornisce i propulsori prima alla Minardi poi alla Coloni e all'Albaracing, prima di chiudere i battenti.

Chiti, uno dei progettisti più "caratteristici" e longevi nella storia delle corse, si è spento il 7 luglio del 1994.

*minimum weight for the cars of 450 kg, with oil and water but not fuel. Thanks to its experience in Formula 2, Ferrari had for some time been developing an engine of that size and was not caught unprepared. Chiti took that tried and trusted unit – a V6 with a 120° angle between the banks – and installed it in one of the most iconic cars in the history of the blue ribbon category, the 156 F1. With that car, made unmistakeable above all by the two large ogival air intakes at the front channelling cooling air to the mechanical organs, but also by the attractive compact and sleek lines, Ferrari literally dominated that year's World Championship with its drivers Wolfgang von Trips – tragically killed in the opening stages of the Italian GP – and Phil Hill – the winner of the World Championship at the end of the season – winning four of the seven races, with Giancarlo Baghetti, again at the wheel of a 156 F1, winning the French GP.*

*Moreover, that season also a number of the Prancing Horse's sports cars benefitted from aerodynamic features introduced by Chiti: for example the adoption of the truncated tail and, again the conspicuous front air intake introduced to models such as the 246 SP.*

*By the end of that glorious even Carlo Chiti had entered Ferrari's "bad books" and was eventually sacked outright together with seven other colleagues due to the well-documented episode associated with the interference in Scuderia affairs by the wife of the Commendatore.*

*Following a brief and unhappy experience during which he designed the V8 ATS single-seater, by 1963 Carlo Chiti was already back with his first love, Alfa Romeo, going on to direct for around 20 years the Milan firm's new racing department, Autodelta, where he was responsible for legendary models such as the TZ and TZ2, the GTAs and various 33s, protagonists for a decade among the sports cars of the Sixties. He was then the deus ex machine behind Alfa's return to Formula 1, firstly as a supplier of engines to Bernie Ecclestone's Brabham and then with an all-Italian single-seater, the Alfa-Alfa in 1979.*

*At the end of this long spell, Chiti remained in the world of Formula 1, establishing his own firm, Motori Moderni, which in the mid-Eighties supplied engines to firstly Minardi, then Coloni and Albaracing before eventually closing.*

*Chiti, one of the most "colourful" and enduring protagonists in the history of motorsport, passed away on the 7th of July 1994.*

Lorenzo Bandini (sopra) e Giorgio Scarlatti (sotto) si apprestano a disputare con una 250 TRI/61 iscritta dalla Scuderia Centro Sud la 4 Ore di Pescara, ultima prova del Mondiale riservato alle Sport, in programma il 15 agosto sul circuito stradale della città abruzzese.

Pagina a fianco, i meccanici provvisti di un copricapo quanto meno insolito, per proteggersi dalla calura estiva, si adoperano attorno alla Dino 246 SP ufficiale (n. 12) di Richie Ginther e Giancarlo Baghetti.

## 1961

*Lorenzo Bandini (above) and Giorgio Scarlatti (below) prepare to compete in a 250 TRI/61 entered by the Scuderia Centro Sud in the Pescara 4 Hours, the final round of the World Championship for sports cars on the 15th of August on the Abruzzo street circuit.*

*Facing page, the mechanics wearing unusual headgear to protect themselves from the summer heat busy round the works Dino 246 SP (No. 12) of Richie Ginther and Giancarlo Baghetti.*

IL MOMENTO DELLA PARTENZA DELLA 4 ORE DI PESCARA, STILE LE MANS, CON I PILOTI SCHIERATI DA UN LATO DELLA PISTA CHE CORRONO VERSO LE RISPETTIVE VETTURE. APRE LA FILA LA MASERATI TIPO 63 DELLA SCUDERIA SERENISSIMA DI NINO VACCARELLA (N. 2). QUINDI SEGUONO LA FERRARI 250 TRI/61 DI BANDINI-SCARLATTI (N. 4), LA MASERATI TIPO 61 DI CASNER-DROGO (N. 6), L'ALTRA MASERATI TIPO 63 DI BONNIER-TRINTIGNANT (N. 8), LA CEGGA-FERRARI 250 TR DI GACHNANG-CAILLET (N. 10) E LA FERRARI 246 SP DI GINTHER-BAGHETTI (N. 12).

## 1961

*THE LE MANS-STYLE START OF THE PESCARA 4 HOURS, WITH THE DRIVERS LINED UP ON ONE SIDE OF THE TRACK BEFORE RUNNING TO THEIR RESPECTIVE CARS. FIRST IN LINE IS THE SCUDERIA SERENISSIMA'S MASERATI TIPO 63 DRIVEN BY NINO VACCARELLA (NO. 2). THEN CAME THE FERRARI 250 TRI/61 OF BANDINI-SCARLATTI (NO. 4), THE MASERATI TIPO 61 OF CASNER-DROGO (NO. 6), THE SECOND MASERATI TIPO 63 OF BONNIER-TRINTIGNANT (NO. 8), THE CEGGA-FERRARI 250 TR OF GACHNANG-CAILLET (NO. 10) AND THE FERRARI 246 SP OF GINTHER-BAGHETTI (NO. 12).*

In quei primi anni Sessanta le vetture di Maranello dominano la scena sportiva oltre che fra le Sport anche fra le Gran Turismo. La 250 "SWB", ossia la 250 a passo corto, è certo fra le auto del Cavallino più gloriose ed iconiche di sempre. L'immagine ritrae la 250 di Carlo Mario Abate della Scuderia Serenissima.

Pagina a fianco, Lorenzo Bandini taglia vittorioso il traguardo e, sotto, festeggia sul podio assieme a Giorgio Scarlatti. Fatta eccezione per la 1000 Chilometri del Nürburgring, vinta dalla Maserati di Gregory-Casner (dove le vetture di Maranello si classificano dal secondo al quinto posto), in quella stagione tutte le altre prove del Mondiale Sport sono appannaggio delle vetture di Maranello a dimostrazione di una schiacciante superiorità.

## 1961

*In the early Sixties, the cars from Maranello dominated the racing scene in both the Sport and GT categories. The 250 SWB, the 250 with a shorter wheelbase, was one of the Prancing Horse's most successful and iconic cars of all time. This photo shows Carlo Mario Abate's Scuderia Serenissima 250.*

*Facing page, a victorious Lorenzo Bandini crosses the finishing line and, below, celebrates on the podium with Giorgio Scarlatti. With the exception of the Nürburgring 1000 Km won by the Maserati of Gregory-Casner (whit the cars from Maranello finishing from second through to fifth place), every other Sports category race in that World Championship season was won by cars from Maranello, evidence of their crushing superiority.*

Alle origini dei "briefing": un paio di sedie e un tavolo attorno al quale siedono il direttore sportivo Romolo Tavoni, il responsabile tecnico Carlo Chiti, e un pilota, nello specifico Giancarlo Baghetti, il tutto corredato da... acqua minerale. Basta e avanza per pianificare la strategia in vista dell'imminente Gran Premio d'Italia (10 settembre), gara che potrebbe decidere le sorti di un Mondiale che vede i piloti Ferrari Phil Hill e Wolfgang von Trips, entrambi ancora in lizza per il titolo, nella foto sotto sono ritratti assieme a Richie Ginther (a sinistra).

Pagina a fianco, in un momento di pausa durante le prove, Enzo Ferrari e il direttore tecnico Carlo Chiti studiano le monoposto della concorrenza, fra cui la Lotus 18/21 di Innes Ireland.

## 1961

*The original "briefing": a few chairs around a table for the sporting director Romolo Tavoni, the designer Carlo Chiti and a driver, in this case Giancarlo Baghetti, all washed down with... mineral water. This was all that was needed to plan the strategy in view of the imminent Italian Grand Prix (10 September), a race that could have decided the destination of the championship with the Ferrari drivers Phil Hill and von Trips both in the running for the title (seen below together with Richie Ginther on the left).*

*Facing page, in a break during practice, Enzo Ferrari and the technical director Carlo Chiti study the cars of their rivals, specifically the Lotus 18/21 of Innes Ireland."*

PAGINA A FIANCO, LO SCHIERAMENTO DI PARTENZA SI STA COMPLETANDO E, A BREVE, SCATTERÀ IL GRAN PREMIO D'ITALIA, MA GIÀ NEL CORSO DEL SECONDO GIRO (SOPRA) ACCADE L'IRREPARABILE: LA LOTUS DI JIM CLARK E LA FERRARI DI VON TRIPS ENTRANO IN CONTATTO. LA VETTURA DEL TEDESCO VOLA SUL TERRAPIENO AI LATI DELLA PISTA, VA AD IMPATTARE CONTRO LE RETI SEMINANDO QUINDICI VITTIME FRA IL PUBBLICO. PER VON TRIPS CHE GIACE ESANIME SULL'ASFALTO NON CI SARÀ SCAMPO. L'IMMANE TRAGEDIA GETTA UN ALONE DI TRISTEZZA SU UNA GIORNATA ALTRIMENTI GLORIOSA PER IL TITOLO MONDIALE CHE PHIL HILL CONQUISTA MATEMATICAMENTE PROPRIO A MONZA.

## 1961

*FACING PAGE, THE GRID IS FILLING UP AND THE ITALIAN GRAND PRIX WILL SOON BE UNDERWAY. TRAGEDY WAS SOON TO STRIKE AS DURING THE COURSE OF THE SECOND LAP (ABOVE) JIM CLARK'S LOTUS AND VON TRIP'S FERRARI CAME INTO CONTACT, WITH THE GERMAN'S CAR BEING LAUNCHED OFF THE EARTHWORKS LINING THE CIRCUIT AND HURTLING INTO THE FENCING AND KILLING FIFTHEEN SPECTATORS. THERE WAS NOTHING TO BE DONE FOR VON TRIPS, HIS BODY LYING LIFELESS ON THE ASPHALT. THIS TERRIBLE INCIDENT CAST A BLEAK SHADOW OVER AN OTHERWISE GLORIOUS DAY THANKS TO THE WORLD CHAMPIONSHIP TITLE PHIL HILL CONQUERED MATHEMATICALLY AT MONZA.*

Pagina a fianco, per la presentazione alla stampa della nuova stagione agonistica, Enzo Ferrari fa le cose davvero in grande schierando in uno dei cortili della fabbrica l'intera produzione di vetture Gran Turismo, Sport e Formula 1 che saranno impiegate, nei diversi campionati, nel corso del 1962. Fra la 156 F1, soltanto aggiornata rispetto alla vettura dell'anno precedente, e l'inedita GT che chiude la fila, una berlinetta che ben presto farà parlare di sé assumendo la denominazione ufficiosa di "GTO" (Gran Turismo Omologata), si trovano le differenti Sport con propulsori a 6 o 8 cilindri.

Quanto mai interessante si rivelò in quell'occasione la possibilità di vedere e fotografare la 156 F1 priva di carrozzeria. Quanto siamo distanti dalle asettiche presentazioni delle contemporanee monoposto di Formula 1…

## 1962

*At the press conference ahead of the new season, Enzo Ferrari pushed the boat out, presenting in the courtyards of the factory the full range of GT, Sport and Formula 1 cars to be used in the diverse championships during the course of 1962. Between the 156 F1, merely updated with respect to the previous year's car, and the new GT that was soon to attract attention as the GTO (Gran Turismo Omologata) bookending the line-up were a number of sports cars with six or eight cylinders.*

*Facing page, of particular interest on that occasion was the opportunity to see and photograph the 156 F1 stripped of its bodywork. How different to the ascetic presentations of contemporary Formula 1 cars.*

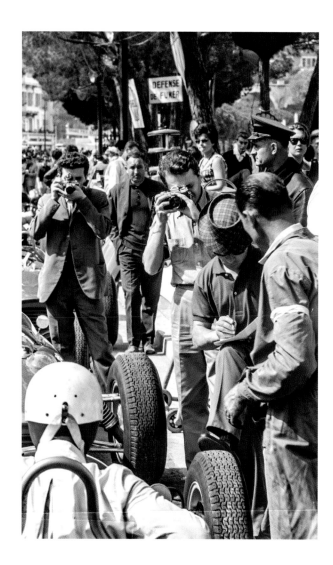

Mentre Dan Gurney, Graham Hill e Phil Hill, già seduto nell'abitacolo della sua Ferrari, si scambiano alcune impressioni, al muretto box del circuito di Monaco, il DS Eugenio Dragoni pare mettersi in posa davanti all'obiettivo del fotografo Villani; non altrettanto fa un giovanissimo Mauro Forghieri, a sinistra, che anzi sembra piuttosto perplesso per tutta quell'attenzione. Nell'immagine sopra, Giancarlo Baghetti è nella veste di fotografo, mentre fissa sulla pellicola Phil Hill che esce dall'abitacolo della sua Ferrari.

Pagina a fianco, alle prove prende parte anche Ricardo Rodríguez che si contende con Lorenzo Bandini l'abitacolo di una delle tre 156 F1 iscritte dalla Scuderia, destinata a chi dei due farà segnare il miglior tempo. Alla fine è il pilota italiano a prevalere.

## 1962

*While Dan Gurney, Graham Hill and Phil Hill, already seated in the cockpit of his Ferrari, exchange a few views, on the Monaco pit wall Eugenio Dragoni appears to be posing for the photographer Villani. The very young Mauro Forghieri to his left instead appears somewhat perplexed at all this attention. In the photo above, Giancarlo baghetti in his photographer's hat while snapping Phil Hill as he climb from the cockpit of his Ferrari.*

*Facing page, Ricardo Rodríguez also took part in practice, competing against Lorenzo Bandini for a drive in one of the three 156 F1's entered by the Scuderia and destined for the driver who recorded the best time. In the end the Italian driver prevailed.*

Pagina a fianco, i meccanici del Cavallino spingono sullo schieramento le tre 156 F1 ufficiali che prenderanno parte al Gran Premio di Montecarlo (3 giugno). La 40 è quella per Willy Mairesse, la 36 per Phil Hill mentre la 38 sarà guidata da Lorenzo Bandini, giovane promessa dell'automobilismo italiano di quei primi anni Sessanta.

Sopra, le fasi convulse della partenza: Mairesse su Ferrari (n. 40) e Bruce McLaren su Cooper-Climax (n. 14) – poi vincitore della corsa – sono davanti, ma alle loro spalle si è già innescata la carambola che metterà fuori gioco tre concorrenti causando anche la morte di un commissario di pista. Al traguardo Phil Hill (n. 36) sarà secondo mentre Willy Mairesse (n. 40), che non vedrà la bandiera a scacchi, sarà classificato al settimo posto.

## 1962 ——————————————————————————

*Facing page, the Prancing Horse's mechanics push the three works 156 F1's onto the grid for the Monaco Grand Prix (3 June). No. 40 was for Willy Mairesse and No. 36 for Phil Hill, while No. 38 was to be driven by Lorenzo Bandini, the great hope of Italian motorsport in the early Sixties.*

*Above, the convoluted phases of the start: Mairesse in the Ferrari (No. 40) and Bruce McLaren in the Cooper Climax (No. 14) – who went on to win the race – are leading, while behind them a pile has been triggered that will eliminate three rivals and cause the death of a marshal. At the finish Phil Hill (No. 36) was to be second while Mairesse, who was not to see the chequered flag was classified in seventh place.*

Pagina a fianco, oltre che nell'abitacolo delle vetture di Formula 1, Giancarlo Baghetti non disdegna di sedersi anche in quello delle magnifiche stradali del Cavallino di quegli anni. Ecco il pilota italiano in posa, "quasi" al volante di una 250 GT Spider Pininfarina, fra le automobili italiane più suggestive di sempre.

Quasi in chiusura di una stagione avara di soddisfazioni, almeno nel Mondiale, la Ferrari cerca come sempre di ben figurare nel Gran Premio d'Italia (16 settembre) dove schiera ben quattro monoposto per Baghetti (n. 2), Phil Hill (n. 10), Ricardo Rodríguez (n. 4) e Mairesse (n. 8), quest'ultima inquadrata solo parzialmente nella foto in alto; un dispiegamento di forze ripagato solo in parte dal quarto posto di Willy Mairesse e dal quinto di Baghetti.

## 1962

*Facing page, as well as in the cockpit of a Formula 1 car, Giancarlo Baghetti was quite happy to get behind the wheel of the magnificent road cars built at Maranello in those years. Here the Italian driver is posing "almost" at the wheel of a 250 GT Spider Pininfarina, one of the most evocative Italian open cars of all time.*

*Towards the end of a season in which there was little to cheer about, at least in Formula 1, Ferrari sought as ever to put on a good showing in the Italian Grand Prix (16 September) in which four cars were entered for Baghetti (No. 2), Phil Hill (No. 10), Ricardo Rodríguez (No. 4) and Mairesse (No. 8), this last only partially seen in the top photo; a show of strength only partially repaid by Willy Mairesse's fourth place and Baghetti's fifth.*

Il 4 marzo splende il sole sull'autodromo di Monza, scelto dalla Ferrari per presentare alla stampa due nuove vetture: la 250 P, primo prototipo del Cavallino a montare il V12 in posizione posteriore-longitudinale, e la 330 LMB, una berlinetta di 4 litri (3967,44 cc), "parente prossima" della 250 GTO con cui condivide alcune affinità stilistiche.

Presenti, al gran completo, gli uomini della squadra corse: da Mauro Forghieri che scambia alcune battute con John Surtees, approdato proprio in quella stagione a Maranello, sino a tutti gli altri piloti del Cavallino.

Pagina a fianco, Mike Parkes e John Surtees si aggirano attorno alla 330 "Le Mans berlinetta" e, sotto, ancora Parkes assieme a Lorenzo Bandini, Lodovico Scarfiotti e Nino Vaccarella posa accanto alla 250 P mentre Mairesse spunta dall'abitacolo della LMB.

## 1963

*The sun was shining at the Monza autodromo on the 4th of March, the day chosen by Ferrari to present to the press two new cars: the 250 P, the Prancing Horse's first Prototype fitted with a rear-longitudinal V12 engine and the 330 LMB, a four-litre (3967,44 cc) berlinetta, closely related to the 250 GTO with which it shared certain styling features.*

*The racing department staff were all present and correct: from Mauro Forghieri seen here with John Surtees who had joined Ferrari that season, and all the other Prancing Horse drivers.*

*Facing page, Mike Parkes and John Surtees inspecting the 330 Le Mans berlinetta and, below, Parkes again together with Lorenzo Bandini, Lodovico Scarfiotti and Nino Vaccarella poses alongside the 250 P while Mairesse appears from the cockpit of the LMB.*

GIUSTO IL TEMPO DI MONTARE LA PELLICOLA A COLORI ED ECCO UN'ALTRA SERIE DI IMMAGINI INEDITE, SCATTATE QUEL GIORNO A MONZA DA FRANCO VILLANI. AL GRUPPO DI PILOTI (PAGINA A FIANCO) SI AGGIUNGE SURTEES CHE INDOSSA UNO SPOLVERINO SOPRA LA TUTA, ALTERNANDOSI FRA IL PROTOTIPO 250 P E LA BERLINETTA 330 LMB.

## 1963

*TIME TO LOAD THE COLOUR FILM AND HERE IS A NEW SERIES OF PREVIOUSLY UNSEEN SHOTS, TAKEN THAT DAY AT MONZA BY FRANCO VILLANI. THE GROUP OF DRIVERS (FACING PAGE) WAS JOINED BY SURTEES WEARING A COAT OVER HIS RACING SUIT, ALTERNATING BETWEEN THE 250 P PROTOTYPE AND THE 330 LMB BERLINETTA.*

Puntuale come sempre, Franco Villani non manca l'appuntamento con il Gran Premio di Montecarlo (26 maggio), prova inaugurale del Campionato del mondo di quell'anno. C'è calma al box Ferrari, con Surtees che sbircia un giornale e Forghieri che parla con un fotografo mentre Mairesse, in vista delle prove, è già seduto nell'abitacolo della sua 156 F1 (n. 20) sulla quale vengono sperimentate due diverse tipologie di muso.

Pagina a fianco, Surtees, dopo aver accuratamente testato gli occhiali, sotto lo sguardo di Giulio Borsari si siede della sua 156 F1. Dietro a tutti, in posizione soprelevata, il DS Eugenio Dragoni sovrintende le operazioni.

## 1963

*As timely as ever, Franco Villani was present for the Monte Carlo Grand Prix (26 May), the first round of the World Championship that year. The Ferrari pit is an oasis of calm, with Surtees looking at newspaper and Forghieri talking to a photographer while Mairesse, ahead of practice, is already sitting the cockpit of 156 F1 (No. 20) on which two nose configurations were tested.*

*Facing page, Surtees, after having carefully adjusted his goggles, climbs into the cockpit of his 156 F1 under the attentive gaze of Giulio Borsari. Behind everyone, the sporting director Eugenio Dragoni supervises operations from a convenient vantage point.*

Pagina a fianco, i due piloti Ferrari sono protagonisti di una corsa sfortunata: Surtees (n. 21), ottimo terzo in prova, è vittima di un principio d'intossicazione per i gas di scarico che ristagnano sotto il tunnel. Ad un passo dal ritiro si riprende, segna il giro più veloce, ma non va oltre il quarto posto finale. Willy Mairesse (n. 20) si deve invece arrendere al 38° giro per un problema alla frizione.

Ancora Surtees in pista davanti alla Cooper-Climax di Bruce McLaren (n. 7) e alla Lotus-BRM di Innes Ireland (n. 14).

## 1963 ────────────

*Facing page, the two Ferrari drivers endured a difficult race: Surtees (No. 21) qualified in an excellent third place but suffered from intoxication from the exhaust fumes in the tunnel. Close to retiring, he recovered sufficiently to record the fastest lap but could only finish in fourth place. Willy Mairesse (No. 20) instead had to retire on the 38th lap with a broken clutch.*

*Surtees again on track ahead of Bruce McLaren in the Cooper-Climax (No. 7) and the Lotus-BRM of Innes Ireland (No. 14).*

Pagina a fianco, la stagione agonistica della Scuderia di Maranello non è fatta di sola Formula 1. Nel 1963 una grande soddisfazione arriva anche dalle corse in salita, dove Scarfiotti si aggiudica il Campionato europeo della Montagna. Sopra, ecco invece Edoardo Lualdi Gabardi impegnato con la Dino 196 SP alla Bologna-Raticosa (26 maggio), prova non valida per l'Europeo, dove si aggiudica la classe fino a 2 litri. Sotto, anche la 250 GTO continua a svolgere un ruolo da protagonista. Ecco quella di Paolo Colombo, impegnata lungo i tornanti che conducono alla Raticosa.

Il 9 giugno il Mondiale di Formula 1 approda sulla pista di Spa-Francorchamps. La corsa è negativa per entrambi i piloti Ferrari con Mairesse fuori dai giochi già all'8° giro e Surtees costretto alla resa al 20° per noie all'alimentazione.

## 1963

*Facing page, the Prancing Horse's racing season was not all about F1. In 1963, the team enjoyed great success in hillclimbing, with Scarfiotti winning the European Mountain Championship. Above, Edoardo Lualdi Gabardi at the wheel of the Dino 196 SP in the Bologna-Raticosa (26 May), a non-championship event in which he won the up to two-litre class. Below, the 250 GTO also continued to play a leading role. This photo shows Paolo Colombo on the twisting route up to the Raticosa pass.*

*On the 9th of June the F1 World Championship came to Spa-Francorchamps. It was a poor weekend for both Ferrari drivers with Mairesse out of the running as early as the 8th lap and Surtees forced to retire on the 20th with fuel feed problems.*

Il 23 giugno si corre in Olanda e la Ferrari schiera Surtees (n. 2) e Scarfiotti (n. 4) su due 156 F1 sulle quali Forghieri, fra prove e gara, ha condotto alcuni esperimenti di natura aerodinamica provando differenti tipologie di musi. Entrambe le monoposto concludono la corsa con Surtees terzo e Scarfiotti sesto mentre Jim Clark, con la nuovissima Lotus 25, centra il secondo successo consecutivo dopo quello del Belgio, doppiando anche il secondo classificato Dan Gurney con la Brabham BT7.

## 1963

*The next race was on the 23rd of June in the Netherlands with Ferrari entering Surtees (No. 2) and Scarfiotti (No. 4) in two 156 F1's on which Forghieri, between practice and the race, had conducted a series of aerodynamic experiments, testing different nose configurations. Both cars finished the race with Surtees third and Scarfiotti sixth while Jim Clark with the brand-new Lotus 25 secured his second consecutive victory after that in Belgium, actually lapping the second placed Dan Gurney in the Brabham BT7.*

UNA SETTIMANA PIÙ TARDI IL CIRCUS SI SPOSTA A REIMS PER IL GRAN PREMIO DI FRANCIA, MA QUEL GIORNO, OLTRE ALLE FORMULA 1, SONO DI SCENA ANCHE LE SPORT E LE GRAN TURISMO NEL TROFEO INTERNAZIONALE CHE VEDE IMPEGNATA UNA 250 P CON MIKE PARKES (N. 10), IN ALTO, MA ANCHE UNA SERIE DI 250 GTO, COME QUELLE DI LUCIEN BIANCHI (N. 18) O DI PIERRE NOBLET (N. 12). SOPRA A SINISTRA, UN MOMENTO DI PAUSA AI BOX PER PARKES MENTRE COLIN CHAPMAN E JIM CLARK OSSERVANO LA 250 P. A DESTRA, IL MOMENTO DEL VIA CON L'ASTON MARTIN DB215 (N. 4) DI JO SCHLESSER E LA MASERATI TIPO 151/1 (N. 6) DI ANDRÉ SIMON.

PAGINA A FIANCO, LE VETTURE DI MARANELLO SONO DECISAMENTE MENO PROTAGONISTE NEL GRAN PREMIO DI FORMULA 1 CON L'UNICA FERRARI AL VIA, QUELLA DI SURTEES, RITIRATA PER NOIE MECCANICHE. LA CORSA, NEANCHE A DIRLO, È ANCORA UNA VOLTA APPANNAGGIO DI JIM CLARK E DELLA SUA LOTUS 25.

## 1963

A WEEK LATER THE CIRCUS SHIFTED TO REIMS FOR THE FRENCH GRAND PRIX. AS WELL AS THE F1 GRAND PRIX THE DAY'S RACING ALSO FEATURED SPORTS AND GT CARS IN THE INTERNATIONAL TROPHY THAT SAW MIKE PARKES DRIVING A 250 P (NO. 10) TOP, AND A FLEET OF 250 GTO'S LIKE THIS ONE DRIVEN BY LUCIEN BIANCHI (NO. 18) AND THIS BY PIERRE NOBLET (NO. 12). ABOVE LEFT, A BREAK IN THE PITS FOR PARKES WHILE COLIN CHAPMAN AND JIM CLARK OBSERVE THE 250 P. RIGHT, THE START WITH THE ASTON MARTIN DB215 (NO 4) OF JO SCHLESSER AND THE MASERATI TIPO 151/1 (NO 6) OF ANDRÉ SIMON.

FACING PAGE, THE CARS FROM MARANELLO WERE SIGNIFICANTLY LESS EFFECTIVE IN THE F1 GRAND PRIX WITH THE ONLY FERRARI TO START, DRIVEN BY SURTEES, RETIRING WITH MECHANICAL TROUBLE. THE RACE IT HARDLY NEEDS TO BE SAID AGAIN WENT TO JIM CLARK IN THE LOTUS 25.

Altre due immagini del Gran Premio di Francia relative al duello fra la Ferrari di John Surtees e la Brabham di Jack Brabham (n. 6), duello che va in scena sino al momento del ritiro del ferrarista; al traguardo Brabham sarà quarto.

Pagina a fianco, il giorno del riscatto pieno per la Ferrari ha una data precisa, il 4 agosto, quando Surtees dopo aver a lungo lottato con il rivale Clark, fa suo il Gran Premio di Germania sulla pista del Nürburgring con una corsa capolavoro. Nella foto sopra ecco i due campioni affiancati, mentre in quella sotto Surtees è ripreso all'interno della celebre curva del Karrousel.

## 1963

*A further two shots from the French Grand Prix relating to the duel between the Ferrari of John Surtees and the Brabham of Jack Brabham (No 6), a duel That continued through to the retirement of ferrarista; Brabham was to finish Fourth.*

*Facing page, redemption day for Ferrari came on the 4ᵗʰ of August when Surtees drove a masterful race to win the German Grand Prix at the Nürburgring after a long duel with his rival Clark. In the top photo the two drivers are seen side-by-side, while in the one below Surtees is seen tackling the celebrated Karrousel.*

ANCHE SE IL CAMPIONATO DEL MONDO DI FORMULA 1 È SALDAMENTE NELLA MANI DELLA LOTUS E DEL SUO CAMPIONISSIMO JIM CLARK, LO SVILUPPO SULLA FERRARI 156 F1 PROSEGUE LUNGO TUTTA LA STAGIONE. NELLE IMMAGINI ALCUNI TEST CONDOTTI DA SURTEES ALL'AERAUTODROMO DI MODENA, PROVE CUI È PRESENTE ANCHE ENZO FERRARI.

PAGINA A FIANCO, OLTRE CHE IL GRAN PREMIO D'ITALIA IN PROGRAMMA L'8 SETTEMBRE, LA PISTA DI MONZA OSPITA LO STESSO GIORNO ANCHE LA COPPA INTEREUROPA, PROVA VALIDA PER IL CAMPIONATO DEL MONDO COSTRUTTORI GT, CHE VIVE SULLA LOTTA FRA LA FERRARI 250 GTO (N. 42) DI MIKE PARKES E L'ASTON MARTIN DB4 DI ROY SALVADORI (N. 46) CHE AL TRAGUARDO AVRÀ LA MEGLIO.

## 1963

*EVEN THOUGH LOTUS AND THE GREAT JIM CLARK HAD A FIRM GRIP ON THE FORMULA 1 WORLD CHAMPIONSHIP, DEVELOPMENT OF THE FERRARI 156 F1 PROCEEDED THROUGHOUT THE SEASON. THE PHOTOS SHOW TESTING CONDUCTED BY SURTEES AT THE MODENA AERAUTODROMO, SESSIONS AT WHICH ENZO FERRARI HIMSELF WAS PRESENT.*

*FACING PAGE, AS WELL AS THE ITALIAN GRAND PRIX SCHEDULED FOR THE 8TH OF SEPTEMBER, THE MONZA CIRCUIT ALSO HOSTED ON THE SAME DAY THE COPPA INTEREUROPA, A ROUND OF THE GT CONSTRUCTORS WORLD CHAMPIONSHIP, THAT FEATURED THE BATTLE BETWEEN THE FERRARI 250 GTO (NO. 42) OF MIKE PARKES AND THE ASTON MARTIN DB4 OF ROY SALVADORI (NO. 46) THE LATTER GETTING THE BETTER OF ITS RIVAL AT THE FINISH.*

ARCHIVIATA LA COPPA INTEREUROPA, TOCCA ALLE MONOPOSTO DI FORMULA 1 ANDARE IN SCENA. SURTEES CON LA FERRARI 156 (N. 4) FA BEN SPERARE I TIFOSI DELLA ROSSA PARTENDO DALLA POLE POSITION, MA AL VIA PASTICCIA, CON CLARK CHE INFILA SIA IL FERRARISTA SIA LA BRM DI GRAHAM HILL. DOPO AVER NUOVAMENTE SOPRAVANZATO IL PILOTA DELLA LOTUS, "BIG JOHN" SI RITIRA NEL CORSO DEL 17° GIRO PER PROBLEMI AL MOTORE.

## 1963

*ONCE THE COPPA INTEREUROPA WAS OVER IT WAS THE TURN OF THE F1 SINGLE-SEATERS. SURTEES IN THE FERRARI (NO. 4) HAD THE TIFOSI'S HOPES UP AFTER SETTING THE POLE POSITION TIME BUT GOT THE START ALL WRONG WITH CLARK PASSING BOTH HIM AND GRAHAM HILL IN THE BRM. AFTER HAVING RE-PASSED THE LOTUS DRIVER, "BIG JOHN" THEN RETIRED ON THE 17TH LAP WITH A BROKEN ENGINE.*

PAGINA A FIANCO, LA FERRARI 158 F1 DI JOHN SURTEES (N. 21) E LA 156 F1 DI LORENZO BANDINI SCHIERATE AI BOX DEL GRAN PREMIO DI MONTECARLO (10 MAGGIO), PROVA D'APERTURA DEL CAMPIONATO DEL MONDO.

## 1964

*FACING PAGE, THE FERRARI 158 F1 OF JOHN SURTEES (NO. 21) AND THE 156 F1 OF LORENZO BANDINI LINED UP IN THE PITS AT THE MONACO GRAND PRIX (10 MAY), THE OPENING ROUND OF THE WORLD CHAMPIONSHIP.*

Pagina a fianco, fervono i lavori alla Ferrari con Giulio Borsari nell'abitacolo della 156 F1 di Bandini ripreso in un momento di pausa al muretto box intento a leggere un giornale, mentre altri meccanici si adoperano attorno al motore e gli immancabili fotografi immortalano la scena. Sullo sfondo si riconosce il direttore di gara ed ex pilota Louis Chiron.

**1964**

*Facing page, work is underway in the Ferrari pits with Giulio Borsari in the cockpit of Bandini's 156 F1, with the driver instead seen on the pit wall reading a newspaper. On this page, other mechanics are working on the engine while the inevitable photographers immortalise the scene. In the background can be seen the race director and former driver Louis Chiron.*

In prova Bandini fa segnare il settimo tempo che gli vale la quarta fila mentre Surtees, nella foto a destra all'inseguimento della Brabham di Dan Gurney (n. 6) con la BRM di Richie Ginther (n. 7) più distante, otterrà il quarto tempo. Nulla di buono in gara con l'inglese fuori dai giochi per problemi al cambio e l'italiano classificato solo al 10° posto.

## 1964

*In practice Bandini set the seventh fastest time for a place on the fourth row, while Surtees, seen on the right chasing the Brabham of Dan Gurney (No. 6) with the BRM of Richie Ginther (No. 7) further back, set the fourth fastest time. The race went badly with the Englishman sidelined with gearbox problems and the Italian finishing 10th.*

Nel 1964 alcune 250 GTO vengono profondamente modificate nella carrozzeria assumendo la denominazione di GTO/64. Al pari del modello che le ha precedute continuano ad essere competitive e a ben figurare fra le Gran Turismo; nella foto sopra, la GTO/64 di Corrado Ferlaino, futuro Presidente del Napoli Calcio, primo nella classe oltre 2,5 litri alla Bologna-Raticosa (31 maggio).

A fianco, Battista "Pinin" Farina accanto ad una delle sue tante creazioni su meccanica Ferrari: la 330 GT 2+2 prima serie, riconoscibile dai doppi proiettori anteriori, presentata al Salone di Bruxelles del 1964.

### 1964

*In 1964 a number of 250 GTO's were fitted with radically modified bodywork and were renamed as the GTO/64. They continued to be as competitive as their predecessor and featured well in the GT races; above, the GTO/64 of Corrado Ferlaino, the future president of the Napoli Calcio football team, first in the over 2.5 litres class in the Bologna-Raticosa (31 May).*

*Left, Battista "Pinin" Farina alongside one of his many creations on Ferrari rolling chassis: the first series 330 GT 2+2, recognisable by the dual front headlamps, presented at the Brussels Motor Show in 1964.*

Dopo che Jim Clark e la Lotus si sono mantenuti sugli stessi livelli di rendimento del 1963 vincendo nella prima parte della stagione, in Olanda, Belgio e in Gran Bretagna, a partire dalla Germania le Ferrari si fanno più minacciose, con Surtees che vince per il secondo anno consecutivo sulla pista del Nürburgring e Bandini che si impone in Austria su quella di Zeltweg. Monza, come spesso accade, si rivela un appuntamento chiave ai fini dell'assegnazione del titolo iridato. Sulla pista brianzola la Ferrari conduce numerose prove sempre sotto l'occhio attento di Mauro Forghieri che, a fianco, osserva dall'alto il suo campione.

## 1964

*With Jim Clark and Lotus maintaining their 1963 form, winning the early races of 1964 in Holland, Belgium and Great Britain, from the German Grand Prix Ferrari offered a greater threat with Surtees winning for the second consecutive year on the Nürburgring circuit and Bandini winning in Austria at Zeltweg. Monza, as is often the case, proved to be a race crucial to the destiny of the World Championship title. Ferrari tested extensively on the Brianza circuit under the attentive gaze of Mauro Forghieri who, left, here observes his driver from above.*

Per John Surtees il Gran Premio d'Italia del 1964 è un appuntamento chiave nella lotta al titolo mondiale, una gara che non dovrà assolutamente perdere. Ad assistere il pilota inglese ai box sono l'immancabile Mauro Forghieri, a destra, e il meccanico Giulio Borsari a sinistra.
Pagina a fianco, nell'abitacolo della sua 158 F1, Lorenzo Bandini si confronta con il direttore tecnico Mauro Forghieri, mentre quello sportivo, Eugenio Dragoni si china per ascoltare a sua volta. Il dialogo è forse coperto dal rombo dell'8 cilindri, forse già avviato.

## 1964 ——————————————————————————

*For John Surtees, the 1964 Italian Grand Prix was a key race in the struggle for the World Championship title, one that he could not afford to lose. Assisting the English driver in the pits was the omnipresent Mauro Forghieri, right, and the mechanic Giulio Borsari on the left.*
*Facing page, from the cockpit of his 158 F1, Lorenzo Bandini talks to the technical director Mauro Foghieri, while the sporting director Eugenio Dragoni leans down to listen. The conversation is perhaps being made more difficult by the noise of the eight-cylinder engine, probably already running.*

MENTRE LA BISARCA TRASPORTA LE GRAN TURISMO DEL CAVALLINO CHE SI APPRESTA-
NO A DISPUTARE LA COPPA INTEREUROPA LA MATTINA DEL GRAN PREMIO D'ITALIA,
LA TIFOSERIA ITALIANA ESPRIME A SUO MODO IL PROPRIO DISSENSO NEI CONFRONTI DEL
POTERE SPORTIVO, REO DI AVER NEGATO L'OMOLOGAZIONE FRA LE GT ALLA 250 LE
MANS, DECISIONE CHE SPINGERÀ FERRARI A RESTITUIRE LA LICENZA DI CONCORRENTE
ALLA CSAI E AD ISCRIVERE LE SUE VETTURE ALLE DUE ULTIME PROVE DEL MONDIA-
LE, NEGLI STATI UNITI E IN MESSICO, CON I COLORI BIANCO E BLU DELLA NART,
DELL'IMPORTATORE NORDAMERICANO LUIGI CHINETTI.

INTANTO, NEL GRAN PREMIO D'ITALIA, SURTESS CHIARISCE ANCORA UNA VOLTA A TUT-
TI LE SUE INTENZIONI ANDANDO A VINCERE LA CORSA E PORTANDOSI A SOLI QUATTRO
PUNTI DA GRAHAM HILL, LEADER DEL MONDIALE CON LA BRM. IN MESSICO, ULTIMA
PROVA DEL CAMPIONATO, SARÀ POI SURTEES AD AGGIUDICARSI IL TITOLO IRIDATO.

## 1964

*WHILE THE TRANSPORTER CARRIES THE PRANCING HORSE'S GT CARS ABOUT TO DISPUTE
THE COPPA INTEREUROPA ON THE MORNING OF THE ITALIAN GRAND PRIX, THE ITALIAN
FANS EXPRESS THEIR DISSATISFACTION WITH THE SPORTING AUTHORITIES THAT DENIED
HOMOLOGATION IN THE GT CATEGORY FOR THE 250 LE MANS, A DECISION THAT
PERSUADED FERRARI TO SURRENDER ITS CSAI COMPETITOR'S LICENSE AND TO ENTER
ITS CARS IN THE LAST TWO ROUNDS OF THE WORLD CHAMPIONSHIP IN THE USA AND
MEXICO IN THE WHITE AND BLUE COLOURS OF THE NORTH AMERICA IMPORTER LUIGI
CHINETTI'S NART.*

*IN THE MEANTIME, IN THE ITALIAN GRAND PRIX, SURTEES CLARIFIED ONCE AND FOR ALL
HIS INTENTIONS, WINNING THE RACE AND MOVING TO WITHIN FOUR POINTS OF GRAHAM
HILL, THE CHAMPIONSHIP LEADER WITH BRM. IN MEXICO, THE LAST ROUND OF THE
WORLD CHAMPIONSHIP, IT WAS TO BE SURTEES WHO TOOK THE TITLE.*

# FRANCO GOZZI

## SPALLA DESTRA DEL *DRAKE*

La tessera personale, in altre parole, il "tesserino" di dipendente della SEFAC, Società per azioni Esercizio Fabbrica Automobili e Corse, del Dr. Gozzi Franco, nato a Modena il 29 novembre 1932, alla voce "Data di assunzione" recava il 22/8/1960, giorno in cui il giovane aspirante segretario entrava nell'orbita della Casa di Maranello, attorno alla quale non avrebbe mai smesso di gravitare sino alla fine dei suoi giorni. «*La colpa è del signor Antonio, il barbiere, mio futuro suocero, con la complicità indiretta del dottor Grigni, il notaio. Eravamo verso la fine degli anni Cinquanta e io, fresco di laurea in legge, facevo pratica dal notaio, che aveva lo studio sopra al negozio del barbiere. Il dottor Grigni non mi dava una lira e il tirocinio si prospettava molto lungo, sei o sette anni. E se io ero stufo di lavorare senza guadagnare, il signor Antonio era preoccupato per un futuro genero, io, in mezzo a una strada. La soluzione, a suo avviso, poteva venire solo da lui, il Commendatore, che tutte le mattine si fermava a farsi fare la barba*». Il classico passaparola costituì la molla che permise a Gozzi di entrare in Ferrari per un primo apprendistato già nel 1959, un anno che passa a scrivere e a riscrivere le minute del "capo", da sempre molto attento alla comunicazione, sin dagli anni della Scuderia. Ferrari impiegò poco tempo per capire che Gozzi era il suo uomo, quello attorno al quale costruire, già dal 1960, un vero e proprio ufficio stampa che Gozzi, giorno dopo giorno, fa crescere sapendo sempre interpretare nella maniera più corretta il pensiero, tutt'altro che semplice e scontato, di Enzo Ferrari. Un esempio su tutti. Gli ambitissimi – oggi – annuari della Casa, straordinari strumenti di comunicazione da destinare a fine stagione a clienti, giornalisti e partner tecnici, nei lunghi anni della "gestione Gozzi" conobbero il loro massimo fulgore. Non solo, ma Gozzi fu sempre l'uomo ombra, il burattinaio che organizzava e gestiva le indimenticate conferenze stampa dell'Uomo di Maranello, momenti nei quali Ferrari non perdeva occasione per "pungere" gli amati quanto odiati giornalisti di settore che, di volta in volta, gli si paravano davanti. Ricordava ancora Gozzi «*Si preparava per un anno. Per dodici mesi incassava, nel senso che non reagiva alle varie provocazioni dei giornalisti. Ma io dovevo prendere nota di tutto, sapere tutto di tutti, e quando veniva il gran giorno, ecco che lui si vendicava, sempre con misura ed eleganza: "ma, proprio lei che il tal giorno ha scritto di me…"*».

## THE DRAKE'S RIGHT-HAND MAN

*The personal pass issued by SEFAC, Società per Azioni Esercizio Fabbrica Automobili e Corse to Dr. Gozzi Franco, born at Modena on the 29th of November 1932 showed that he was first employed by the firm on the 22nd of August 1960, the day on which the aspiring young secretary first came within the orbit of the Maranello firm, around which he was to continue to orbit through to the end of his days.* "The blame lies with Signor Antonio, the barber, my future father-in-law, with the indirect complicity of Dr. Grigi, the notary. It was towards the end of the Fifties and I, a recent graduate in law, was doing work experience with the notary, whose offices were above the barber's shop. Dr. Grigni never paid me a Lira and the apprenticeship was likely to be very long, six or seven years. And while I was fed up with working without earning, Signor Antonio was worried about a penniless future son-in-law, me. The solution, as he saw it, could only come from him, the Commendatore, who would call into the shop every morning for a shave." *The classic word of mouth recommendation meant that Gozzi joined Ferrari, firstly as an apprentice, in 1959, spending that first year writing and rewriting the "chief's" minutes, attentive as he was to the issue of communication from the early years of the Scuderia. It did not take long for Ferrari to recognise that Gozzi was his man, the figure around which he could construct from 1960 a true press office that, day-by-day Gozzi developed, successfully interpreting the hardly simple and straightforward thinking of Enzo Ferrari. To take but one example: the company's eagerly sought after – today – annuals, extraordinary channels of communication distributed at the end of the season to clients, journalists and technical partners, were at their peak during the long years of the "Gozzi era". Moreover, Gozzi was always the man in the shadows, the puppet master who organized and managed the unforgettable press conferences for the Man from Maranello, events during which Ferrari never missed an opportunity to "needle" those specialist journalists who would gather before him. As Gozzi again recalled,* 'He prepared for a year. For 12 months he soaked it up, in the sense that he never reacted to the journalists' various provocations. But I had to take note of everything, know everything about everybody, and when the big day came, then he would take his revenge, measured and elegant: 'well, from you who on such and such a day wrote about me…'".

FRANCO GOZZI PARE SEGUIRE – PUR ALLA DEBITA DISTANZA – IL COMMENDATORE, DURANTE UNA SEDUTA DI PROVE A MODENA.

FRANCO GOZZI APPEARS TO FOLLOW, ALBEIT AT A RESPECTFUL DISTANCE, THE COMMENDATORE DURING A TEST SESSION AT MODENA.

Colonna a sinistra, in alto, Gozzi assieme a Lorenzo Bandini e Lodovico Scarfiotti; in basso, al tavolo con Mike Bongiorno ed Enzo Ferrari. Sopra, al centro, con Niki Lauda a Fiorano al suo primo test dopo il tremendo rogo al Nürburgring del 1976 e, a destra, con Jody Scheckter, intervistato da Gino Rancati, il giorno del debutto in pubblico della T4.

A fianco, mentre Michele Alboreto e René Arnoux posano con la 126 C4, Gozzi pare placare gli animi di fotografi e giornalisti. Siamo nel 1984.

---

*Left-hand column, top, Gozzi together with Lorenzo Bandini and Lodovico Scarfiotti; bottom, sitting with Mike Bongiorno and Enzo Ferrari. Above, left, with Niki Lauda at Fiorano for the first test session following the terrible Nürburgring fire in 1976 and, right, with Jody Scheckter, interviewed by Gino Rancati on the day of the public presentation of the T4.*
*Left, while Michele Alboreto and René Arnoux pose with the 126 C4, Gozzi appears to be calming the photographers and journalists. This was in 1984.*

| # FRANCO GOZZI

I sempre delicati ruoli di filtro, di ammortizzatore con l'esterno, di uomo di fiducia e, spesso, anche di confidente, Franco Gozzi li ricopre al meglio sino alla seconda metà degli anni Sessanta quando, come se non bastasse, viene anche investito della carica di Direttore sportivo, dopo aver affiancato in un primo tempo Franco Lini, all'indomani della tragica scomparsa di Lorenzo Bandini a Monaco nel 1967. *«"Non preoccuparti, è solo per questa volta, tanto da tappare il buco. Ho già sottomano uno che va bene, è questione di giorni, porta pazienza". Portai pazienza per tre anni* – sono ancora parole di Gozzi – *'68, '69 e '70»*; tre stagioni intense, quasi impossibili per Gozzi, ma nello stesso tempo, eccezion fatta per la seconda parte del 1970, avare di soddisfazioni. Con l'arrivo di Peter Schetty prima e di Luca Cordero di Montezemolo poi, Gozzi, poté tornare in pianta stabile all'Ufficio stampa attraversando accanto al Drake, anno dopo anno, l'era del binomio Lauda-Regazzoni, la fulgida parabola del giovane Gilles Villeneuve, il ritorno in squadra di un italiano, Michele Alboreto, pilota particolarmente amato ed apprezzato da Ferrari, sino al tramonto e all'uscita di scena, in silenzio, del grande costruttore di Maranello.

Proprio Gozzi sedette ancora al tavolo con Ferrari, il 18 febbraio 1988, quando il Drake, nel giorno del suo novantesimo compleanno, volle tutti i suoi uomini al fianco per un'ultima grande festa all'interno della fabbrica, per ringraziare e salutare ancora una volta tutti. *«Mangiò qualcosina, niente vino, che da tempo gli faceva malissimo, soltanto una lacrima di spumante quando ci fu il brindisi conclusivo. L'atmosfera era festosa, disinvolta, sdrammatizzata volutamente, sebbene aleggiasse in tutti una commozione intensa e la consapevolezza di stare vivendo un momento che non si sarebbe più potuto ripetere. Lui seduto, noi milleottocento tutti in piedi».* Parola di Franco Gozzi, a sua volta scomparso a Modena il 23 aprile 2013.

*Franco Gozzi performed the always delicate roles of the filter, of the damper with respect to the outside world, of the trustee and, frequently also the confidante, to best effect through to the second half of the Sixties when, as if this were not enough, he was also appointed as Sporting Director after firstly having flanked Franco Lini, immediately after the tragic death of Lorenzo Bandini at Monaco in 1967. 'Don't worry, it's just for this time, to plug a gap. I've already got someone in mind, it's a question of days, just be patient." I was patient for three years, '68 ,'69 and '70" said Gozzi, three intense seasons, almost impossible for Gozzi and with the exception of the second half of 1970, singularly unsuccessful. Then with the arrival of firstly Peter Schetty and then Luca Cordero di Montezemolo, Gozzi was able to return permanently to the press office, experiencing alongside the Drake, year-by-year, the Lauda-Regazzoni era, the fulminating career of the young Gilles Villeneuve, the return to the team of an Italian, Michele Alboreto, a driver particularly beloved of and admired by Ferrari, through to the point when the great constructor from Maranello silently took his leave.*

*It was Gozzi who was sitting with Ferrari on the 18th of February 1988, when the Drake, on his 90th birthday, wanted all his men alongside him for a last great celebration in the factory, to thank and salute them all one last time. "He ate very little, no wine, which for some time had been very bad for him, just a drop of spumante when it was time for the final toast. The atmosphere was celebratory, casual, deliberately informal, although everyone was very moved and aware that we were experiencing a moment that could never have been repeated. He was seated, 1,800 of us all standing." The words of Franco Gozzi, who himself passed away in Modena on the 23rd of April 2013.*

Enzo Ferrari, don Sergio Mantovani, il parroco dei piloti, per tutti meglio noto come "don Ruspa", e Lorenzo Bandini, se la ridono in un momento di pausa durante una sessione di prove a Modena, cui assiste anche Mauro Forghieri, primo a destra nella foto in basso, assieme a Bandini, Franco Rocchi e Franco Gozzi.

Pagina a fianco, la 1000 Chilometri di Monza (25 aprile) costituisce il primo importante appuntamento della stagione. Fra le Ferrari iscritte, ufficiali e non, figura anche la 275 P2 (n. 63) di Mike Parkes e Jean Guichet, poi vincitori della corsa. In basso, la Dino 166 P (n. 53), al debutto sulla pista di Monza, di Giancarlo Baghetti e Giampiero Biscaldi.

## 1965

*Enzo Ferrari, don Sergio Mantovani, the drivers' chaplain, better known to all as "don Ruspa" and Lorenzo Bandini laughing during a break in a test session at Modena at which Mauro Forghieri, first right in the bottom photo, was also present together with Bandini, Franco Rocchi e Franco Gozzi.*

*Facing page, the Monza 1000 Km (25 April) was the first major race of the season. Among the works and private Ferraris entered was the 275 P2 (No. 63) of Mike Parkes and Jean Guichet, who went on to win the race. Bottom, the Dino 166 P (No. 53) makes its debut at Monza with Giancarlo Baghetti and Giampiero Biscaldi.*

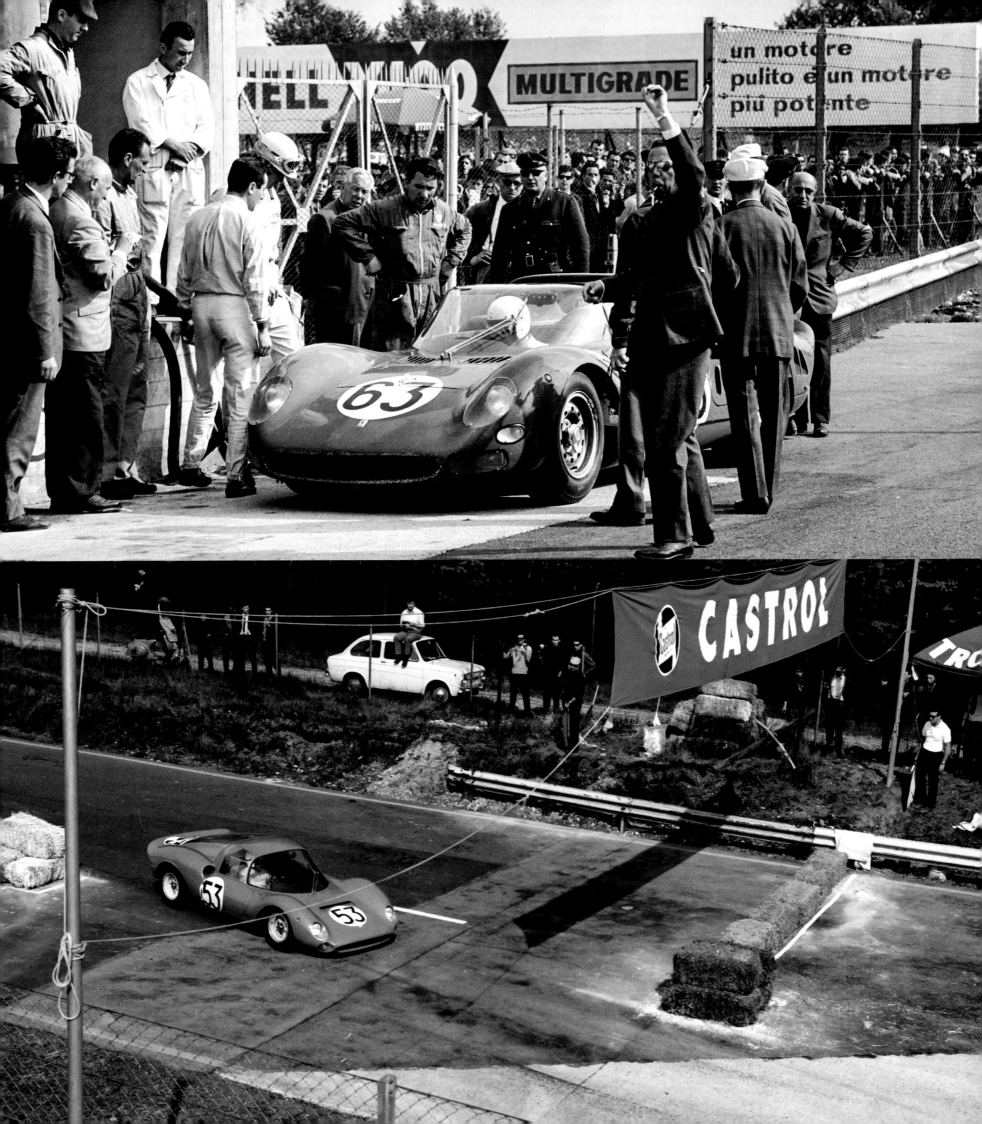

Pagina a fianco, la Ferrari 330 P2 (n. 62) di Vaccarella-Bandini precede alla Parabolica la 275 P2 (n. 63) di Parkes-Guichet.

Altri momenti della Mille Chilometri: John Surtees sfreccia sul rettilineo dei box con la 330 P2 (n. 60) che divide con Lodovico Scarfiotti (poi secondi all'arrivo) mentre, a destra, le altre due Ferrari di Vaccarella-Bandini e Parkes-Guichet lottano fra loro. Alla fine saranno proprio questi ultimi ad aggiudicarsi la gara e a festeggiare sul podio; in basso Parkes parla con Guichet, già senza tuta; accanto a loro, da sinistra, sono Allen Grant e Bob Bondurant, vincitori di Classe GT oltre 3 litri con la Shelby Cobra.

## 1965 —————————————————————

*Facing page, the Ferrari 330 P2 (No. 62) of Vaccarella-Bandini leads the 275 P2 (No. 63) of Parkes-Guichet into the Parabolica.*

*Other moments in the 1000 Km: Surtees speeding along the straight in the 330 P2 (No. 60) which he shared with Lodovico Scarfiotti (finishing second), while on the right, the other two Ferraris of Vaccarella-Bandini and Parkes-Guichet racing each other. It was this last crew that went on to win the race and celebrate on the podium; bottom, Parkes talking to Guichet, already in "civvies". Alongside them, from the left are Allen Grant and Bob Bondurant, winners of the over 3-litre GT class with the Shelby Cobra.*

23 maggio, 1000 Chilometri del Nürburgring. La Ferrari 275 P2 di Jackie Stewart (in piedi a sinistra, accanto alla vettura) e Graham Hill, ritirata al decimo giro dopo aver ottenuto uno splendido secondo tempo in prova.

1965

23 May, the Nürburgring 1000 Km. The Ferrari 275 P2 of Jackie Stewart (standing on the left, next to the car) and Graham Hill, who retired on the 10ᵗʰ lap after setting a fine second fastest time in qualifying.

30 maggio, Gran Premio di Montecarlo. John Surtees, in basso mentre discute con il direttore tecnico Mauro Forghieri, attende di scendere in pista per le prove ufficiali che gli varranno il quinto tempo.

Pagina a fianco, i meccanici del Cavallino "scortano" la 512 F1 di Surtees.

## 1965

*30 May, Monaco Grand Prix. John Surtees, bottom, talking to the technical director Mauro Forghieri before taking to the track for the qualifying session that would see him set the five fastest time.*

*Facing page, the Prancing Horse's mechanics "escort" Surtees's 512 F1.*

IN CORSA, TANTO SURTEES QUANTO BANDINI MOSTRANO DI ESSERE IN GIORNATA. LORENZO CON LA FERRARI N. 17 DA SEMPRE SI TROVA A PROPRIO AGIO SULLE TORTUOSE STRADE DEL PRINCIPATO, DOPO AVER FATTO SEGNARE IL QUARTO TEMPO IN PROVA, È AUTORE DI UNA GARA INCISIVA CHE ALLA FINE LO PORTA SINO SUL SECONDO GRADINO DEL PODIO, ANCHE GRAZIE AL PROBLEMA ACCUSATO DA SURTEES CHE AL PENULTIMO GIRO RESTA SENZA BENZINA QUANDO SI TROVAVA SECONDO DIETRO ALLA BRM DI GRAHAM HILL, PER IL TERZO ANNO CONSECUTIVO INCONTRASTATO RE DI MONTECARLO. L'IMMAGINE IN ALTO DOCUMENTA IL MOMENTO IN CUI LA BRM DI JACKIE STEWART SBANDA NEL CORSO DEL 30° GIRO LASCIANDO LA TESTA DELLA CORSA A LORENZO BANDINI.

## 1965

*BOTH SURTEES AND BANDINI ENJOYED A GOOD RACE. LORENZO IN FERRARI NO. 17 WAS ALWAYS AT HOME ON THE TORTUOUS STREETS OF THE PRINCIPALITY AND AFTER SETTING THE FOURTH FASTEST TIME IN PRACTICE WAS ON FINE FORM IN THE RACE AND FINISHED IN SECOND PLACE, THANKS IN PART TO THE PROBLEM THAT AFFLICTED HIS TEAMMATE SURTEES WHO ON THE PENULTIMATE LAP RAN OUT OF FUEL WHEN LYING SECOND BEHIND THE BRM OF GRAHAM HILL, FOR THE THIRD CONSECUTIVE YEAR THE UNDISPUTED MASTER OF MONTE CARLO. THIS TOP PHOTO DOCUMENTS THE MOMENT IN WHICH JACKIE STEWART'S BRM SKIDDED ON THE 30TH LAP, LEAVING LORENZO BANDINI IN THE LEAD.*

19-20 GIUGNO. LA FERRARI 275 LE MANS DI JOCHEN RINDT E MASTEN GREGORY DURANTE UNA SOSTA AI BOX NELLA 24 ORE DI LE MANS, UNA CORSA DOVE TUTTE LE VETTURE UFFICIALI DEL CAVALLINO NON RIUSCIRANNO A GIUNGERE AL TRAGUARDO E SOLO LA BERLINETTA (N. 21) ISCRITTA DALLA NART RIUSCIRÀ A RISOLLEVARE LE SORTI DI UNA CORSA ALTRIMENTI DISGRAZIATA PER I COLORI ITALIANI.

PAGINA A FIANCO, ALCUNE RARE IMMAGINI SCATTATE DA FRANCO VILLANI DAVANTI AGLI STORICI CANCELLI DELLA FABBRICA DI MARANELLO DA DOVE STA USCENDO PER QUALCHE COLLAUDO SU STRADA UNA 275 GTB, MA SOPRATTUTTO ALL'INTERNO DEL REPARTO CORSE DOVE, COME SEMPRE, FERVONO I LAVORI IN VISTA DEI DIVERSI IMPEGNI AGONISTICI.

## 1965

*19-20 JUNE. THE FERRARI 275 LE MANS OF JOCHEN RINDT AND MASTEN GREGORY DURING A PIT STOP IN THE LE MANS 24 HOURS, A RACE IN WHICH ALL THE PRANCING HORSE'S WORKS CARS FAILED TO REACH THE FINISH AND ONLY THE BERLINETTA (NO. 21) ENTERED BY NART MANAGED TO KEEP THE FLAG FLYING IN AN OTHERWISE DISASTROUS RACE FOR THE ITALIAN TEAM.*

*FACING PAGE, A NUMBER OF RARE IMAGES TAKEN BY FRANCO VILLANI IN FRONT OF THE HISTORIC GATES TO THE MARANELLO FACTORY FROM WHICH A 275 GTB IS EMERGING FOR A ROAD TEST AND ABOVE ALL INSIDE THE RACING DEPARTMENT WHERE, AS EVER, WORK CONTINUED FEVERISHLY IN VIEW OF THE TEAM'S COMMITMENTS TO VARIOUS CATEGORIES.*

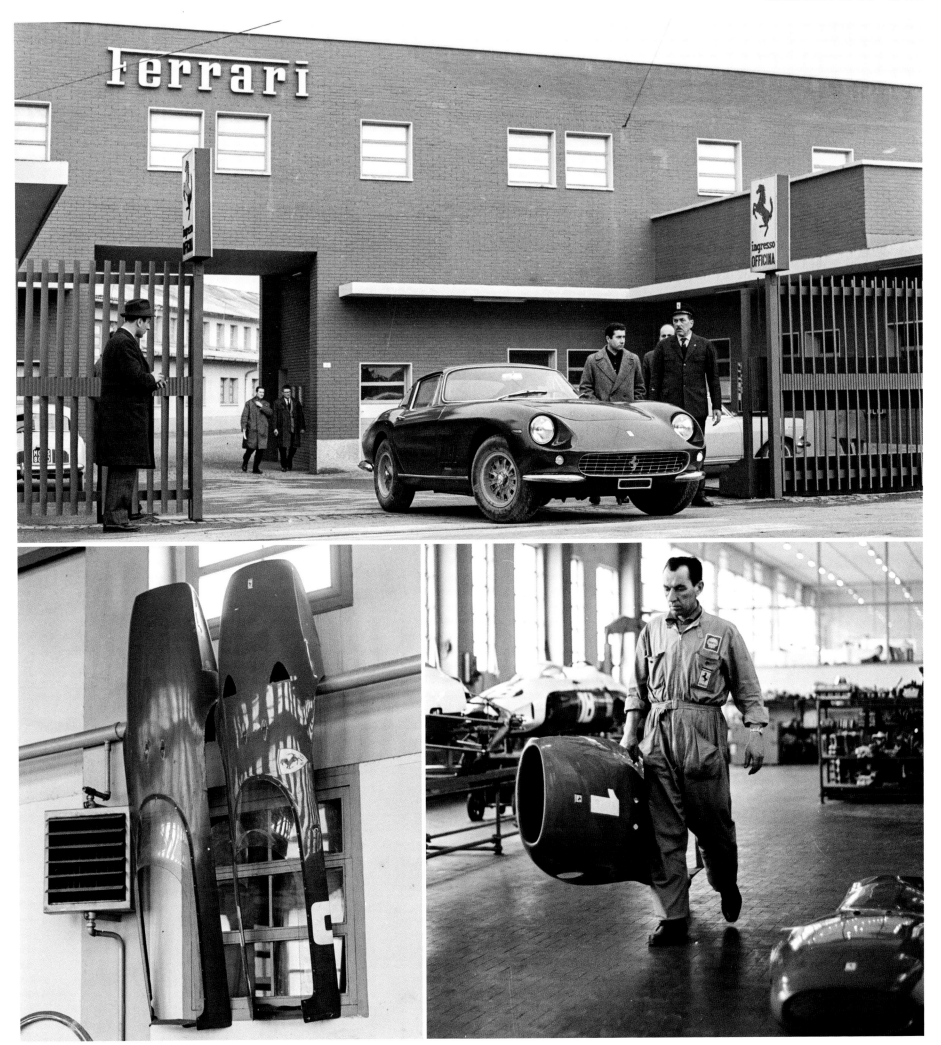

Tolto il Gran Premio di Monaco, tutte le altre prove in calendario sono state appannaggio di Jim Clark e della sua Lotus – binomio sempre più imbattibile e indiscusso padrone del Mondiale – tanto che alla vigilia del Gran Premio d'Italia (12 settembre) i giochi sono già fatti e Jim è per la seconda volta Campione del Mondo. Per la corsa italiana la Ferrari fa in ogni caso le cose in grande portando a Monza svariate monoposto sulle quali, nel corso delle prove, si alternano i vari Surtees (n. 8), Bandini (n. 4) e Nino Vaccarella (n. 6) che proprio per la corsa monzese ha ottenuto una vettura ufficiale. Il dispiegamento di forze è tale che, sempre nelle prove, è anche disponibile una quarta monoposto (n. 2) in veste di muletto.

## 1965

*With the exception of the Monaco Grand Prix, all the other races went to Jim Clark and his Lotus – an increasingly dominant pairing with Clark the undisputed master – and by the eve of the Italian Grand Prix (12 September) the title was his and for the second time, Jim was World Champion. For the Italian race Ferrari nonetheless did things in grand style, taking various single-seaters to Monza that during the course of practice were driven by Surtees (No. 8), Bandini (No. 4) and Nino Vaccarella (No. 6) who had been assigned a works drive for the Monza race. The resources available were such that a fourth car (No. 2) was provided as a mule.*

Nonostante il vasto dispiegamento di uomini e mezzi, la Ferrari raccoglie ben poco in gara, con Surtees fermato al 35° passaggio da problemi alla frizione, Bandini ai piedi del podio con oltre un minuto di distacco dalla BRM del vincitore Jackie Stewart – che proprio a Monza interrompe la lunga sequenza di successi della Lotus di Clark – e Nino Vaccarella classificato al 12° posto dimostrando di sapersi esprimere decisamente meglio al volante delle Sport che sulle monoposto.

## 1965

*Despite the vast deployment of men and machinery, Ferrari got little out of the race, with Surtees out on the 35th lap with clutch problems, Bandini at the foot of the podium over a minute behind the BRM of the winner Jackie Stewart – who at Monza interrupted the long sequence of victories for Lotus and Jim Clark – and Nino Vaccarella who finished in 12th place, showing that he was far more at home in a sports car than a single-seater.*

La tradizionale conferenza stampa di fine anno che Ferrari tiene a Maranello è anche l'occasione per svelare alla stampa la nuova monoposto destinata a disputare il Mondiale di Formula 1 1966: è la 312 F1 equipaggiata da un nuovo 12 cilindri 3 litri di cilindrata, come richiede il nuovo regolamento sportivo emanato dalla Federazione. Sopra a destra, Enzo Ferrari e suoi piloti, Vaccarella, Bandini, Scarfiotti e Parkes brindano alla nuova vettura ma anche ad una stagione, pur avara di soddisfazioni con le monoposto, ma che ha visto ancora una volta le vetture del Cavallino indiscusse protagoniste nelle grandi corse di durata, anche a dispetto di una Ford sempre più minacciosa.

## 1965

*The traditional end of season press conference that Ferrari held at Maranello was an opportunity to present to the press the new car for the 1966 Formula 1 World Championship: this was the 312 F1 equipped with a new three-litre V12, as required by the new sporting regulations introduced by the Federation. Above right, Enzo Ferrari and his drivers, Vaccarella, Bandini, Scarfiotti and Parkes toast the new car as well as a season that while unsuccessful for the single-seater once again saw the cars of the Prancing Horse undisputed protagonists in the great endurance races, despite the increasingly ominous pressure from Ford.*

Pagina a fianco, 25 aprile, in un'edizione della 1000 Chilometri di Monza flagellata dalla pioggia, la 330 P3 di Surtees-Parkes (n. 14) si aggiudica un promettente successo dimostrando che la nuova Sport-Prototipo Ferrari è pronta a raccogliere la sfida lanciata dalla Ford, il colosso americano che nel corso del Mondiale riuscirà finalmente a vincere la 24 Ore aggiudicandosi poi il titolo iridato a fine stagione.

Rieccoci a Montecarlo (22 maggio) – prova d'apertura del Campionato del mondo di Formula 1 – ed ecco ancora una volta Lorenzo Bandini impegnato sulle strade del Principato.

1965

Facing page, 25 April, in an edition of the Monza 1000 Km held in driving rain, the 330 P3 of Surtees-Parkes (No. 14) took an encouraging victory, evidence that Ferrari's new sports prototype was ready to take up the challenge thrown down by Ford, the American colossus that during the course of the World Championship was finally to win the 24 Hours before going to take the title at the end of the season.

The Formula 1 circus was back at Monte Carlo (22 May) for the opening round of the World Championship, with Lorenzo

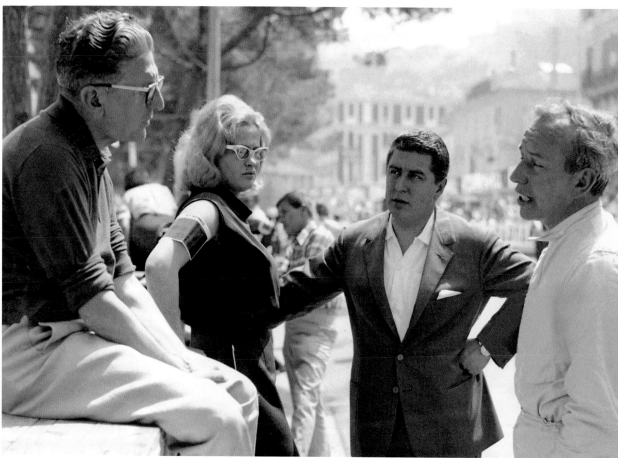

Mentre Lorenzo Bandini "collauda" gli occhiali prima di calarsi nell'abitacolo della sua Ferrari, al muretto box di Montecarlo – sotto gli occhi di tutta la stampa – scoppia un pesante diverbio fra John Surtees e il direttore sportivo Eugenio Dragoni, davanti ad un attonito Franco Gozzi e di sua moglie. Un dissidio che nel volgere di poco tempo esploderà in maniera ancor più marcata portando al licenziamento di Surtees.

Pagina a fianco, i meccanici Ferrari si danno letteralmente… una mano a vicenda…

## 1966

*While Lorenzo Bandini adjusts his goggles before climbing into the cockpit of his Ferrari, on the Monaco pit wall, in full view of the press, a blazing row explodes between John Surtees and the sporting director Eugenio Dragoni before the shocked Franco Gozzi and his wife. A disagreement that was soon to become even fiercer and eventually led to Surtees being dismissed.*

*Facing page, the Ferrari mechanics literally lending one another a hand…*

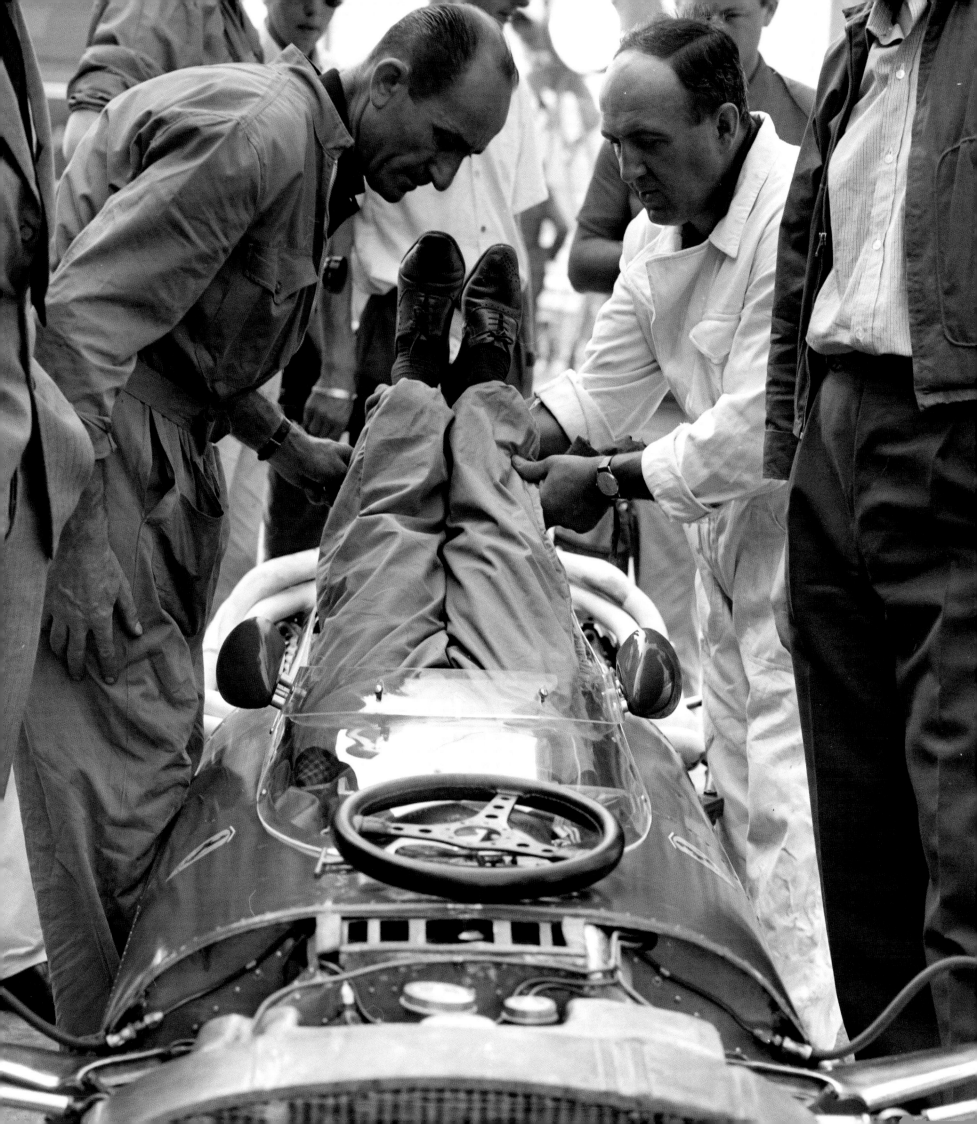

Proprio come nel 1965 sono ancora una volta Bandini (n. 16) e Surtees (n. 17) a difendere i colori del Cavallino a Montecarlo. Il pilota inglese è costretto alla resa per problemi di assetto mentre Bandini finisce di nuovo secondo alle spalle della BRM di Jackie Stewart.

A fianco, ecco Lorenzo mentre riceve il premio dalle mani di Ranieri di Monaco e della Principessa Grace Kelly.

## 1966

*As in 1965, Bandini (No. 16) and Surtees (No. 17) were defending the Prancing Horse's colours at Monte Carlo. The English driver was forced to retire with suspension problems while Bandini again finished in second place behind Jackie Stewart in the BRM.*

*Right, Lorenzo receives his trophy from Prince Rainier of Monaco and Princess Grace Kelly.*

QUANDO JOHN SURTEES PORTA AL SUCCESSO LA 312 F1 NEL
GRAN PREMIO DEL BELGIO A SPA-FRANCORCHAMPS, IL 12 GIUGNO,
LA LETTERA DI LICENZIAMENTO È GIÀ SCRITTA E IL DEFINITIVO
DIVORZIO FRA IL CAMPIONE INGLESE E LA SQUADRA DI MARANELLO
VIENE RIMANDATO ALLA VIGILIA DELLA SUCCESSIVA 24 ORE DI
LE MANS. LA FOTO DI SURTEES CHE ESCE DAI CANCELLI DELLA
FABBRICA DI MARANELLO, PUBBLICATA IN COPERTINA
DA *AUTOSPRINT* È QUANTO MAI ESAUSTIVA…

PAGINA A FIANCO, IL CAMPIONATO DEL MONDO PROSEGUE IN
FRANCIA, SULLA PISTA DI REIMS, DOVE LORENZO BANDINI,
ACCOMPAGNATO DALLA MOGLIE MARGHERITA, RESTA A LUNGO
IN TESTA ALLA GARA PRIMA DI ESSERE TRADITO DAL CAVO
DELL'ACCELERATORE CHE LO LASCIA A PIEDI QUANDO ORMAI
IL SUCCESSO ERA A PORTATA DI MANO. IN ALTO A DESTRA,
FORGHIERI REGOLA IL 6 CILINDRI FERRARI.

### 1966 ———————————————————

*WHEN JOHN SURTEES DROVE THE 312 F1 TO VICTORY IN THE
BELGIAN GRAND PRIX AT SPA-FRANCORCHAMPS ON THE 12TH OF
JUNE, HIS SACKING HAD ALREADY BEEN DECIDED, WITH THE DIVORCE
BETWEEN THE ENGLISH CHAMPION AND THE MARANELLO TEAM BEING
CONFIRMED ON THE EVE OF THE LE MANS 24 HOURS. THE PHOTO OF
SURTEES LEAVING THE MARANELLO FACTORY GATES PUBLISHED ON THE
COVER OF AUTOSPRINT WAS PARTICULARLY ELOQUENT.*

*FACING PAGE, THE WORLD CHAMPIONSHIP CONTINUED IN FRANCE ON
THE REIMS CIRCUIT WHERE LORENZO BANDINI, ACCOMPANIED BY HIS
WIFE MARGHERITA, WAS IN THE LEAD FOR MANY LAPS BEFORE BEING
BETRAYED BY HIS THROTTLE CABLE WHEN VICTORY APPEARED TO BE IN
THE BAG. TOP RIGHT, FORGHIERI ADJUSTS THE SIX-CYLINDER FERRARI.*

# EUGENIO DRAGONI

## TALENT SCOUT E FERVIDO SOSTENITORE DEL "MADE IN ITALY"

## TALENT SCOUT AND FERVID SUPPORTER OF THE "MADE IN ITALY"

*Insieme con Sandro Zafferi, Franco Martinengo e Alberto Della Beffa fondammo la Scuderia Sant'Ambroeus nel 1951. Fu poi la volta della F.I.S.A. nel 1953 insieme ad Enzo Ferrari e al giornalista Giovanni Canestrini. Dal 1951 al 1963 Dragoni fu per me un fratello che mi assisteva nelle corse».* Questo il sintetico ricordo che, diversi anni fa, Elio Zagato diede dell'amico Eugenio Dragoni, milanese, classe 1909, come molti giovani della sua generazione appassionato di automobili tanto da cimentarsi, a livello amatoriale, in alcune gare, salvo poi scoprire la sua vera vocazione, quella di organizzatore e sostenitore di giovani talenti, italiani *in primis*. Questo lo spirito con cui Dragoni diede vita sia alla Sant'Ambroeus sia alla F.I.S.A. (Federazione Italiana Scuderie Automobilistiche): appoggiare, sostenere, anche economicamente, e quindi avviare "ai piani alti" nel mondo delle corse, piloti italiani verso i quali mantenne sempre e comunque una spiccata predilezione. Un esempio su tutti: nel 1961 ottenne da Ferrari una monoposto del Cavallino, una 156 F1, da schierare in corsa proprio con i colori della F.I.S.A., e da affidare ad una giovane promessa, Giancarlo Baghetti, capace di aggiudicarsi prima due gare non valide per il Mondiale, i gran premi di Siracusa e di Napoli, e poi di cogliere la sua prima ed unica vittoria, al debutto nel Campionato del mondo, nel Gran Premio di Francia a Reims.

L'amicizia e la stima del costruttore di Maranello permisero a Dragoni di assumere la carica di direttore sportivo della Scuderia Ferrari nel 1962 portando con sé in squadra un altro giovane talento: Lorenzo Bandini, pilota di indubbie qualità, già vincitore in coppia con Giorgio Scarlatti della 4 Ore di Pescara del 1961, al volante di una Ferrari 250 Testa Rossa iscritta proprio dalla Sant'Ambroeus. La stagione 1962 si rivelò tutt'altro che semplice, almeno nel massimo Campionato, con le ormai superate 156 F1 incapaci di reggere il passo dell'agguerrita concorrenza inglese ma con un giovane direttore tecnico, Mauro Forghieri, alla ricerca di un pronto riscatto con una monoposto concettualmente innovativa, la 156 "Aero" che diverrà la vettura del rilancio nelle mani di Bandini e di John Surtess per il Mondiale 1963. *«C'è una persona che in quei primi anni Sessanta, più di ogni altra, ha contribuito a porre le basi per una dimensione europea e mondiale della squadra corse Ferrari: è il direttore sportivo Eugenio Dragoni, gran signore, grandissimo appassionato di corse, colui che ha proiettato verso il futuro la vecchia mentalità ferrarista».* Parole dello stesso Forghieri

*"*Together with Sandro Zafferi, Franco Martinengo and Alberto Della Beffa we founded the Scuderia Sant'Ambroeus in 1951. Then it was the turn of the F.I.S.A. in 1953, together with Enzo Ferrari and the journalist Giovanni Canestrini. From 1951 to 1963, Dragoni was like a brother to me and assisted me at the races." *This was the brief recollection, which a number of years ago Elio Zagato recounted regarding his friend Eugenio Dragoni from Milan, class of 1909, who like many young men of his generation had a passion for cars and competed at an amateur level in a number of races before discovering his true vocation as an organizer and a supporter of young talent, Italians first and foremost. It was with this spirit that Dragoni created both the Sant'Ambroeus team and the F.I.S.A. (Federazione Italiana Scuderie Automobilistiche): encourage, support, economically and otherwise the young Italian drivers he had a distinct predilection for, launching them on their way to the heights of motorsport. One example in particular: in 1961 he obtained a Prancing Horse single-seater from Ferrari, a 156 F1, to enter in F.I.S.A. colours for the promising young driver Giancarlo Baghetti who actually won firstly two non-championship races, the Siracusa and Naples Grands Prix and then his first and only Formula 1 World Championship victory in the French Grand Prix at Reims.*

*The friendship and respect of the Maranello constructor led to Dragoni being appointed as Sporting Director at the Scuderia Ferrari in 1962, bringing with him to the team another young talent: Lorenzo Bandini, a driver of undoubted quality, a winner with Giorgio Scarlatti of the Pescara 4 Hours in 1961, at the wheel of a Ferrari 250 Testa Rossa entered by the Sant'Ambroeus team. The 1962 season proved to be anything but simple, at least in the Formula 1 Championship, with the by now out-dated 156 F1s unable to match the pace of their English rivals but with a young technical director, Mauro Forghieri, determined to engineer a prompt return with a conceptually innovative car, the 156 "Aero" which was to become the car of the Ferrari renaissance in the hands of Bandini and John Surtees in the 1963 World Championship.* "There is a person who in the early Sixties, more than anyone, contributed to laying the foundations for a European and global dimension to the Ferrari racing team: this is the sporting director Eugenio Dragoni, a great gentleman, A great racing enthusiast, the man who has projected the old Ferrarista mentality into the future."

DRAGONI, CRONOMETRO ALLA MANO, AI BOX CON MAURO FORGHIERI.

*DRAGONI, STOPWATCH IN HAND, IN THE PITS WITH MAURO FORGHIERI.*

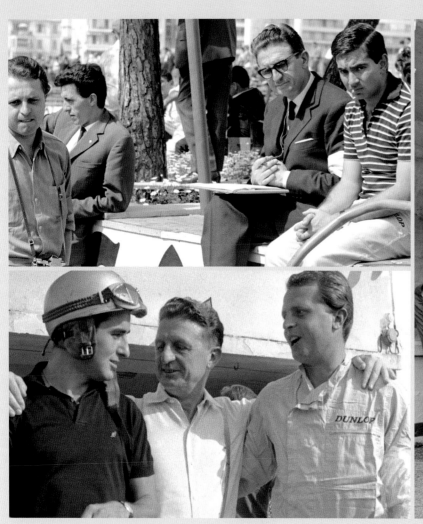

In alto, in senso orario: ai box di Monaco '62, Dragoni è al centro fra Giancarlo Baghetti e Pedro Rodríguez; ai box di Reims, accanto alla 250 P di Mike Parkes, nel 1963; fra le due giovani promesse dell'automobilismo italiano, Baghetti e Bandini.

A fianco, a sinistra, a Modena assieme ad Enzo Ferrari; a destra, a Monza, accanto al celebre fotografo Bernard Cahier, e ad uno dei futuri direttori sportivi Ferrari, il giornalista Franco Lini, con pipa e macchina fotografica al collo.

*TOP, CLOCKWISE: IN THE PITS AT MONACO 1962 AGAIN, DRAGONI IS IN THE CENTRE BETWEEN GIANCARLO BAGHETTI AND PEDRO RODRÍGUEZ; IN THE PITS AT REIMS, ALONGSIDE MIKE PARKES' 250 P IN 1963; BETWEEN THE TWO GREAT HOPES OF ITALIAN MOTOR RACING, BAGHETTI AND BANDINI.*

*FAR LEFT, AT MODENA WITH ENZO FERRARI; LEFT, AT MONZA, ALONGSIDE THE CELEBRATED PHOTOGRAPHER BERNARD CAHIER AND ONE OF THE FUTURE FERRARI SPORTING DIRECTORS, THE JOURNALIST FRANCO LINI, HOLDING A PIPE AND WEARING A CAMERA ROUND HIS NECK.*

che nel triennio 1963-1965 colse sotto la direzione Dragoni un'importante serie di affermazioni: dal mondiale Piloti, con John Surtees, e Costruttori in Formula 1 nel 1964 al Campionato Internazionale Costruttori Gran Turismo oltre 2.000 cc (Gruppo III), già vinto nel 1962 e nuovamente centrato nel 1963-1964, sino al Trofeo Internazionale Prototipi GT fino a 3.000 cc e al Trofeo Internazionale Prototipi GT oltre i 3.000 cc nel 1963, oltre al Campionato europeo della Montagna nel 1965 con Lodovico Scarfiotti, lo stesso pilota che nel 1966 si aggiudicherà il Gran Premio d'Italia a Monza.

Già, il 1966, una stagione nella quale la Scuderia del Cavallino avrebbe potuto proseguire la scia di successi maturati in quei primi, favolosi anni Sessanta, e che invece si risolse in una durissima guerra intestina che vide contrapposti proprio il DS Dragoni e la prima guida Surtees. È ancora Forghieri a fornire una sua versione dei fatti «*Nel 1965 John aveva preso parte ad una gara Can-Am in Canada, alla guida di una Lota T70 con la quale aveva avuto un incidente. Era nota l'amicizia tra John ed Eric Broadley, titolare della Casa inglese, che lo aveva fatto correre in Formula 1 nel 1962*». Quando, dopo mesi di inattività, Surtees fece ritorno a Maranello, ricordava ancora Forghieri «*... il rapporto non è stato più quello di prima. La capacità di guida di John era intatta ma aveva cambiato carattere: meno aperto, più scorbutico. È iniziato così un periodo di dissapori, anche per cose banali. Si diceva che John qualche breve test lo avesse effettuato con la Lola durante i suoi soggiorni in Gran Bretagna e anche che avesse degli interessi nella factory di Broadley*». Alla fine, proprio all'indomani della vittoria del campione inglese nel Gran Premio del Belgio, Ferrari conferma che è tempo di allontanare Surtees da Maranello e, di questo, incarica ovviamente il DS Dragoni che trova il pretesto per il definitivo licenziamento poco prima della 24 Ore di Le Mans di quell'anno.

Alla fine di quel burrascoso 1966 anche Eugenio Dragoni lascerà Maranello per proseguire la sua attività nel mondo delle corse in veste di presidente della Federscuderie, ancora di mentore e direttore sportivo di piloti italiani nell'Europeo di Formula 2 e di commissario di percorso, come quel 25 aprile 1974, alla 1000 Chilometri di Monza, quando un arresto cardiaco pose fine ai suoi giorni.

*The words of Forghieri himself who in the three years 1963-1965 enjoyed remarkable success with Dragoni: the Formula 1 World Championship Drivers' and Constructors' titles with John Surtees in 1964, the over 2000 cc International GT Constructors' title (Group 3) which the Scuderia had already won in 1962 and was clinched in 1963 and 1964 too, the International 3000 cc GT Prototypes title and the over 3000 cc International GT Prototypes Trophy in 1963 and the European Mountain Championship in 1965 with Lodovico Scarfiotti, the driver who was also to win the Italian Grand Prix at Monza in 1966.*

*By 1966, a season in which the Prancing Horse could have continued in the wake of the success enjoyed in the early Swinging Sixties, the team instead became embroiled in a heated internecine war that saw the sporting director Dragoni and the number one driver John Surtees on opposite sides. Forghieri provides his version of the story as follows: 'In 1965 John had raced in a Can-Am race in Canada at the wheel of a Lola T70 and had had an accident. There was a well known friendship between John and Eric Broadley, owner of the British manufacturer, who had given him a Formula 1 drive in 1962'. When after months out of action Surtees returned to Maranello, as Forghieri recalled, 'the relationship was never the same. John's driving talent was still there, but his character was different: less open, more ill-tempered. This led to a period of disputes over even the smallest things. It was said that John had undertaken a few brief test sessions with Lola during the time he spent in England and that he had even invested in Broadley's firm.' In the end, immediately after the English driver's victory in the Belgian Grand Prix, Ferrari confirmed that it was time for Surtees to be shown the door at Maranello, a task that naturally fell to the Sporting Director Dragoni who found a pretext to sack him shortly before that year's Le Mans 24 Hours.*

*Later on in that stormy 1966, Eugenio Dragoni also left Maranello, his career in motorsport continuing as president of Federscuderie and as a mentor and sporting director for Italian drivers in the European Formula 2 series and as track official, a role he was performing on the 25th of April 1974 at the Monza 1000 Kilometres when a heart attack took his life.*

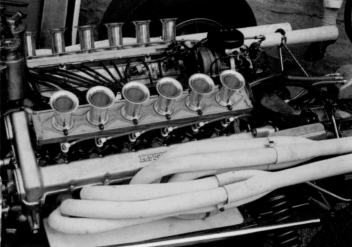

Nell'estate 1966, in agosto, Hollywood sbarca a Monza per le riprese di un film che diverrà nel tempo un autentico cult. *Gran Prix* del regista John Frankenheimer è considerata una pellicola fra le più valide – se non la migliore – fra quelle dedicate al mondo delle corse e alla Formula 1 in particolare. Così, oltre ai piloti, a Monza "girano" anche attori e attrici di prima grandezza: dalla bella Françoise Hardy (a destra) ad Adolfo Celi che nel film interpreta Enzo Ferrari con il nome di Ingegner Manetta (nella foto sopra colto in un faccia a faccia proprio con il costruttore di Maranello).

Pagina a fianco, uno dei protagonisti del film è Yves Montand che nella finzione è il pilota della Ferrari Jean Pierre Sarti, inequivocabile riferimento a John Surtees. Nell'immagine, Montand, curiosamente con il casco di Parkes, scambia alcune battute con Lodovico Scarfiotti. In pedi, in secondo piano con la macchina al collo, il famoso fotografo Bernard Cahier.

## 1966

*In the august of 1966 Hollywood arrived at Monza for the shooting of what was to become a true cult film. Grand Prix by the director John Frankenheimer is still today considered to be one of the finest – if not the very best – film devoted to motorsport and Formula 1 in particular. As well as the drivers, Monza was being "lapped" by actors and actresses of the highest calibre: from the beautiful Françoise Hardy to Adolfo Celi who played Enzo Ferrari in the film as the engineer Manetta (in the photo above seen face to face with the Maranello constructor himself).*

*Facing page, one of the protagonist of the film was Yves Montand, curiously with Parkes' helmet, who played the part of the Ferrari driver Jean Pierre Sarti, an unequivocal reference to John Surtees. In this shot, Montand is talking to Lodovico Scarfiotti. Standing behind with a camera round his neck is the famous photographer Bernard Cahier.*

Riprese del film a parte, il primo weekend di settembre a Monza si fa sul serio e per il Gran Premio d'Italia la Ferrari schiera una 312 F1 per Mike Parkes (n. 4) – nella foto sopra in piedi nell'abitacolo mentre Giulio Borsari fa l'equilibrista – e un'altra per Lorenzo Bandini (n. 2), nella pagina a fianco ai box dove, per le prove ufficiali, è presente anche Enzo Ferrari, di spalle nella foto in basso.

## 1966

*With the film put to one side, the first week in September saw the real thing at Monza with the Italian Grand Prix in which Ferrari entered a 312 F1 for Mike Parkes (No. 4) – in the photo above standing in the cockpit while Giulio Borsari balances – and another for Lorenzo Bandini (No. 2), on the facing page in the pits, with Enzo Ferrari, seen from behind in the bottom photo, present for the qualifying sessions.*

Della compagine Ferrari a Monza, oltre a Mikes Parkes e Lorenzo Bandini intenti a scambiarsi qualche impressione, fa parte anche, all'ultimo momento, Giancarlo Baghetti che si cala nell'abitacolo di una Dino 2,4 litri. Il vincitore del Gran Premio di Francia del 1961 – nella pagina a fianco mentre viaggia fianco a fianco alla Cooper-Maserati di John Surtees – sarà autore di una gara incolore.

## 1966

*As well as Parkes and Bandini, talking together here, Giancarlo Baghetti was a last minute addition to the Ferrari team at Monza and is seen here climbing into a 2.4-litre Dino. The winner of the 1961 French Grand Prix – seen on the facing page running side-by-side with the Cooper-Maserati of John Surtees – was to have an indifferent race.*

Di tono ben diverso rispetto a quella di Baghetti è la domenica del quarto ferrarista al via della corsa, Lodovico Scarfiotti, che al volante della terza 312 F1 ufficiale riporta al successo la Ferrari nel Mondiale ma, soprattutto, sulla pista di casa dove un pilota italiano con una vettura del Cavallino non vinceva dai tempi di Alberto Ascari. Sia Parkes, secondo, che Bandini, ritirato, festeggiano, fatto inusuale, il compagno di squadra sul podio.

## 1966

*Things went much better on the Sunday for the fourth Ferrarista in the race, Lodovico Scarfiotti, who at the wheel of the third works 312 F1 took Ferrari back to the winner's enclosure in the World Championship and what is more on the firm's home track where an Italian driver in one of the Prancing Horse's cars had not won since the time of Alberto Ascari. Both Parkes, second, and Bandini, retired, unusually celebrate with their teammate on the podium.*

Il 25 aprile, come da due anni a questa parte, si corre la 1000 Chilometri di Monza. C'è grande attesa per la Ferrari che ai primi di febbraio ha conquistato una strepitosa tripletta alla 24 Ore di Daytona, con la nuovissima 330 P4 di Bandini-Amon davanti a tutti. Inevitabile che sulla pista lombarda le bellissime Sport del Cavallino siano le favorite. Bandini, a fianco accanto al direttore sportivo Franco Lini, corre di nuovo in coppia con Amon sulla 330 P4 n. 3 (sopra assieme alla Dino 206 S n. 12 di Jonathan Williams-Gunther Klass).

Pagina a fianco, anche Scarfiotti-Parkes hanno a disposizione una 330 P4 (n. 4) che nella foto in basso affianca all'arrivo la 250 LM privata (n. 38) di Pierre De Siebenthal-Antonio Finiguerra.

## 1967

As had been the case for the past two years, the 25ᵗʰ of April saw the running of the Monza 1000 Km. There was great interest around Ferrari, which early in February had recorded a fantastic one-two-three in the Daytona 24 Hours, with the brand-new 330 P4 of Bandini-Amon victorious. Inevitably the Prancing Horse's beautiful sports cars were favourites at Monza too. Bandini, here seen alongside the sporting director Franco Lini, was again paired with Amon in the 330 P4 No. 3 (above together with the Dino 206 S No. 12 of Jonathan Williams-Gunther Klass).

On the facing pages, Scarfiotti and Parkes were also given a 330 P4 (No. 4), which in the bottom photo is seen drawing alongside the private 250 LM (No. 38) of Pierre De Siebenthal-Antonio Finiguerra at the finish..

COME DA PRONOSTICO, LE DUE 330 P4 SI PIAZZANO AI PRIMI DUE POSTI IN CLASSIFICA CON AMON-BANDINI ANCORA UNA VOLTA PRIMI, SEGUITI DAI COMPAGNI DI SQUADRA PARKES-SCARFIOTTI.

PER LORENZO È UN INIZIO D'ANNATA STREPITOSO, TANTO CHE LO STESSO FERRARI VUOLE INCONTRARE E PREMIARE IL SUO PILOTA DI RITORNO DALLA TRASFERTA D'OLTRE-OCEANO. NEL CORTILE DELLA FABBRICA DI MARANELLO, BANDINI, DA SEMPRE GRANDE APPASSIONATO DI AUTOMOBILI E DI MECCANICA, NON PUÒ FARE A MENO DI DARE UN'OCCHIATA ALLE GT FERRARI "IN CONSEGNA", PRONTE AD USCIRE DAI CANCELLI DELLA FABBRICA.

## 1967

*AS EXPECTED, THE TWO 330 P4'S FINISHED FIRST AND SECOND OVERALL WITH AMON-BANDINI ONCE AGAIN TRIUMPHANT, FOLLOWED HOME BY THEIR TEAMMATES PARKES-SCARFIOTTI.*

*FOR LORENZO THIS WAS THE BEGINNING OF A FANTASTIC YEAR AND FERRARI HIMSELF WANTED TO MEET AND REWARD HIS DRIVER ON HIS RETURN FROM THE UNITED STATES. IN THE COURTYARD AT THE MARANELLO WORKS, BANDINI, A GREAT CONNOISSEUR OF FINE CARS AND ENGINEERING, COULD NOT HELP BUT TAKE A LOOK AT THE FERRARI GTs READY FOR DELIVERY AT THE FACTORY GATES.*

Dopo il primo Gran Premio disputato in gennaio in Sudafrica, il Mondiale di Formula 1 sbarca in Europa, a Montecarlo (7 maggio), una pista sulla quale Bandini si è sempre trovato a proprio agio ottenendo negli ultimi due anni altrettanti secondi posti. Come sempre non lascia nulla al caso e durante le prove cura assieme ai meccanici ogni dettaglio. Non basta per ottenere la pole position che è appannaggio dalla Brabham del costruttore australiano, ma la prima fila almeno è sua. Nell'immagine sopra a destra, il celebre fotografo tedesco Rainer Schlegelmilch è intento a ritrarre il campione italiano.

## 1967

*Following the first Grand Prix held in January in South Africa, the Formula 1 World Championship returned to Europe and Monte Carlo (7 May), a track on which Bandini had always been at his ease, twice finishing second in the past two years. As always, nothing was left to chance and during practice he checked every last detail together with the mechanics. It was not sufficient to take pole position, which went to Jack Brabham in his own Brabham, but at least he was on the front row. In the photo above, right the celebrated german photographer Rainer Schlegelmilch intent on portraying the italian champion.*

L'ALTRA FERRARI 312 F1 PRESENTE A MONACO È QUELLA DI CHRIS AMON (N. 20) CHE ALLA FINE DEI 100 GIRI SALIRÀ SUL TERZO GRADINO DEL PODIO. FRATTANTO, DA METÀ GARA IN POI IL DISTACCO DI BANDINI DA DENIS HULME AUMENTA E ANCHE DAI BOX LORENZO APPARE APPANNATO. POI, NEL CORSO DELL'82° GIRO, IL DRAMMA: LA FERRARI N. 18 ESCE DI STRADA ALLA CHICANE DEL PORTO E, IN BREVE, SI TRASFORMA IN UNA PALLA DI FUOCO.

LORENZO, PRIVO DI SENSI, RESTA IMPRIGIONATO NELL'ABITACOLO. I SOCCORSI NON MIGLIORANO LA SITUAZIONE... ANZI. BANDINI SPIRERÀ TRE GIORNI PIÙ TARDI, IL 10 MAGGIO 1967, ALL'OSPEDALE DI MONACO.

## 1967

*THE SECOND FERRARI 312 F1 PRESENT AT MONACO WAS DRIVEN BY CHRIS AMON (NO. 20) WHO BY THE END OF THE 100 LAPS HAD RISEN TO THIRD PLACE. IN THE MEANTIME, FROM MID-WAY THROUGH THE RACE THE GAP BETWEEN BANDINI AND DENIS HULME INCREASED AND THE VIEW FROM THE PITS WAS THAT LORENZO WAS STRUGGLING. THEN ON THE 82ND LAP CAME THE DRAMATIC INCIDENT WITH THE FERRARI NO. 18 CRASHING AT THE HARBOUR CHICANE AND INSTANTLY TRANSFORMING INTO A BALL OF FIRE.*

*LORENZO WAS UNCONSCIOUS AND TRAPPED IN THE COCKPIT. THE RESCUE SERVICES DID NOTHING TO HELP... QUITE THE CONTRARY. BANDINI PASSED AWAY THREE DAYS LATER, ON THE 10TH OF MAY 1967, AT THE HOSPITAL IN MONACO.*

ALLA 24 ORE DI LE MANS VA IN SCENA UN ALTRO APPUNTAMENTO DELLA TITANICA LOTTA FRA LA FORD E LA FERRARI. LE VETTURE AMERICANE RIESCONO DI NUOVO A PREVALERE MA LA 300 P4 DI PARKES-SCARFIOTTI È COMUNQUE SECONDA FRA MILLE POLEMICHE LEGATE AL CATTIVO FUNZIONAMENTO DEL CRONOMETRAGGIO UFFICIALE CHE AVREBBE PENALIZZATO LA VETTURA ITALIANA.

SOTTO E ALLA PAGINA A FIANCO, DI BEN ALTRO TONO SONO LE PRESTAZIONI DELLA FERRARI A MONZA DOVE IL 10 SETTEMBRE SI CORRE IL GRAN PREMIO D'ITALIA. AMON CON L'UNICA 312 F1 AL VIA SI CLASSIFICA AL 7° POSTO A 4 GIRI DAL VINCITORE JOHN SURTEES SULLA HONDA.

## 1967

*THE LE MANS 24 HOURS SAW ANOTHER INSTALMENT OF THE TITANIC BATTLE BETWEEN FORD AND FERRARI. THE AMERICAN CARS PREVAILED ONCE AGAIN, BUT THE 300 P4 OF PARKES-SCARFIOTTI NONETHELESS FINISHED SECOND AMIDST A SLEW OF PROTESTS OVER THE SUBSTANDARD OFFICIAL TIMING THAT WAS FELT TO HAVE PENALISED THE ITALIAN CAR.*

*BELOW AND FACING PAGE, FERRARI'S PERFORMANCE AT MONZA IN THE ITALIAN GRAND PRIX ON THE 10TH OF SEPTEMBER WAS OF A VERY DIFFERENT CALIBRE. AMON IN THE SOLE 312 F1 TO START THE RACE FINISHED IN 7TH PLACE, FOUR LAPS DOWN ON THE WINNER JOHN SURTEES IN THE HONDA.*

PAGINA A FIANCO, IL NUOVO CAMPIONATO DEL MONDO INIZIA IL PRIMO GIORNO DELL'ANNO IN SUDAFRICA E JIM CLARK SI AGGIUDICA LA CORSA. OLTRE QUATTRO MESI PIÙ TARDI, QUANDO IL MONDIALE APPRODA IN EUROPA, A JARAMA (12 MAGGIO), JIM NON C'È GIÀ PIÙ, SCOMPARSO IN UN INCIDENTE IL 7 APRILE DURANTE IL GRAN PREMIO DI F2 A HOCKENHEIM.

IN SPAGNA POTREBBE ESSERE LA VOLTA BUONA DI CHRIS AMON CHE, PARTITO DALLA PRIMA FILA, PRENDE BEN PRESTO IL COMANDO DELLA CORSA, VI RESTA PER PARECCHI GIRI, MA QUANDO NULLA PARE PIÙ SEPARARLO DALLA VITTORIA, LA SUA FERRARI 312 F1 SI AMMUTOLISCE PER COLPA… DI UN FUSIBILE.

SOPRA, IN QUELLO SCORCIO DI ANNI SESSANTA LE PRESENZE DEL GIOVANE PIERO LARDI FERRARI IN FABBRICA SI FANNO SEMPRE PIÙ FREQUENTI, DOVE INIZIA A SEGUIRE DA VICINO ANCHE L'ATTIVITÀ DEL REPARTO CORSE.

## 1968

*FACING PAGE, THE NEW WORLD CHAMPIONSHIP GOT UNDERWAY ON THE FIRST DAY OF THE YEAR IN SOUTH AFRICA, WITH JIM CLARK WINNING THE RACE. OVER FOUR MONTHS LATER, WHEN THE F1 CIRCUS ARRIVED IN EUROPE AT JARAMA (12 MAY), JIM WAS NO LONGER WITH US, HAVING BEEN KILLED IN A CRASH ON THE 7TH OF APRIL DURING THE F2 GRAND PRIX AT HOCKENHEIM.*

*IN SPAIN THINGS WERE LOOKING GOOD FOR CHRIS AMON WHO HAVING STARTED FROM THE FRONT ROW SOON MOVED INTO THE LEAD AND REMAINED THERE FOR MANY LAPS; JUST WHEN IT SEEMED NOTHING COULD PREVENT HIM FROM GOING ON TO WIN THE RACE, HIS FERRARI 312 F1 FELL TERMINALLY SILENT THANKS TO… A FUSE.*

*ABOVE, IN THAT PERIOD OF THE 1960S, THE YOUNG PIERO LARDI FERRARI WAS AN INCREASINGLY FREQUENT PRESENCE IN THE FACTORY WHERE HE ALSO BEGAN TO TAKE A KEEN INTEREST IN THE RACING DEPARTMENT.*

Pagina a fianco, l'unico acuto di una stagione sportiva altrimenti da dimenticare è quello del neo-ferrarista Jacky Ickx nel Gran Premio di Francia a Rouen (7 luglio) dove si aggiudica la corsa sotto una pioggia battente.

Sopra, il compagno di squadra Chris Amon prosegue un Campionato costellato di problemi. Fa eccezione il Gran Premio d'Inghilterra a Brands Hatch (20 luglio) dove il pilota neozelandese sale sul secondo gradino del podio.

## 1968

*Facing page, the sole highlight of an otherwise foregttable sporting season was provided by the neo-Ferrarista Jackie Ickx in the French Grand Prix at Rouen (7 July) where he won the race in teaming rain.*

*Above, his teammate Chris Amon's season was punctuated by a series of problems. The British Grand Prix at Brands Hatch (20 July) was an exception in which the New Zealander finished on the second step of the podium.*

Sopra, qualche soddisfazione arriva quell'anno dalla Formula 2, altro fronte che vede impegnata la Casa di Maranello. Proprio in chiusura di stagione, "Tino" Brambilla si impone sia nel Gran Premio del Baden-Württemberg a Hockenheim sia nella gara conclusiva a Vallelunga.

Pagina a fianco, in quella stagione molti piloti si sono alternati, sia in gare ufficiali che in semplici prove, sulla monoposto di Formula 2. A metà aprile anche il pluricampione del mondo di motociclismo Mike Hailwood, ha svolto una giornata di test a Modena. Eccolo mentre, sotto l'attento sguardo di un giovane Piero ferrari, esce dai box.

## 1968

Above, some degree of success was obtained that year in Formula 2, another championship in which the Maranello firm was involved. At the end of the season, "Tino" Brambilla won both the Baden-Württemberg Grand Prix at Hockenheim and the final race at Vallelunga.

Facing page, numerous drivers alternated at the wheel of the Formula 2 cars that season, both in official races and in test sessions. In mid-April the multiple motorcycling world champion Mike Hailwood also spent a day testing at Modena. Here he leaving the pits under the attentive gaze of the young Piero Ferrari.

Quell'anno la Ferrari schiera a Monza tre monoposto rispettivamente per Derek Bell (n. 7), ritratto sotto, Jacky Ickx (n. 8) e Chris Amon (n. 9) che parte, fra l'altro, dalla prima fila. Di questi tre soltanto Ickx vedrà la bandiera a scacchi giungendo terzo mentre gli altri due piloti sono costretti alla resa già durante le prime fasi di gara.

## 1968

*That year Ferrari entered three cars at Monza for Derek Bell (No. 7), seen below, Jackie Ickx (No. 8) and Chris Amon (No. 9), this last starting from the front row. Of the three, only Ickx was to take the chequered flag, finishing third, while the other two were forced to retire early in the race.*

Quasi alla fine del primo giro, alla Parabolica, Amon (N. 9) riesce a prendere il comando ma la sua corsa si chiude poche tornate dopo quando esce di pista a Lesmo finendo in mezzo alle piante. Lui è incolume ma, vista la dinamica dell'incidente, le conseguenze sarebbero potute essere ben più gravi.

Pagina a fianco, Ickx lanciato verso il terzo posto finale. Sul podio, assieme al vincitore Denis Hulme c'è anche la giovane vedova di Lorenzo Bandini, Margherita Freddi.

### 1968 ——————————————————

*Towards the end of the first lap, at the Parabolica, Amon (No. 9) managed to take the lead but his race was over a few laps later when he crashed into the scenery at Lesmo. He was unhurt, but the accident could easily have had far more serious consequences.*

*Facing page, Ickx on his way to third place. On the podium, together with the winner Denis Hulme was the young widow of Lorenzo Bandini, Margherita Freddi.*

Dicembre 1968. La tradizionale conferenza stampa che Enzo Ferrari tiene a chiusura della stagione e che quell'anno si svolge nei saloni del Real Fini di Modena, è anche l'occasione per svelare ai giornalisti il nuovo prototipo con il quale la Casa del Cavallino si appresta a tornare in forma ufficiale nel Mondiale Marche dopo un anno di assenza. La sua sigla è 312 P. A destra di Enzo Ferrari, al tavolo dei conferenzieri, siede Giovanni Canestrini, storica firma del giornalismo sportivo motoristico italiano e fra gli artefici della Mille Miglia.

Pagina a fianco, sotto, l'ingegner Mauro Forghieri osserva la vettura assieme ai piloti Derek Bell, Chris Amon e al capo ufficio stampa e… *factotum* Franco Gozzi.

## 1968

*December 1968. The traditional press conference held by Enzo Ferrari at the end of the season took place that year at the Real Fini in Modena and was also an opportunity to present to the press the new prototype with which the Prancing Horse would be returning to the World Championship for Marques with a works team after a year's absence. It was designated as the 312 P. To the right of Enzo Ferrari at the conference table is Giovanni Canestrini, a historic Italian motorsport journalists and one of the artificers of the Mille Miglia.*

*Facing page, in the bottom photo, the engineer Mauro Forghieri observes the car with the drivers Derek Bell and Chris Amon and the chief press officer and "gofer" Franco Gozzi.*

PAGINA A FIANCO, 25 APRILE, 1000 CHILOMETRI DI MONZA. IL PUBBLICO ITALIANO ASPETTA DI VEDERE ALL'OPERA, SULLA PISTA DI CASA, LE 312 P CHE LA FERRARI AFFIDA AGLI EQUIPAGGI AMON-ANDRETTI (N. 1), NELL'IMMAGINE IN ALTO ASSIEME A FRANCO GOZZI, E RODRÍGUEZ-SCHETTY (N. 2), QUESTI ULTIMI RIPRESI ALL'INGRESSO DELLA PARABOLICA DAVANTI ALLA PORSCHE 908L (N. 4) DEI FUTURI VINCITORI SIFFERT-REDMAN. NESSUNA DELLE DUE FERRARI RIUSCIRÀ PURTROPPO A CONCLUDERE LA GARA.

A FIANCO, CHRIS AMON CON L'UNICA FERRARI AL VIA NEL GRAN PREMIO DI SPAGNA A BARCELLONA (4 MAGGIO) È AUTORE DI UNA CORSA GENEROSA CHE, COME ACCADE TROPPO SPESSO, SI CONCLUDE CON UN MESTO RITIRO QUANDO SI TROVAVA DAVANTI. NELL'IMMAGINE IN ALTO LA 312 F1 DEL NEOZELANDESE STA PER PASSARE IN PIENA VELOCITÀ ACCANTO AI ROTTAMI DELLA LOTUS DI GRAHAM HILL USCITO ROVINOSAMENTE DI PISTA, PER FORTUNA SENZA CONSEGUENZE FISICHE. NON ALTRETTANTO BENE ANDRÀ ALL'ALTRO PILOTA LOTUS JOCHEN RINDT CHE, USCITO NELLO STESSO PUNTO, FINIRÀ CONTRO I ROTTAMI DELLA LOTUS DI HILL. RISULTATO: LA VETTURA SI ROVESCIA E L'AUSTRIACO RIPORTA LA FRATTURA DEL SETTO NASALE.

## 1969

*FACING PAGE, 25 APRIL, MONZA 1000 KM. THE ITALIAN CROWD IS EAGER TO SEE THE 312 P'S IN ACTION ON THEIR HOME TRACK, FERRARI ENTRUSTING THE CARS TO AMON-ANDRETTI (NO. 1), IN THE TOP PHOTO TOGETHER WITH FRANCO GOZZI, AND RODRÍGUEZ-SCHETTY (NO. 2), THIS LAST CAR SEEN UNDER BRAKING FOR THE PARABOLICA AHEAD OF THE PORSCHE 908L (NO. 4) OF THE WINNERS SIFFERT AND REDMAN. UNFORTUNATELY, NEITHER OF THE FERRARIS MANAGED TO FINISH THE RACE.*

*RIGHT, CHRIS AMON WITH THE ONLY FERRARI TO START THE SPANISH GRAND PRIX IN BARCELONA (4 MAY) PUT IN A STERLING PERFORMANCE BUT AS HAPPENED ALL TOO OFTEN HE WAS FORCED TO RETIRE WHILE LEADING THE RACE. IN THE TOP PHOTO, THE NEW ZEALANDER IN THE SPEEDING 312 F1 IS ABOUT TO PASS THE WRECKAGE OF GRAHAM HILL'S LOTUS WHICH HAD CRASHED HEAVILY, FORTUNATELY WITHOUT CONSEQUENCES FOR THE DRIVER. THINGS DID NOT GO SO WELL FOR THE OTHER LOTUS DRIVER JOCHEN RINDT WHO, CRASHING AT THE SAME POINT, PLOUGHED INTO HILL'S LOTUS. THE AUSTRIAN'S CAR OVERTURNED AND HE SUFFERED A BROKEN NOSE.*

Pagina a fianco, a Montecarlo (18 maggio) la Ferrari affida al solito Chris Amon una monoposto che sfoggia una vistosa appendice aerodinamica che funge da carenatura per una parte della meccanica. Il risultato non cambia: Amon, che pure era scattato dalla prima fila, deve ancora una volta arrendersi per problemi alla trasmissione.

Sopra, la musica non cambia neppure in Francia, a Clermont-Ferrand, dove di nuovo il neozelandese non vede la bandiera a scacchi.

## 1969

*Facing page, at Monaco (18 May), Ferrari entrusted the faithful Chris Amon with a car boasting a conspicuous aerodynamic appendage that acted as a fairing for part of the mechanical assembly. The result was no different: Amon had started from the front row but was once again forced to retire, this time with transmission trouble.*

*Above, there was nothing new in France at Clermont-Ferrand either, with the New Zealander again failing to see the chequered flag.*

Pagina a fianco, 7 settembre, Monza. Un pilota italiano potrebbe disputare il Gran Premio nazionale su una Ferrari. La Casa di Maranello offre quest'opportunità a Tino Brambilla che però ringrazia e declina l'invito ritenendo la vettura scarsamente competitiva e non volendo sfigurare – lui Monzese doc – davanti al suo pubblico. Ai box, durante le prove, scambia anche alcune battute con il "campionissimo" delle due ruote, Giacomo Agostini, mentre, a sinistra, nei test di qualche settimana prima si era impegnato addirittura anche come... saldatore.

Il "Tino", come è chiamato nell'ambiente, cede la tuta a Pedro Rodríguez, foto sotto, che però non riesce a far meglio del dodicesimo tempo in prova per poi chiudere la corsa con un modesto sesto posto a due giri da Jackie Stewart, vincitore con la Matra.

In alto, una foto davvero d'altri tempi: il van che porta le gomme ai box altro non è che una Fiat 128 targata Napoli...

## 1969

*Facing page, 7 September Monza. An Italian had the opportunity to dispute his home Grand Prix in a Ferrari. The firm from Maranello offered a drive to Tino Brambilla; however he politely declined the invitation feeling that the car was uncompetitive and not wanting to show himself up in front of his home crowd. In the pits, during practice, he is seen chatting with the motorcycling great, Giacomo Agostini, while, left, in testing a few weeks later he was even put to work as... a welder.*

*"Tino" as he was known in motor racing circles, handed his car to Pedro Rodríguez qualified with the 12th fastest time before finishing the race in a modest 6th place, two laps down on the winner Jackie Stewart in the Matra.*

*Top, truly a photo from a bygone age: the van taking the tyres to the pits is a modest Fiat 128 with Naples plate...*

# 1970 – 1979

## DALLA B ALLA T, UN DECENNIO TRIONFALE
*FROM B TO T, A TRIUMPHANT DECADE*

In estrema sintesi tre lettere scandiscono la storia Ferrari negli anni Settanta: la B, da sola o unita alla P, e la T. In concreto, B, "PB" e T, sempre accoppiate al numero 312 che, secondo tradizione, sta per 3 litri - 12 cilindri, sono le sigle di altrettante vetture che da un lato segnano la fine dell'avventura della Casa del Cavallino nel Mondiale Marche e dall'altra determinano il ritorno ad alti livelli in Formula 1 dopo alcune stagioni realmente difficili.

Regazzoni, per tutti "Clay", impiegò poco tempo per diventare beniamino dei tifosi del Cavallino.

*Regazzoni, universally known as "Clay", soon became a favourite of the fans of the Prancing Horse.*

Emblematico in tal senso era stato il 1969 con Chris Amon e l'ormai vetusta 312 F1 che arrancavano in un Campionato costellato di ritiri talvolta al limite del ridicolo, una situazione che a stagione ancora in corso ha portato il neozelandese a lasciare la Casa di Maranello. Note altrettanto negative giungono dalle corse di durata dove le pur bellissime 312 P con carrozzeria aperta o chiusa possono ben poco contro le imbattibili Porsche nelle differenti declinazioni, fatta eccezione per un paio di secondi posti a Sebring e Spa. Questo quadro sconfortante non sfugge a Ferrari che affida il riscatto ad un manipolo di uomini guidati dall'ingegner Mauro Forghieri; questo gruppo lavora attorno ad una monoposto concettualmente inedita che avrà nel motore V12 a cilindri contrapposti – anch'esso di nuova concezione – la propria arma vincente. La 312 B, questa la sigla della vettura, presenta elementi di interesse anche per quanto riguarda telaio, sospensioni e gruppi radianti ma come tutti i progetti innovativi ha bisogno di tempo per maturare. Una ventata di aria nuova si ha anche sul fronte dei piloti. A quella "talentuosa peste" del belga Jackie Ickx, che torna a Maranello dopo una breve parentesi in Brabham, Ferrari affianca due giovani promesse: l'italiano Ignazio Giunti e lo svizzero, ma italianissimo in quanto a temperamento, Gian Claudio Regazzoni che ben presto diverrà per tutti semplicemente "Clay". Nel 1970 i frutti del duro lavoro portato avanti da Forghieri e dal suo staff iniziano a vedersi nel Gran Premio di Germania, perso per un niente da Ickx che si riscatta prontamente a Zeltweg dove vince davanti al compagno Regazzoni. Quest'ultimo conquista la folla di Monza andando a trionfare in un memorabile Gran Premio d'Italia segnato purtroppo dalla tragica scomparsa, durante le prove del sabato, del leader di classifica Jochen Rindt, estratto in fin di vita dai rottami della sua fragile Lotus dopo un terribile schianto alla Parabolica. In ciò che resta della

To put it very simply, three letters spelled out Ferrari history in the 1970s: B, alone or together with a P, and T. So, B, PB and T, always associated with the number 312 which, in the best Ferrari traditions, stood for three litres, twelve cylinders, were the designations given to cars that on the one hand marked the end of the Prancing Horse's involvement in the World Championship for Marques and on the other ensured a return to the highest levels in Formula 1 after a number of particularly difficult seasons.

Emblematic in this sense was 1969 with Chris Amon and the now ageing 312 F1 that struggled in a championship marred by retirements that at times verged on the ridiculous, a situation that led to the New Zealander leaving the team before the end of the season. The news from the endurance races was little better, the beautiful 312 P's with open or closed bodywork struggling against the unbeatable Porsches in their various forms, the only high points being a pair of second place finishes at Sebring and Spa. This disconcerting situation hardly escaped Ferrari's attention and in search of improvement he turned to a handful of men led by the engineer Mauro Forghieri; this group worked on a conceptually innovative single-seater that was to be powered by a horizontally opposed 12-cylinder engine, its secret weapon. The 312 B as the car was designated, also presented a number of interesting features regarding the chassis, the suspension and the radiators, but like all innovative projects it needed time to mature. There was also a breath of fresh air in terms of the drivers. Ferrari flanked his "talented pest", the Belgian Jackie Ickx, who was back at Maranello after a brief sojourn with Brabham, with two promising youngsters: the Italian Ignazio Giunti and the temperamentally very Italian Swiss, Gian Claudio Regazzoni, soon to become known simply as "Clay". All the hard work put in by Forghieri and his staff began to pay off in the 1970 German Grand Prix, with Ickx a whisker away from winning, and at Zeltweg where the Belgian triumphed ahead of his teammate Regazzoni. The Swiss driver conquered the Monza crowd by winning a memorable Italian Grand Prix. The race was unfortunately marked by the tragic death in practice on the Saturday of the championship leader Jochen Rindt, pulled from the wreckage of his fragile Lotus after a terrible crash at the Parabolica. In what remained of the season, the 312 B won again and both Ickx and

# 1970-1979

## DALLA B ALLA T, UN DECENNIO TRIONFALE
### FROM B TO T, A TRIUMPHANT DECADE

stagione la 312 B vince ancora e sia Ickx che Regazzoni raccolgono punti preziosi, ma non sufficienti per sottrarre a Rindt la corona iridata che gli viene assegnata alla memoria.

La sfida con la Porsche era frattanto proseguita nel Mondiale Marche dove le 512 S riescono ad imporsi soltanto a Sebring lasciando di nuovo l'iride alle vetture di Stoccarda.

Due episodi di segno completamente opposto segnano l'inizio della stagione 1971: il 10 gennaio Ignazio Giunti perde la vita in un assurdo incidente durante lo svolgimento della 1000 Chilometri di Buenos Aires al volante della 312 "PB", la nuova vettura realizzata, sempre dal vulcanico Forghieri, cui la Ferrari affida le proprie sorti nel Mondiale Marche accanto alle 512 M schierate soltanto da scuderie private.

Il 6 marzo Mario Andretti vince il Gran Premio inaugurale del Mondiale di Formula 1 in Sudafrica, ma questo successo non è tuttavia preludio ad una stagione positiva, anzi. Già a Barcellona, seconda prova del Mondiale, la vittoria va alla Tyrrell di Jackie Stewart che, da quel momento, diventa il pilota da battere. Non basta il successo di Ickx in Olanda a risollevare le sorti di un Campionato irto di difficoltà. A Monza i tifosi esausti non risparmiano fischi allo stesso Ferrari giunto in autodromo per assistere alle prove e neppure l'ordine perentorio, impartito proprio dallo stesso Ferrari, di sostituire sulle monoposto in crisi di gomme le coperture Firestone con le Goodyear serve a cambiare il corso di un weekend disgraziato che si conclude con un doppio e mesto ritiro in gara. Il vaso è colmo e, al rientro a Maranello, Ferrari esilia Forghieri sostituendolo con l'ingegner Alessandro Colombo.

In compenso, nel Campionato del Mondo Sport e Prototipi la 312 "PB" mostra enormi potenzialità che diventeranno realtà nel 1972. Nel corso della nuova stagione, le agili e veloci Sport del Cavallino s'impongono in tutte le prove iridate cui prendono parte, tornando a vincere anche una "classica" come la Targa Florio con la "PB" affidata ad Arturo Merzario e Sandro Munari; il Mondiale Marche ritrova così la strada di Maranello dopo un digiuno che durava dal 1967.

Nel Campionato del Mondo di Formula 1, alla luce della sola vittoria conquistata da Ickx nel Gran Premio di Germania con la 312 B2, appare a molti ormai chiaro un dato che Ferrari sembra non cogliere, o meglio, preferisce far finta di non vedere: il prezioso supporto economico garantito dalla Fiat non può più essere disperso con la partecipazione ad una pluralità di campionati in giro per il mondo. Le risorse tecniche e umane devono essere impiegate in maniera più moderna e razionale; oggi più di ieri è necessario concentrare tutti gli sforzi su un unico fronte. E quel fronte, all'alba degli anni Settanta, non può che essere la Formula 1.

Regazzoni scored precious points, but not sufficient to prevent Rindt being crowned Formula 1's first posthumous World Champion.

Ferrari's duel with Porsche had in the meantime continued in the World Championship for Marques where the 512 S scored its sole victory at Sebring and the cars from Stuttgart taking the title again.

Two contrasting episodes marked the opening of the 1971 season: on the 10th of January Ignazio Giunti was killed in an absurd accident during the Buenos Aires 1000 Km at the wheel of the 312 PB, the new car built by the volcanic Forghieri on which Ferrari counted in the World Championship for Marques alongside the 512 M's entered by the private teams.

On the 6th of March, Mario Andretti won the opening Grand Prix of the Formula 1 World Championship in South Africa, but this proved to be something of a false dawn. At Barcelona in the second round, victory went to Jackie Stewart in the Tyrrell and from then on the Scot became the driver to beat. Ickx's victory in the Netherlands was not sufficient to revive Ferrari's fortunes in what was a problematic season. At Monza, the disgruntled *tifosi* even whistled at Enzo Ferrari himself, present at the autodromo for the practice sessions and not even his order to replace the Firestone covers with Goodyears on the cars struggling with tyre problems changed the course of a weekend that concluded with a dismal dual retirement. This was the proverbial stick that broke the camel's back and with the team back at Maranello, Ferrari exiled Forghieri and replaced him with Ing. Alessandro Colombo.

In recompense, in the World Championship for Sports Cars and Prototypes, the 312 PB displayed enormous potential that was to be fully realised in 1972.

During the course of the new season, the Prancing Horse's fast, agile sports cars won all the World Championship races they were entered for, returning to victory in the classic Targa Florio with the PB entrusted to Arturo Merzario and Sandro Munari; the World Championship for Marques consequently returned to Maranello for the first time since 1967.

In the Formula 1 World Championship, in the light of the sole victory obtained by Ickx in the German Grand Prix with the 312 B2, something that Ferrari seemed not to see or perhaps preferred to pretend not to see appeared clear to many: the precious economic support guaranteed by Fiat could no longer be squandered with participation in multiple championships around the world. The technical and human resources had to be employed in a more modern and rational fashion; it had become even more necessary than ever to focus the team's efforts on a single objective. And at the dawn of the 1970s, that objective could only be Formula 1.

Nel massimo Campionato lo spazio per l'improvvisazione si sta assottigliando con i team inglesi che, grazie al supporto di sponsor sempre meno "affini" al mondo delle corse, possono ora investire capitali più importanti. La figura stessa del pilota si sta evolvendo e ai "factotum" che passavano con disinvoltura fra monoposto e ruote coperte, una domenica sì... e l'altra anche, si stanno sostituendo veri "professionisti del volante" come Jackie Stewart o Emerson Fittipaldi. Tutto questo è ormai lampante e non resta che prenderne atto.

Dopo un ventennio di ben più che onorato servizio nelle grandi gare di durata, alla fine del 1973 – un'annata in cui le Ferrari s'impongono ancora nelle 1000 Chilometri di Monza e del Nürburgring – la Casa di Maranello medita l'uscita dal Mondiale Marche. Il dado è tratto a valle di una stagione che, ancora una volta, ha dimostrato come l'impegno su più fronti sia ormai divenuto realmente insostenibile. Arriva di riflesso, ad inizio 1974, l'annuncio di concentrare tutte le risorse solo con le monoposto del Mondiale dove, l'anno prima, la casella delle vittorie era rimasta vuota. Inoltre i nuovi vertici tecnici sono allo sbando ed anche la decisione di Alessandro Colombo di far progettare in Inghilterra i telai delle diverse B3, che nel corso dell'anno nascono come funghi – secondo il vecchio e presunto andante che in quest'ambito gli inglesi sono più bravi – si rivela fallimentare.

In realtà, già durante quella tremenda stagione Enzo Ferrari, tornato saldamente al comando della gestione sportiva dopo un periodo in cui era stato lontano dall'ufficio per problemi di salute, getta le basi per il riscatto. Per prima cosa restituisce a Forghieri, il "suo" ingegnere prediletto, pieni poteri chiedendogli di migliorare per quanto possibile la B3 in attesa di una monoposto totalmente nuova. Importanti novità si hanno anche a capo della gestione sportiva, dove arriva un certo Luca Cordero di Montezemolo, un giovane ben visto negli ambienti Fiat. Non ultimo, per quanto riguarda i piloti, Ferrari "richiama" un fedelissimo come Clay Regazzoni che porta in dote un giovane austriaco, suo compagno di squadra alla BRM, che ha mostrato grandi doti al volante. Il suo nome è Andreas Nikolaus "Niki" Lauda.

In Argentina, prima prova del Mondiale 1974, il neo ferrarista sale subito sul secondo gradino del podio davanti al compagno di squadra; ancora due corse ed è già tempo di cogliere il primo successo iridato, a Jarama in Spagna, per poi ripetersi meno di due mesi dopo in Olanda.

La 312 "PB", dominatrice incontrastata del Mondiale Marche 1972, in gara con Ronnie Peterson.
*The 312 PB, the undisputed dominator of the 1972 World Championship for Marques, duelling with Ronnie Peterson.*

In the blue ribbon championship, room for improvisation was shrinking with the British teams that, thanks to the support of sponsors ever more remote from the world of racing, could invest increasingly significant capital sums. The figure of the driver was also evolving and the "all-rounders" who would happily switch between a single-seater and a sports car from one Sunday to the next were being replaced by specialist professionals such as Jackie Stewart and Emerson Fittipaldi. This was by now obvious and all that remained was for Ferrari to take action. After a remarkably successful 20-year career in endurance racing, at the end of 1973 – a year in which the Ferraris again won the Monza and Nürburgring 1000 Km races – Maranello pondered the question of withdrawing from the World Championship for Marques. Things had come to a head at the end of a season that, once again, had shown commitments on multiple fronts had become truly unsustainable. As a consequence, early in 1974 came the announcement that all of Ferrari's resources were to be devoted to the single-seaters in the Formula 1 World Championship in which the previous season the team had failed to secure a single victory. Moreover, there was a lack of focus among the new technical directors and the decision taken by Alessandro Colombo to have the chassis of the B3, of which numerous versions appeared during the year, designed in England – on the basis of the presumption that the British were the best in this field – proved to be a failure.

In reality, during that disappointing season Enzo Ferrari, now back in complete control of the sporting direction after a period in which he had been absent due to health problems, had been laying the foundations for the firm's redemption.

Firstly, he restored full powers to Forghieri, "his" favourite engineer, asking him to improve the B3 as much as possible ahead of the introduction of an all-new car. There were also important changes at the head of the competition department with the arrival of a certain Luca Cordero di Montezemolo, a young man well thought of among the powers that be at Fiat. Last but not least, with regards to the drivers, Ferrari recalled one of his former favourites, Clay Regazzoni, who brought with him a young Austrian, his teammate at BRM, who had shown great promise. His name was Andreas Nikolaus "Niki" Lauda.

In Argentina, the first round of the 1974 World Championship, that young Austrian was on the second step of the podium ahead of his

# 1970-1979

## DALLA B ALLA T, UN DECENNIO TRIONFALE
*FROM B TO T, A TRIUMPHANT DECADE*

All'indomani del Gran Premio di Francia i piloti del Cavallino comandano così la classifica: Lauda ha 36 punti, Regazzoni 32 ma, dopo una vittoria capolavoro al Nürburgring, è proprio il ticinese a portarsi in testa al Mondiale. Alla vigilia dell'ultima prova Emerson Fittipaldi e la sua McLaren azzerano il *gap* dal ferrarista raggiungendolo in vetta alla classifica. Tutto si deciderà al Watkins Glen dove Clay, dopo una gara calvario, chiude con un anonimo 11° posto e addio sogni di gloria.

Al rientro in Italia, chi si aspettava una sfuriata del "Grande Vecchio" rimase deluso. Se da un lato Ferrari sapeva che l'occasione di riportare a Maranello quel titolo mondiale che mancava da dieci anni era andata perduta, dall'altro era perfettamente conscio delle enormi potenzialità di uomini e mezzi, ad iniziare dalla nuova monoposto siglata 312 T, con quella lettera che indicava il cambio in posizione trasversale. Una soluzione ottimale destinata a migliorare baricentro, ripartizione dei pesi e stabilità complessiva, che ben presto si sarebbe rivelata vincente.

Nelle due prime gare del Mondiale 1975 le "vecchie" B3, schierate in attesa che la nuova T sia matura, mostrano di aver perso tutto il loro smalto ed i due piloti devono accontentarsi di modesti piazzamenti. Chi non è più disposto ad attendere è invece Ferrari che pretende l'esordio della 312 T già nel Gran Premio del Sudafrica dove però la vettura mostra di non essere ancora pronta. Nelle settimane successive sia Clay che Niki macinano chilometri a Fiorano, ed il primo concreto risultato di tanti sforzi arriva il 13 aprile a Silverstone, in una corsa non valida per il Mondiale, vinta da Lauda. Nel successivo Gran Premio di Spagna, segnato dal tragico incidente occorso alla Lola di Rolf Stommelen nel quale quattro persone trovano la morte, la gara delle due 312 T finisce poche centinaia di metri dopo il via. A guardare la fredda matematica, la stagione 1975 parrebbe quanto mai in salita ma tanto i piloti quanto la squadra restano ben consci delle loro potenzialità. Non a caso i successivi Gran Premi di Monaco, Belgio e Svezia coincidono con altrettante vittorie di Lauda e della 312 T. Non pago, l'austriaco ottiene un secondo posto in Olanda, un'altra vittoria in Francia per poi salire sul terzo gradino del podio in Germania. Nel giorno in cui Clay Regazzoni ripete a Monza l'impresa di cinque anni prima vincendo la gara, a Niki basta un terzo posto per laurearsi Campione del Mondo. Undici anni dopo il titolo Piloti torna finalmente a Maranello; poi, come se non bastasse, anche la successiva ultima prova del Mondiale negli Stati Uniti è appannaggio del binomio Lauda-Ferrari che suggellano così una stagione da incorniciare.

Formula 1 a parte, il 1975 è anche l'anno in cui al Salone dell'Automobile di Parigi appare un'autentica pietra miliare nella storia delle

teammate; another two races and he had won his first World Championship victory at Jarama in Spain, repeating the feat less than two months later in Holland. Following the French Grand Prix the Prancing Horse's drivers led the championship with Lauda on 36 points and Regazzoni on 32, but after a masterful victory at the Nürburgring it was the Swiss driver who moved into the lead. On the eve of the last round, Emerson Fittipaldi and his McLaren had closed the gap on the Ferrari driver, joining him at the top of the standings. The decider came at Watkins Glen where Clay, after a gruelling race, finished in an anonymous 11th placed and waved goodbye to his dreams of glory.

On his return to Italy, those who expected a tirade from the "Old Man" were disappointed. While on the one hand Ferrari knew that the chance of bringing back to Maranello that title that had been absent for 10 years had been lost, on the other he was well aware of the enormous potential he had in terms of men and machinery, beginning with the new car known as the 312 T, with that letter indicating the transverse gearbox. An optimal configuration designed to improve the centre of gravity, the weight distribution and the overall stability that soon proved its worth.

In the first two rounds of the 1975 World Championship the "old" B3's, raced until the new T was ready, proved to have lost all their shine and the two drivers had to settle for modest placings. Ferrari instead was no longer willing to wait and demanded that the 312 T should make its debut in the South African Grand Prix although it was clearly not ready. Over the following weeks both Clay and Niki clocked up the kilometres at Fiorano and the first concrete rewards for their efforts came on the 13th of April at Silverstone in a non-championship race won by Lauda. In the following Spanish Grand Prix, marked by the tragic accident involving Rolf Stommelen in the Lola in which four people were killed, the two 312 T's race was over just a few hundred metres after the start. Looking at the cold statistics, the 1975 season might have appeared to have been compromised, but the drivers were well aware of their potential. It was no coincidence that in the following Monaco, Belgian and Swedish Grands Prix saw three victories for Lauda and the 312 T. The Austrian also finished second in Holland, won again in France and then took third place in the German Grand Prix. On the day in which Clay Regazzoni repeated at Monza his feat of five years earlier, winning the race, Niki required just a third place to be crowned World Champion. After 11 years the Drivers' title finally returned to Maranello; as if that was not enough, the last round of the World Championship in the United States was won by the Lauda-Ferrari partnership, setting the seal on a memorable season.

stradali del Cavallino: la 308 GTB, prima berlinetta Ferrari a montare il motore 8 cilindri a V in posizione posteriore-trasversale. Le linee eleganti e grintose firmate da Pininfarina faranno scuola per molti anni, tanto che la 308 sarà la capostipite di una fortunata, quanto longeva, famiglia di automobili che contribuiscono a traghettare la Ferrari verso una dimensione definitivamente industriale con volumi di produzione mai visti in precedenza.

Provare a sintetizzare l'annata 1976 è compito quanto mai ingrato tante sono le storie, e le vicende, che si sono susseguite in quella stagione iniziata in modo trionfale per la Ferrari con tre vittorie consecutive del neo-iridato Lauda e dal suo compagno di squadra Regazzoni, entrambi ancora al volante della vecchia e gloriosa 312 T. L'austriaco mette a segno un uno-due ad Interlagos e Kyalami mentre "Rega" fa suo il Gran Premio di Long Beach.

La 312 T2, al debutto nel Gran Premio di Spagna, si rivela subito degna erede della T. Con Lauda lotta contro la McLaren di James Hunt, pilota velocissimo che ha già dimostrato grandi qualità l'anno prima con la Hesketh. L'inglese vince la corsa ma la sua vettura viene trovata irregolare e dunque squalificata. Vittoria e punti vanno a Lauda, almeno per il momento.

Altrettanto rosea in quel momento è la vita privata del campione austriaco che in marzo ha sposato la bella Marlene Knaus, una modella sua connazionale per la quale Niki inizia a sobbarcarsi frequenti puntate a Ibiza dove la giovane coppia ha fissato il proprio "buon ritiro".

Nulla di nuovo sotto il sole neppure nei successivi gran premi del Belgio e di Monaco dove il binomio Ferrari-Lauda impone la propria legge consolidando la *leadership* nel Campionato. Ad Anderstorp, in Svezia, Niki non vince ma sale sul terzo gradino del podio; poi in Francia qualcosa inizia a scricchiolare. Qualcosa nei motori delle 312 T2, che vanno in fumo lasciando a piedi entrambi i piloti. Il peggio va in scena in Inghilterra dove Lauda e Regazzoni "fanno autoscontro" a pochi metri dalla partenza in una carambola che vede coinvolte altre vetture e che costringe ad un secondo via. Alcuni piloti – Hunt e Regazzoni compresi – si ripresentano con il muletto, operazione non consentita dal regolamento, ma mentre il ticinese viene comunque squalificato dai commissari pochi giri prima dal ritiro per motivi tecnici, Hunt vince la corsa *sub judice* con Lauda alle sue spalle. Ferrari presenta reclamo ma ai suoi

Regazzoni-Lauda, l'accoppiata per eccellenza degli anni Settanta.
*Regazzoni-Lauda, the Ferrari pairing par excellence in the Seventies.*

Aside from Formula 1, 1975 was also the year in which the Paris Motor Show saw the presentation of a true milestone in the history of the Prancing Horse's road cars: the 308 GTB, the first Ferrari coupé with its V8 engine in a rear-transverse location. Pininfarina's elegant, aggressive lines were to be trend-setting for many years and the 308 was to be the forebear of a successful and particularly long-lived family of cars that helped drag Ferrari towards definitive industrialisation and previously unheard of production volumes.

Trying to summarise the 1976 season is particularly difficult given the number of stories and episodes that followed one another in a year that began triumphantly for Ferrari with three consecutive victories for the reigning champion Lauda and his teammate Regazzoni, both still at the wheel of the old and glorious 312 T. The Austrian sealed a one-two at Interlagos and Kyalami while "Rega" took the Long Beach Grand Prix.

The 312 T2, which debuted in the Spanish Grand Prix, immediately proved to be a worthy heir to the T as Lauda duelled with the McLaren of James Hunt, an extremely fast driver who had given ample demonstration of his talent the previous year with Hesketh. The Englishman won the race but his car was found to be illegal and he was disqualified. Victory and the points went to Lauda, at the least for the moment.

The Austrian champion's private life was equally rosy as in March he had married the beautiful Marlene Knaus, an Austrian model with whom Niki began to travel frequently to Ibiza where the young couple had established their hideaway.

There was nothing new under the sun in the following Belgian and Monaco Grands Prix in which Lauda in the Ferrari dictated terms and consolidated his leadership in the championship. At Anderstorp in Sweden Niki did not win but still finished on the third step of the podium; then in France things began to fall apart. Specifically something in the engines of the 312 T2's, which left both drivers walking back to the pits. It was even worse at Brands Hatch where Lauda and Regazzoni collided a few metres from the start in a pile-up that saw other cars involved and a restart ordered. A number of drivers – Hunt and Regazzoni included – lined up for the restart with the T-car, which was not permitted by the regulations, but while the Swiss driver was disqualified by the race officials a few laps before retiring with technical problems, Hunt won the race *sub judice* ahead

occhi alcune cose appaiono ormai chiare: a) le sue vetture si possono anche rompere; b) al di la delle apparenze, gli equilibri all'interno della squadra sono tutt'altro che idilliaci; c) il peso politico della Casa di Maranello non è più quello di un tempo, visto che la Federazione Internazionale decide di restituire ad Hunt e alla McLaren la vittoria in Spagna sottraendo altri punti a Niki ed alla Ferrari stessa.

Malgrado tutto, alla vigilia del Gran Premio di Germania, Lauda conserva un ampio margine di vantaggio in classifica ma poi accade l'irreparabile. Nel corso del secondo giro sul terribile anello del Nürburgring, iniziato con il tracciato ancora bagnato in diversi punti, la 312 T2 di Niki esce di pista e quando, ridotta ormai ad un rottame, ritrova l'asfalto è una palla di fuoco con il pilota imprigionato fra le fiamme. In mondovisione quei minuti paiono eterni. Alcuni piloti – primo fra tutti Arturo Merzario che non esita a gettarsi nel fuoco – si adoperano per slacciare le cinture di Niki strappandolo da quell'inferno. Dopo vari tentativi riescono nel loro ammirevole intento ma il bilancio è comunque pesante. Dall'ospedale di Mannheim, dove il campione è stato trasportato, le notizie si susseguono sempre più inquietanti: Niki ha riportato terribili ustioni al volto ma quel che è peggio sono le condizioni dei suoi polmoni, per troppo tempo esposti a gas e fumi incandescenti. Non ci sono speranze e, anche se ve ne fossero, la carriera di Lauda pilota è comunque finita. Questo è quello che si legge sui titoli dei giornali all'indomani del Gran Premio di Germania, ma Niki la pensa diversamente: il suo fisico inizia a reagire, la sua volontà anche. Frattanto, dal suo eremo di Maranello, Ferrari pensa già al futuro e oltre aver deciso di disertare il Gran Premio d'Austria, dove Regazzoni avrebbe comunque potuto rubare punti preziosi ad Hunt, anziché restare... in poltrona, cerca di individuare qualcuno che possa sostituire il campione austriaco. Per alterne ragioni Ferrari non riesce a concludere né con Emerson Fittipaldi né con Ronnie Peterson ma poi, ad appena tre settimane dal tragico incidente, Niki annuncia clamorosamente il suo rientro, forse a Mosport il 3 ottobre per il Gran Premio del Canada. Ferrari prende atto ma continua a cercare trovando alla fine un possibile sostituto in Carlos Reutemann, pilota argentino – non nuovo a Maranello per aver corso con le 312 "PB" il Mondiale Marche 1973 – che incontra ai primi di settembre "scritturandolo" per il Gran Premio d'Italia dove però... ci sarà anche Niki che, nel frattempo, ha deciso di stringere i tempi e di rientrare per difendere il titolo iridato così come il suo ruolo in squadra, ruolo che vede vacillare. La gara di casa avrà così tre Ferrari al via: due per i piloti titolari e una per il neo assunto Reutemann. Niki, con ancora le ferite fresche sul volto, porta a casa un epico quarto posto, tanto più prezioso visto che a Monza Hunt è costretto al ritiro. Non solo, ma sul finire di settembre, la Federazione accoglie il reclamo della

of Lauda. Ferrari protested but certain truths were now clear: a) his cars were not infallible; b) despite appearances to the contrary the dynamics within the team were anything but idyllic; c) the political weight wielded by Maranello was not what it had been given that the FIA decided to restore victory in Spain to Hunt and McLaren, subtracting further points from Niki and Ferrari.

On the eve of the German Grand Prix, Lauda nonetheless retained a comfortable lead in the championship standings before the unthinkable happened. On the second lap of the fearsome Nürburgring circuit, with the track still wet at various points, Niki's 312 T2 crashed, the blazing wreckage being thrown back onto the asphalt with the driver trapped in the flames. On live television those minutes appeared an eternity. A number of drivers – first and foremost Arturo Merzario who had no hesitation in throwing himself at the fire – worked to undo Niki's belts and pull him from the inferno. After numerous attempts they succeeded but the consequences were still devastating. The news filtering through from the hospital in Mannheim to which Lauda had been taken was increasingly bleak: Niki had dreadful burns to his face but even greater cause for concern was given by the conditions of his lungs which been exposed to incandescent gases and smoke. There was no hope, and even had there been Lauda's career as a driver was clearly over. This what we read in the newspaper reports following the German Grand Prix, but Niki though otherwise: his body began to react, and so did his iron will. In the meantime, from his retreat at Maranello, Ferrari began to plan for the future and as well as having deserted the Austrian Grand Prix in which Regazzoni might have been able to take precious points out of Hunt instead of remaining on the sidelines, he tried to identify someone who could replace the Austrian champion. For various reasons Ferrari was able to sign neither Emerson Fittipaldi nor Ronnie Peterson but then, just three weeks after the tragic accident, Niki dramatically announced that he would be coming back, perhaps at Mosport on the 3rd of October for the Canadian Grand Prix. Ferrari took note but continued his search, finally coming up with a possible replacement in the form of the Argentine driver Carlos Reutemann, who had already driven the 312 PB in the World Championship for Marques in 1973 and who was signed up for the Italian Grand Prix where, however, Niki was also to be present having decided to accelerate his return in order to try to defend his title and his place in the team which he saw as under threat. Three Ferraris thus started the firm's home race: two for the regular drivers and one for the new entry, Reutemann. Niki, with the burns still fresh on his face, finished in an epic fourth place, all the more precious given that Hunt was forced to retire at Monza. Moreover, towards the end of September, the FIA

Ferrari e toglie definitivamente Hunt dalla classifica del Gran Premio d'Inghilterra assegnando la vittoria a Niki. Per il redivivo Lauda, a questo punto, il secondo titolo Piloti consecutivo è decisamente più vicino.

Ma in questa storia, che pare scritta da un consumato romanziere, le sorprese non sono ancora finite: nelle restanti gare del Mondiale le 312 T2 sembrano appannarsi mentre la McLaren M23 decisamente "in palla" permette ad Hunt di vincere sia in Canada che negli Stati Uniti portandosi a soli tre punti da Lauda. Il Campionato si decide in Giappone nel debuttante circuito, per il Mondiale di Formula 1, posto alle pendici del vulcano Fujiyama. È l'ultima prova del Mondiale dove, in una corsa che non si sarebbe dovuta disputare per le terribili condizioni meteo al momento del via, con acqua da tutte le parti e visibilità a zero, Lauda non ha paura di avere paura. Rientrato ai box già alla fine del secondo giro dice chiaramente a meccanici e tecnici che in quelle condizioni non se la sente di proseguire. Forghieri suggerisce di trovare una scusa ad uso della stampa, sostenendo ad esempio un guasto elettrico ma Niki è irremovibile: il mondo deve sapere che è l'uomo ad aver detto no, rinunciando a lottare per il titolo iridato.

Hunt nel frattempo, anche grazie all'aiuto delle sorti e di scelte discutibili, agguanta quel terzo posto che gli serve per laurearsi Campione del Mondo con un solo punto di vantaggio sul rivale. Dopo alcuni giorni di silenzio nei rapporti, finalmente Ferrari e il suo pilota si parlano al telefono e, almeno a parole, s'intendono. Ferrari è comprensivo e Lauda mostra di apprezzare, ma in realtà il rapporto partito tre anni prima inizia a rompersi proprio in quel momento e la stagione 1977 lo dimostrerà.

L'ennesima evoluzione della 312, sempre denominata T2, si rivela non più competitiva come nel 1976 anche se già in Brasile permette a Reutemann di aggiudicarsi la gara con Lauda sul terzo gradino del podio; l'austriaco si rifà prontamente in Sudafrica vincendo la corsa. Ma il clima in squadra è cambiato: Lauda e Forghieri sono come il cane con il gatto, i due piloti spesso si ignorano per l'intero week-end, manca un uomo di riferimento capace di "fare squadra" come era stato Montezemolo, e la 312 T2 viaggia a corrente alternata. Tuttavia, a stagione inoltrata, Lauda continua a vincere. Gli riesce in Germania, sulla pista di Hockenheim, e Olanda, consolidando la propria posizione di leader della classifica iridata.

Niki Lauda e la 312 T volano verso il Mondiale 1975.
*Niki Lauda and 312 T flying toward the 1975 title.*

accepted Ferrari's appeal and definitively removed Hunt from the British Grand Prix standings, assigning the win to Niki. For the reborn Lauda, at this point his second consecutive Drivers' title was very much closer.

However, there were still twists to this tale worthy of a best-selling thriller: in the remaining World Championship races the 312 T2's appeared to fade while the fully-sorted McLaren M23 allowed Hunt to win both the Canadian and the United States Grands Prix, closing the gap on Lauda to just four points. The title was to be decided in Japan, with the Formula 1 Grand Prix being held for the first time on the circuit at the foot of the Fujiyama volcano. This was the last round of the championship in which, in a race that should never have been disputed given the terrible weather conditions, with standing water all over the track and zero visibility, Lauda was not afraid to be afraid. Returning to the pits at the end of the second lap he openly told the mechanics and the directors that he felt unable to continue in those conditions. Forghieri suggested finding an excuse for the press, suggesting for example an electrical fault, but Niki was irremovable: the world had to know that he was the man who said no, foregoing the chance to fight for the title.

Hunt in the meantime, thanks in part to luck and certain controversial decisions, grabbed the third place he needed to be crowned World Champion just a single point ahead of his rival. After a few days' silence, Ferrari and his driver finally spoke by telephone and settled things at least verbally. While Ferrari was understanding and Lauda showed his appreciation, in reality the relationship established three years earlier had been compromised, as the 1977 season was to show.

The latest evolution of the 312, still known as the T2, was no longer as competitive as in 1976 even though it carried Reutemann to victory in Brazil, with Lauda finishing third; the Austrian soon made amends with a win in South Africa. The atmosphere around the team had changed however: Lauda and Forghieri were at each other's throats, the two drivers frequently ignored one another throughout the weekend, there was no one like Montezemolo to pull the team together and the 312 T2 was blowing hot and cold. Nonetheless, as the season unfolded Lauda continued to win. His victories at Hockenheim in Germany and in Holland consolidated his position at the top of the championship standings. And yet, at the start of the Italian

# 1970-1979

## DALLA B ALLA T, UN DECENNIO TRIONFALE
### FROM B TO T, A TRIUMPHANT DECADE

Eppure, al via del Gran Premio d'Italia, Niki è già a tutti gli effetti un "ex" ferrarista. Il definitivo strappo fra lui e Ferrari si è consumato il 29 agosto durante un faccia a faccia a Modena, nei vecchi uffici della Scuderia. Ferrari pensa che si debba soltanto discutere di rinnovo ma Niki chiarisce subito le cose dicendogli che non è più intenzionato a correre per la Casa del Cavallino: non ha più la motivazione e, soprattutto, ha bisogno di aria e volti nuovi. I toni dei comunicati ufficiali sono quelli di una separazione consensuale ma quel giorno, a Modena, le urla di Ferrari si sentirono fino in strada. Non a caso, dopo essersi laureato matematicamente Campione del Mondo con il quarto posto nel Gran Premio degli Stati Uniti, Lauda abbandona anzitempo la squadra senza neppure disputare le ultime due prove del Mondiale.

In quegli stessi locali in cui si era consumato il divorzio fra Enzo Ferrari e Niki Lauda, il 27 settembre un giovane pilota canadese, che si è fatto le ossa correndo in motoslitta sulle nevi di casa e che ha alle spalle una sola partecipazione in Formula 1, firma un contratto che lo lega alla Ferrari per la stagione 1978. Il suo nome è Gilles Villeneuve e per il "Grande Vecchio", che a febbraio compirà ottant'anni, rappresenta l'ennesima scommessa dalla vita, proprio come, anni prima, aveva fatto puntando sul giovane Lauda. È vero che di questo ragazzo gli hanno parlato bene in molti ad iniziare da Walter Wolf e da un fidatissimo "ex" ferrarista come Chris Amon, ma a parte questo del piccolo canadese si sa poco o nulla. Poco importa perché quando "Sua Maestà" Lauda decide di non correre in Canada proprio a Gilles tocca calarsi in veste di pilota ufficiale nell'abitacolo della 312 T2. Un debutto incolore non gli permette di guadagnarsi i titoli dei giornali, cosa che invece gli riesce perfettamente all'indomani del Gran Premio del Giappone dove, mostrando un'irruenza che – ancora nessuno lo sa – sarà una delle caratteristiche salienti della sua funambolica guida, Gilles tampona la Tyrrell di Ronnie Peterson. Entrambe le monoposto volano letteralmente fuori pista in una zona dove, in teoria, non vi sarebbero dovuti essere spettatori. Il condizionale è d'obbligo poiché a terra restano due persone. Colpevole è Gilles reo di aver innescato l'incidente, ma ancor più colpevole per la stampa e l'opinione pubblica è Ferrari che ha messo al volante un giovane non ancora pronto a sostenere un impegno tanto gravoso come quello di pilota ufficiale. Ferrari è dubbioso, vacilla, vorrebbe liberarsi del canadese ma alla fine decide di rinnovargli la fiducia ed il tempo gli darà ancora una volta ragione.

Confermati Reutemann e Villeneuve, per il 1978 non mancano novità, ad iniziare dalla nuova monoposto siglata 312 T3 ed equipaggiata con pneumatici radiali Michelin che già in Brasile, nella seconda prova del Mondiale, si rivelano l'arma vincente per Reutemann, primo al traguardo.

Grand Prix Niki was to all intents and purposes an "ex-*Ferrarista*". The definitive break between him and Ferrari had come on the 29th of August in a face to face in the team's old offices in Modena. Ferrari thought that it was simply a question of negotiating a new contract, but Niki immediately made things clear by declaring that he had no intention of continuing to race for the Prancing Horse: he was no longer motivated and needed fresh air and new faces. The tone of the press release hinted at a consensual separation but that day at Modena, Ferrari's shouting could be heard from the street.

It was no surprise when having mathematically clinched the World Championship title with fourth place in the United States Grand Prix, Lauda abandoned the team and took no part in the final two Grands Prix.

In the very offices in which the divorce between Enzo Ferrari and Niki Lauda had been completed, on the 27th of September a young Canadian driver who had made his bones racing snowmobiles and had competed in just a single Formula 1 race, signed a contract that would tie him to Ferrari for the 1977 season. His name was Gilles Villeneuve and for the "Old Man" who in February was to turn 80 he represented the latest gamble, very similar to the one he made some years earlier when he signed the young Lauda. It is true that many had started to take notice of this boy, including Walter Wolf and a trusted former *Ferrarista* Chris Amon, but otherwise little was known about the tiny Canadian. This was not important because when "His Majesty" Lauda decided not to race in Canada, Gilles had the chance to take to the cockpit of the 312 T as a Ferrari works driver. An indifferent debut that failed to earn him the newspaper headlines that were instead all for him the day after the Japanese Grand Prix in which, showing an impetuousness that while as yet unknown was to be one of the key characteristics of his high-strung driving style, Gilles rammed the Tyrrell of Ronnie Peterson. Both cars literally flew off the track in an area where, in theory, there should not have been any spectators. The conditional has to be used because instead two people were killed. While Gilles was at fault for having triggered the accident, for the press and public opinion Ferrari was even more guilty for having given a drive to a young man not yet ready to cope with the pressures of being a works driver. Ferrari was doubtful and uncertain; he would have liked to get rid of the Canadian but eventually gave him another chance and time was to prove him right.

With Reutemann and Villeneuve confirmed as the works drivers, 1978 saw a number of novelties including the new 312 T3 equipped with Michelin radial tyres that in Brazil in the second round of the World Championship, proved to be the crucial factor as Reutemann won the race.

Il 27 febbraio di quell'anno, quando Ferrari ha compiuto ottant'anni da meno di dieci giorni, muore la moglie Laura, la mamma di Dino, una donna con la quale Enzo aveva sempre avuto un rapporto tormentato, irto di difficoltà e d'incomprensioni, ma anche una donna che, in più di un'occasione, aveva protetto e difeso da chi l'aveva attaccata da più parti.

All'indomani della quarta prova del Mondiale, il Gran Premio degli Stati Uniti-Ovest a Long Beach, Reutemann si trova addirittura in testa al alla classifica dopo essersi aggiudicato la gara mentre Villeneuve è ancora a quota zero punti. Il Campionato del Mondo può però considerarsi finito per quanto visto a Zolder, in Belgio, quando Andretti porta al debutto la nuova Lotus 79 "ad effetto suolo". L'ultima creazione del geniale Colin Chapman è due spanne sopra a tutti gli altri: l'italo-americano, oltre alla gara belga, vince in Spagna, Francia, Germania e Olanda, mentre il compagno di squadra Peterson fa suo il Gran Premio d'Austria. A poco o niente serve la vittoria di Reutemann in Inghilterra perché Andretti conquista matematicamente il titolo a Monza, nel giorno della terribile carambola alla partenza che costa la vita Peterson. Poi, nella penultima prova del Mondiale a Watkins Glen, tocca ancora al pilota argentino portare a casa il quarto successo stagionale.

E Gilles, che fine a fatto? Sino a quel momento è protagonista di una stagione incolore, costellata di ritiri e di incidenti tanto che a Maranello sono molti − Ferrari compreso − a chiedersi se sia il caso di riconfermargli la fiducia per il 1979. Ma poi, nel Gran Premio del Canada disputato sull'inedita pista di

Jody Scheckter e 312 T4 chiudono il decennio vincendo il titolo iridato nel 1979.

*Jody Scheckter and the 312 T4 closed the decade by winning the world title in 1979.*

Montréal, il giovane funambolo ottiene il primo successo in carriera nella gara di casa assicurandosi in pratica il posto per la nuova stagione accanto al sudafricano Jody Scheckter che, all'indomani della gara canadese, sostituisce Reutemann, vincitore di quattro gran premi ma allo stesso tempo autore di una stagione tormentata.

Quando il 15 gennaio 1979 al Centro Civico di Maranello viene svelata a stampa e addetti ai lavori la nuova monoposto del Cavallino, sono in parecchi a storcere il naso. Della 312 T4 tutto si poteva dire tranne che sia bella. Linee spezzate, spigolose, a prima vista ben poco aerodinamiche, portano lo stesso Ferrari a dire che se le prestazioni si fossero rivelate inversamente proporzionali all'estetica allora si poteva ben sperare... Tutti a Maranello tengono un profilo basso, compreso lo stesso

On the 27th of February that year, with Ferrari having turned 80 around 10 days earlier, he lost his wife Laura, the mother of Dino, a woman with whom Enzo had always had a tempestuous, problematic relationship, but also a woman who, on more than one occasion, had protected and defended him from those who attached on diverse fronts.

On the day after the fourth round of the World Championship, the United States West Grand Prix at Long Beach, Reutemann actually found himself leading the championship standings after winning the race, while Villeneuve had yet to score a point. However, the World Championship was all but over as soon as Andretti debuted the new "ground effects" Lotus 79 at Zolder in Belgium. The latest creation of that genius Colin Chapman was head and shoulders above the rest of the field: the Italo-American driver won in Belgium, Spain, France, Germany and Holland, while his teammate Peterson took the Austrian Grand Prix. Reutemann's victory in the British Grand Prix counted for little as Andretti mathematically conquered the title at Monza on the day of the terrible pile-up at the start that cost the life of Ronnie Peterson. Then, in the penultimate round of the World Championship at Watkins Glen, it was the Argentine driver again who brought home the fourth win of the season.

And what happened to Gilles? Up to that point he had endured a difficult season, punctuated by retirements and accidents and there were many at Maranello − including Ferrari − who were asking themselves whether he should be kept on for 1979. Then, however, in the Canadian Grand Prix disputed on the new Montréal circuit, the young tightrope walker won his first race, his home Grand Prix, thereby guaranteeing himself a drive for the new season alongside South African Jody Scheckter who, following the Canadian race replaced Reutemann, the winner of four Grands Prix in what was nonetheless a tormented season. When on the 15th of January 1979 at the Maranello Civic Centre the Prancing Horse's new single-seater was revealed to the press there were many who turned up their noses. The was in fact 312 T4 anything but beautiful. Its jagged, angular and at first sight rather non-aerodynamic lines led Ferrari himself to say that if its performance proved to be inversely proportional to its looks then there was hope for the new season... Everyone at Maranello kept a low profile, including Forghieri who was, however, well aware of the enormous potential of this the Prancing Horse's first true wing car, powered by the immortal flat 12.

# 1970 – 1979
## DALLA B ALLA T, UN DECENNIO TRIONFALE
*FROM B TO T, A TRIUMPHANT DECADE*

Forghieri che però è ben conscio delle enormi potenzialità della vettura, prima vera "wing car" del Cavallino, spinta dall'intramontabile V12 a cilindri contrapposti.

In attesa che T4 sia matura per scendere in pista, nelle prime due gare la T3 si rivela una monoposto ormai sorpassata e Forghieri si vede costretto ad accelerare i tempi. Il debutto avviene a Kyalami dove Villeneuve e Scheckter piazzano un'indiscutibile doppietta, stesso risultato ottenuto poco più di un mese più tardi a Long Beach. Prima che il Mondiale sbarchi in Europa due cose appaiono chiare: la 312 T4 è la vettura da battere e Villeneuve è ormai un pilota maturo, pronto a dare il proprio contributo alla squadra.

Dopo una battuta d'arresto a Jarama le vetture del Cavallino tornano a dettare legge negli appuntamenti di Belgio e Monaco con Scheckter, primo in entrambe le occasioni, che s'invola nella classifica iridata. Ma a partire dal successivo Gran Premio di Francia più che il pilota sudafricano è il piccolo canadese a far parlare di sé. A Digione, nelle ultime fasi di gara, Gilles ingaggia con la Renault di René Arnoux un duello epico, da antologia delle corse. I due lottano per diversi giri ruota a ruota e, a suon di sorpassi, si contendono la seconda piazza che alla fine è appannaggio del ferrarista. Sul podio tutti gli occhi sono per loro con il vincitore Jean-Pierre Jabouille, sull'altra Renault, che passa quasi inosservato. In Olanda le telecamere sono ancora tutte per Gilles che compie quasi un intero giro su tre ruote dopo il dechappamento di uno pneumatico. Una volta raggiunti i box Gilles vorrebbe ripartire ma i danni patiti dalla T4 fermano la sua corsa. Poco importa perché quanto Villeneuve fa vedere in pista profuma spesso di leggenda e il "vecchio" Ferrari – che non esita a paragonare il suo pilota ad un certo Tazio Nuvolari – gongola perché ancora una volta dimostra che non si era sbagliato né sul pilota né sull'uomo.

Già, perché il 1979 è anche il Campionato in cui Gilles resta sempre fedele scudiero di Scheckter soprattutto quando, nelle corse estive, le Williams di Clay Regazzoni e di Alan Jones iniziano una perentoria quanto tardiva rimonta. Poi, domenica 9 settembre, giorno del Gran Premio d'Italia, è anche il giorno in cui Scheckter e Villeneuve piazzano l'ennesima doppietta ed è la data in cui il sudafricano riporta il titolo mondiale Piloti a Maranello chiudendo un decennio sì scandito dalle lettere B e T, quelle delle monoposto vincenti di Maranello, ma anche dalla pista di Monza dove nel 1970, nel 1975 e nel 1979, la Ferrari scrive tre delle pagine più gloriose della propria storia grazie a due piloti molto diversi fra loro, Regazzoni e Scheckter, comunque legati a triplo filo alla storia del Cavallino.

While waiting for the T4 to be ready for the track, the T3 was used in the first two race but proved to be obsolete and Forghieri found himself obliged to accelerate the schedule. The debut came at Kyalami where Villeneuve and Scheckter secured a fabulous one-two, the same result being obtained little more than a month later at Long Beach. Before the World Championship returned to Europe, two things appeared clear: the 312 T4 was the car to beat and Villeneuve was by now a mature driver ready to make his contribution to the team.

After a set-back at Jarama the Prancing Horse's cars were dictating terms once again in the Belgian and Monaco Grands Prix with Scheckter winning both and establishing a healthy lead in the championship standings. However, from the successive French Grand Prix rather than the South African driver it was the little Canadian who had people talking. At Dijon in the final stages of the race Gilles and René Arnoux in the Renault engaged in an epic duel, one for the racing anthologies. The two fought wheel to wheel for a number of laps, passing one another as they contended second place, which eventually went to the *Ferrarista*. On the podium, all eyes were for them while the winner Jean-Pierre Jabouille in the other Renault was all but ignored. In Holland the TV cameras were again focused on Gilles as he completed almost a full lap on three wheels after stripping the tread on one of his tyres. Having reached the pits, Gilles was eager to restart but the damage suffered by his T4 ended his race. No matter, because what Villeneuve showed on track frequently had a legendary aspect and "Old Man" Ferrari – who did not hesitate in comparing his driver to a certain Tazio Nuvolari – was gloating because once again he proved he knew how to chose a driver and a man.

In 1979 was in fact the year that Gilles was to remain a faithful wingman to Scheckter especially when, in the summer races, the Williams of Clay Regazzoni and Alan Jones staged a peremptory albeit tardy fight-back. Then, on the 9th of September, at the Italian Grand Prix came the day in which Scheckter and Villeneuve recorded yet another one-two and the South African brought the Drivers' World Championship back to Maranello, concluding a decade marked by the letters B and T, those of Ferrari's title winning cars, but also by the Monza circuit where in 1970, 1975 and 1979 the Scuderia wrote three of the most glorious chapters in its history thanks to two very different drivers Regazzoni and Scheckter, both of whom are inextricably tied to the story of the Prancing Horse.

Pagina a fianco, la 512 S è la Sport-Prototipo cui la Casa di Maranello affida le proprie sorti nel Mondiale Marche 1970. Come tradizione, oltre alle vetture ufficiali, alcune saranno portate in gara da scuderie private, come nel caso della seconda 512 S di colore giallo, destinata all'Écurie Francorchamps dell'importatore belga Jacques Swaters. Fra i piloti che guideranno quel bellissimo prototipo anche Arturo Merzario e Peter Schetty, sotto, ripresi in un "faccia a faccia".

Sopra, piloti e tecnici si stringono attorno all'ultima nata in occasione della presentazione ufficiale alla stampa.

## 1970

*Facing page, the 512 S was the Sports Prototype with which Maranello competed in the 1970 World Championship for Marques. As usual, along with the works cars, a number were raced by private teams as in the case of the third 512 S finished in yellow and destined for the Belgian importer Jacques Swaters' Écurie Francorchamps. Among the drivers who raced this beautiful car were Arturo Merzario and Peter Schetty, below, seen here "face-to-face".*

*Above, drivers and mechanics crowd around the new car on the occasion of its presentation to the press.*

Eccole già in pista le 512 S che il 21 marzo, alla 12 Ore di Sebring, riescono ad aggiudicarsi il successo grazie all'equipaggio Giunti-Vaccarella-Andretti (n. 21). Un inizio promettente che tuttavia non trova conferme nel corso della stagione, letteralmente dominata dalle imbattibili Porsche 917 che si impongono in tutte le restanti prove del Mondiale, eccezion fatta per la Targa Floria dove a vincere è sempre una vettura di Stoccarda, la 908/3 di Jo Siffert-Brian Redman.

Al centro, la 512 S di Amon-Merzario (n. 1) insegue la Porsche 907 di Antonio Nicodemi-Jonathan Williams (n. 49) alla 1000 Chilometri di Monza (25 aprile). In basso, tutto è pronto per il via di un'altra 1000 Chilometri, quella di Brands Hatch (12 aprile), con le due 512 S di Ickx-Oliver (n. 1) e Amon-Merzario (n. 2) in prima fila.

## 1970

On the 21ˢᵗ of March the 512 S's were already on track at Sebring, bringing home a victory thanks to the Giunti-Vaccarella-Andretti crew (No. 21). Unfortunately the car failed to live up to this promising start later in the season, being dominated by the unbeatable Porsche 917's that won all the remaining World Championship races, with the exception of the Targa Florio that instead went to another Stuttgart car, the 908/3 of Jo Siffert-Brian Redman.

Centre, the Amon-Merzario 512 S (No. 1) chasing the Antonio Nicodemi-Jonathan Williams Porsche 907 (No. 49) in the Monza 1000 Km (25 April). Bottom, all set for the start of another 1000 Km at Brands Hatch (12 April), with the two 512 S's of Ickx-Oliver (No. 1) and Amon-Merzario (No. 2) on the front row.

GIANNI AGNELLI IN VISITA AL BOX DELLA SCUDERIA FERRARI, IN OCCASIONE DEL GRAN PREMIO DI MONACO (10 MAGGIO). A DIFENDERE I COLORI DEL CAVALLINO È IN QUELL'OCCASIONE SOLO JACY ICKX CHE, PARTITO DALLA TERZA FILA CON IL QUINTO TEMPO, AL VOLANTE DELLA SUA 312 B, È BEN PRESTO COSTRETTO ALLA RESA PER PROBLEMI TECNICI.

## 1970

GIANNI AGNELLI VISITING THE SCUDERIA FERRARI PITS ON THE OCCASION OF THE MONACO GRAND PRIX (10 MAY). ON THAT OCCASION THE PRANCING HORSE'S COLOURS WERE BEING DEFENDED BY JACKY ICKX ALONE AND STARTING FROM THE THIRD ROW WITH THE FIFTH FASTEST TIME IN HIS 312 B, HE WAS SOON FORCED TO RETIRE WITH TECHNICAL PROBLEMS.

A fianco, la 512 S ufficiale dell'equipaggio Giunti-Vaccarella (n. 22) impegnata alla 1000 Chilometri di Spa-Francorchamps, gara che concluderà al quarto posto.

Sotto, la folla si stringe – anche troppo – attorno al belga Jacky Ickx che si è appena aggiudicato il Gran Premio d'Austria a Zeltweg (16 agosto), davanti al compagno di squadra Clay Regazzoni.

Pagina a fianco, Regazzoni, Giunti e Ickx sono i tre piloti che Ferrari convoca per il Gran Premio d'Italia (6 settembre). Ickx, che a destra spunta dall'abitacolo di una 312 B "muletto", avrà a disposizione la vettura (n. 2), ai box pronta per scendere in pista.

## 1970

Right, the works 512 S of the Giunti-Vaccarella crew (No. 22) in the Spa-Francorchamps 1000 Km, a race it finished in fourth place.

Below, the Belgian Jacky Ickx almost swamped by the crowd after winning the Austrian Grand Prix at Zeltweg (16 August) ahead of his teammate Clay Regazzoni.

Facing page, Regazzoni, Giunti and Ickx were the three Ferrari drivers entered in the Italian Grand Prix (6 September). Ickx, on the right, at the wheel of 312 B "mule", was to have car No. 2 seen here in the pits ready to take to the track.

All'indomani del terribile incidente che in prova è costato la vita al leader del Mondiale Jochen Rindt, uscito di pista alla staccata della Parabolica con la sua Lotus 72, il morale di tutti è a terra. Eppure quella domenica monzese avrà un unico, indimenticabile protagonista, Clay Regazzoni, autore di una corsa straordinaria. Una volta assunta la testa della gara, a una quindicina di giri dal termine, non l'abbandona più sino al traguardo conquistando, oltre ad uno storico successo con la 312 B (N. 4), anche il popolo ferrarista.

Pagina a fianco, ecco Clay fotografato al rientro dal giro d'onore e, sotto, sul podio; sono con lui, a sinistra l'indimenticabile tecnico della Magneti Marelli, Vittorugo Tramonti, detto "Scintilla", che solleva la coppa. A destra si riconoscono il Presidente di AC Italia Gustavo Marinucci e quello dell'AC Milano Angelo Ponti.

## 1970

*On the day after the terrible accident in practice that cost the life of the championship leader Jochen Rindt, who had crashed in his Lotus 72 under braking for the Parabolica, everyone was feeling depressed. And yet on that Sunday at Monza there was to be a single, unforgettable protagonist, Clay Regazzoni, who had a fantastic race. Once he had taken the lead, around 15 laps from the finish he never let go through to the finish, scoring a historic victory with the 312 B (No. 4) and winning over the Ferrari tifosi.*

*Facing page, Clay seen after having completed his lap of honour and, below, on the podium; alongside him are, on the left, the unforgettable Magneti Marelli technician, Vittorugo Tramonti nicknamed "Scintilla" or "Spark", lifting the cup and on the right the Chairman of AC Italia Gustavo Marinucci and that of AC Milano Angelo Ponti.*

# MAURO FORGHIERI

## IL DIRETTORE TECNICO PIÙ LONGEVO

Se c'è un personaggio che ha legato la propria vicenda umana e professionale a doppio se non a triplo filo a quella della Casa di Maranello, questo è Mauro Forghieri, modenese doc, classe 1935, alla "corte" del Cavallino dalla fine degli anni Cinquanta. In realtà, il nome Forghieri, in ambito Ferrari, è noto sin dai tempi della Scuderia essendo stato suo padre Reclus già uno stretto collaboratore di Ferrari a cavallo del secondo conflitto mondiale, durante la realizzazione dell'Alfetta 158.

Pur non particolarmente attratto dalle auto da corsa ma più orientato ai modelli di normale uso stradale – non a caso conseguì una laurea in ingegneria avente come oggetto la progettazione di un'auto ad ampia diffusione ispirata alla Panhard "Dyna" –, Forghieri accetta di fare una sorta di *stage* a Maranello, sotto la supervisione dell'ingegner Fraschetti per poi essere assunto nel 1959 quasi in contemporanea a Giampaolo Dallara che però seguirà altre strade. Poi, dalla sera alla mattina, all'indomani della fuoriuscita degli otto dirigenti, compresi quelli ai vertici tecnici, nell'autunno del 1961 Forghieri si trova d'improvviso a capo dell'ufficio tecnico, elevato di grado da Ferrari in persona. «*"D'ora in poi sarai tu ad interessarti di tutto". Gli faccio presente che per me si tratta di un impegno enorme, che mi pone nel dubbio, nell'esitazione. Gli faccio presente che sono troppo giovane, che non ho esperienza. E lui "Prova, non avere paura di affrontare la realtà delle cose"»*. Il giovane Forghieri accetta, prova e… riesce. Trova un gruppo di uomini capaci ed affiatati che remano verso una stessa direzione: Franco Rocchi, Federico Salvarani, Franco Bellei, Adelmo Marchetti, collaboratori validissimi – lo stesso Forghieri lo ha sempre riconosciuto – che nel volgere di poco ricostruiscono un ufficio tecnico di prima grandezza capace di spaziare dalla progettazione di monoposto alle vetture Sport, alle vetture "da salita", raccogliendo di volta in volta la sfida tecnica del momento. Nei "favolosi" anni Sessanta ci si cimenterà con il definitivo consolidamento del motore – nello specifico, l'ingombrante dodici cilindri – alle spalle dell'abitacolo, sia sulle Sport che sulle Formula 1, con l'introduzione della "semi monoscocca" prima e della monoscocca poi, con la sperimentazione e l'adozione dell'iniezione diretta, grazie al prezioso supporto del tecnico svizzero Michael May, con l'avvento degli alettoni sulle Formula 1 e il progressivo affinamento degli aspetti legati all'aerodinamica.

Poi, con gli anni Settanta, tutto il mondo delle corse – e quello della Formula 1 in particolare – cambia, dirigendosi verso una maggior professionalità.

## THE LONGEST SERVING TECHNICAL DIRECTOR

*If there is one figure whose personal and professional life has been closely bound up with that of the Maranello firm, that would be Mauro Forghieri of Modena, class of 1935, and at the court of the Prancing Horse from the late Fifties. In reality, the name Forghieri was known in Ferrari circles from the time of the Scuderia as his father Reclus was already a close collaborator of Ferrari either side of the Second World War, during the creation of the Alfetta 158.*

*While not particularly attracted by racing cars and more interested in normal road-going models – it was no coincidence that he graduated in engineering with a thesis on the design of a mass produced car based on the Panhard Dyna – Forghieri accepted a kind of work experience stint at Maranello under the supervision of Ingegner Fraschetti and was then taken on officially in 1959, at almost the same time as Giampaolo Dallara who was instead to follow other paths. Then, from one day to the next, following the sacking of the eight managers, including the leading technical staff, in the autumn of 1961, Forghieri found himself heading the technical department, promoted by Ferrari in person. "From now on you will be dealing with everything." I told him that for me that was an enormous responsibility, that I had some doubts, some hesitation. I pointed out that I was too young, that I did not have the experience. And he said, "Try, don't be afraid of facing up to the reality of things". The young Forghieri accepted, tried and… succeeded. He found a group of talented and close-knit men who were all pulling in the same direction: Federico Salvarani, Franco Bellei and Adelmo Marchetti, talented colleagues, as Forghieri himself has always recognised, who soon rebuilt a technical department of the first order capable of ranging from the design of single-seaters to sports cars and "hillclimb" specials, accepting each technical challenge as it came. In the "swinging" Sixties he was to work on the definitive consolidation of the engine – specifically the bulky 12-cylinder unit – behind the cockpit in both the sports and Formula 1 cars, with the introduction of firstly the semi-monocoque and then the true monocoque, with experimentation with and adoption of direct fuel injection, thanks to the precious support of the Swiss engineer Michael May, with the advent of wings in Formula 1 and with the progressive development of aspects linked to aerodynamics.*

*Then, in the Seventies, the whole motorsport world changed – especially that of Formula 1 – heading in the direction of ever-greater professionali-*

Forghieri condivide alcune indicazioni con Gilles Villeneuve.

Forghieri gives instructions to Gilles Villeneuve.

Forghieri agli albori della sua lunga militanza in Ferrari: in alto, a sinistra, a Modena nel 1963, a destra, al lavoro attorno alla 158 F1 l'anno dopo. Sopra a sinistra, con Chris Amon ed Enzo Ferrari ai box di Monza durante le prove ufficiali del 1968.

A fianco, in senso orario: accanto alla 312 F1 del 1968; a colloquio con Niki Lauda (1977), con Michele Alboreto (1984) e con Didier Pironi (1981).

*Forghieri early in his long Ferrari career: top, left, at Modena in 1963, right, working on the 158 F1 a year later. Above left, with Chris Amon and Enzo Ferrari in the pits at Monza during practice in 1968.*

*Left, clockwise: alongside the 312 F1 from 1968; talking to Niki Lauda (1977); with Michele Alboreto (1984) and with Didier Pironi (1981).*

«Siamo stati noi ad introdurre la moderna configurazione del capo mecca-nico e della squadra, responsabile per ciascuna delle monoposto in gara. Noi e la Lotus, l'unico team che potesse stare al pari con il nostro», ricordava Forghieri, che dopo un periodo di esilio forzato alla ricerca di ispirazione, "partorì" prima la 312 B (1970), poi la B3 (1974), vettura concettualmen-te nuova che permise alla Casa di Maranello – ormai concentrata solo sul massimo Campionato – di sfiorare il titolo già in quella stagione, per poi centrarlo l'anno dopo con Niki Lauda al volante della 312 T, altro indiscusso capolavoro firmato Forghieri. Vettura, quest'ultima, a sua volta capostipite di una serie di monoposto tutte caratterizzate dall'impiego del cambio tra-sversale, indiscusse protagoniste sino alla fine di quel decennio, chiuso con l'ennesima iride conquistata da Jody Scheckter con la T4.

Ed ecco gli anni Ottanta, con Forghieri, sempre saldamente al comando del reparto tecnico della Scuderia, alle prese con l'avvento dei motori turbo, con il consolidamento delle monoposto ad effetto suolo, con l'avvento dei materiali compositi e con altri progetti vincenti quali – su tutti – la 126 C2, vettura privata del più che meritato titolo iridato Piloti solo per un'incredi-bile quanto drammatica consequenzialità di fatti.

Poi, dopo un'altra combattuta quanto controversa stagione, il 1983, in cui le rosse sono in lotta per il titolo aggiudicandosi alla fine solo quello fra i Costruttori, «all'inizio del 1984 Enzo Ferrari ha compiuto ottantasei anni e proprio verso la fine di quell'anno ho capito che la situazione all'interno del Reparto Corse, del quale ero ancora il "capo", stava cambiando. Ferra-ri non aveva più l'energia per comandare con il piglio precedente anche se intuiva che le cose non funzionavano. Con lui il mio rapporto non era cambiato ma dal punto di vista operativo stava inserendosi il sistema organizzativo del Gruppo Fiat, con tanti dirigenti a comandare e nessuno che prendeva le decisioni».

I tempi sono cambiati, Forghieri pur restando a Maranello, abbandona il comando della Scuderia per passare alla Ferrari Engeneering dove resta sino al 1987 prima di andare a firmare un nuovo dodici cilindri F1, ma a marchio Lamborghini, che a cavallo degli anni Novanta viene impiegato su diverse monoposto, Lola, Lotus, Lambo, Larrousse e Minardi. Quindi, nel biennio 1993-1994 fa una fugace apparizione nella nuova Bugatti promossa da Romano Artioli mettendo a punto la fantasmagorica EB110, quindi nel 1995 dà vita alla Oral Engeneering restando nel mondo delle corse e della progettazione per un altro decennio.

sm. "It was us who introduced the modern line-up of the chief mechanic and the team responsible for each of the cars in the race. Us and Lotus, the only team that could rival ours", recalled Forghieri, who after a period of forced exile in search of inspiration, "gave birth" firstly to the 312 B (1970), then the B3 (1974), a conceptually new car that permitted the Maranello firm – now fully focused on the Formula 1 World Championship alone – to come close to the title that year. The team then achieved their objective the following season with Niki Lauda at the wheel of the 312 T, another undisputed Forghieri masterpiece. This last car, itself the first in a series of single-seaters characterised by the use of a transverse gearbox, protagonists through to the end of that decade which closed with the latest champion-ship title claimed by Jody Scheckter with the T4.

And here we are in the 1980s, with Forghieri still firmly in control of the Scuderia's technical department, facing up the advent of turbocharged en-gine, the consolidation of ground effects and car and the introduction of composite materials and producing further successful designs such as the 126 C2, a car denied a well deserved Drivers' title only by an incredibly dramatic series of events.

Then, following a particularly hard-fought and controversial season in 1983 in which the Rosse were fighting for both titles and eventually clai-med the Constructors' Championship, "early in 1984 Enzo Ferrari turned 86 and towards the end of the year I realised that the situation within the Racing Department, of which I was still the head, was changing. Ferrari no longer had the energy to command with the iron grip as before even though he had intuited that things were not working. My relationship with him had not changed but from an operational point of view the organizational system of the Fiat Group was gaining the upper hand, with numerous ma-nagers but no one taking decisions".

The times were changing and while remaining at Maranello, Forghieri re-linquished control of the Scuderia and moved to Ferrari Engineering where he remained through to 1987 before leaving to design a new F1 12-cylin-der engine, but for Lamborghini, which at the threshold of the 1990s was used in various cars by Lola, Lotus, Lambo, Larrousse and Minardi. Then in 1993 and 1994 came a fleeting appearance at the revived Bugatti led by Romano Artioli where he developed the phantasmagorical EB110, while in 1995 he founded Oral Engineering, remaining in the world of motorsport and design for another decade.

Pagina a fianco, Ferrari osserva "le armi" con le quali la Scuderia si appresta a scendere in campo nel 1971: la logica evoluzione della 312 B ma soprattutto una nuovissima vettura Sport siglata 312 "PB", che già nel corso del Campionato del Mondo di quell'anno scenderà in più di un'occasione in pista, mostrando enormi potenzialità che troveranno poi piena conferma nel 1972. Nell'immagine in alto a sinistra, i piloti del Cavallino osservano con interesse l'ultima nata: da sinistra, Mario Andretti, Ignazio Giunti, Clay Regazzoni, Arturo Merzario e Nino Vaccarella.

Sopra, la 312 "PB" è nata bene e, nonostante la tragica vicenda dell'incidente mortale di Giunti al debutto in Argentina, conquista con Ickx-Regazzoni (n. 15) la prima fila nella 1000 Chilometri di Monza (25 aprile) mettendosi dietro vetture ben più potenti. A destra, la 512 M di Parkes-Bonnier (n. 8) è in pieno rettilineo durante la corsa vinta dalla Porsche 917 K di Pedro Rodríguez-Jackie Oliver.

## 1971

*Facing page, Ferrari observes "the weapons" with which the Scuderia was about to take to the tracks in 1971: the logical evolution of the 312 B and above all the brand-new 312 PB sports car that during the course of that year's World Championship was to make a number of appearances, displaying enormous potential that really blossomed in 1972. In the photo top left, the Prancing Horse's drivers take a keen interest in the new car: from the left, Mario Andretti, Ignazio Giunti, Clay Regazzoni, Arturo Merzario and Nino Vaccarella.*

*Above, the 312 PB was so good from the off, and despite Giunti's fatal crash on its debut in Argentina, that the sole example that had then been constructed conquered with Ickx-Regazzoni (No. 15) the front row of the grid in the Monza 1000 Km (25 April), getting the better of far more powerful cars. Right, the 512 M of Parkes-Bonnier (No. 8) on the straight during the race won by the Porsche 917 K of Pedro Rodríguez-Jackie Oliver.*

La stagione di Formula 1 inizia nel migliore dei modi con Mario Andretti che si aggiudica il Gran Premio del Sudafrica (6 marzo), portando al successo una versione aggiornata della 312 B (n. 6). Sopra, lo stesso pilota italoamericano è vittima di un problema in Spagna con la monoposto che ha preso fuoco.

A Montecarlo (23 maggio), in questa e alla pagina a fianco, Jacky Ickx porta la sua 312 B2 (n. 4) sul terzo gradino del podio mentre Clay Regazzoni, su una vettura analoga (n. 5), è vittima di un'indicente che lo mette ko.

Pagina a fianco, ancora Ickx vince il Gran Premio d'Olanda a Zandvoort (20 giugno) con la nuova 312 B2, una monoposto certo competitiva ma che pecca in termini di affidabilità costringendo troppo spesso i piloti del Cavallino alla resa.

### 1971 ———————————

*The Formula 1 season got off to the best possible start with Mario Andretti taking the South African Grand Prix (6 March) at the wheel of an updated version of the 312 B (No. 6). Above, the Italo-American driver was the victim of a problem in Spain with the car catching fire.*

*Left, at Monte Carlo (23 May) Jacky Ickx took his 312 B (No. 4) to third place while Regazzoni in an identical car (No. 5) was sidelined by an accident.*

*Facing page, Ickx again won the Dutch Grand Prix at Zandvoort (20 June) with the new 312 B, certainly a competitive car but one that suffered in terms of reliability, with the Prancing Horse's drivers collecting too many retirements.*

PAGINA A FIANCO, L'ULTIMA APPARIZIONE DI ENZO FERRARI A MONZA HA UNA DATA BEN PRECISA, 4 SETTEMBRE 1971, IL SABATO DELLE PROVE UFFICIALI. QUEL GIORNO IL PUBBLICO NON RISPARMIA FISCHI NEPPURE AL "GRANDE VECCHIO". LE MONOPOSTO DEL CAVALLINO SONO IN EVIDENTE CRISI TECNICA. FERRARI DÀ LA COLPA ALLE GOMME E, PUR AVENDO UN CONTRATTO CON LA FIRESTONE, ORDINA DI MONTARE LE GOODYEAR. MA NON BASTA.

IN UNA MEMORABILE EDIZIONE DEL GRAN PREMIO D'ITALIA, CON PETER GETHIN CHE CON LA BRM BATTE PER UN SOLO CENTESIMO DI SECONDO LA MARCH DI RONNIE PETERSON IN UNA STORICA VOLATA, LE MONOPOSTO DEL CAVALLINO SONO BEN PRESTO FUORI DAI GIOCHI CON ENTRAMBI I PILOTI, ICKX (N. 3) E REGAZZONI (N. 4) GIÀ OUT PRIMA DEL VENTESIMO GIRO. UN'AUTENTICA *DÉBÂCLE*.

ANCORA UN'IMMAGINE DI CLAY REGAZZONI A MONZA E, SOTTO, MANCANO POCHI ISTANTI DAL VIA DELLA 1000 CHILOMETRI D'AUSTRIA (27 GIUGNO), CON LA 312 "PB" DI ICKX-REGAZZONI (N. 7) IN PRIMA FILA ACCANTO ALLE PORSCHE 917 K DI PEDRO RODRÍGUEZ-RICHARD ATTWOOD (N. 16) – POI VINCITORI DELLA CORSA – E DI HELMUT MARKO-GERARD LARROUSSE (N. 28).

## 1971

*FACING PAGE, ENZO FERRARI'S LAST APPEARANCE AT MONZA CAME ON THE 4TH OF SEPTEMBER 1971, FOR THE SATURDAY PRACTICE SESSIONS. ON THAT DAY NOT EVEN THE "OLD MAN" WAS IMMUNE TO THE WHISTLES OF THE CROWD. THE CARS FROM MARANELLO WERE CLEARLY SUFFERING A TECHNICAL CRISIS. FERRARI BLAMED THE TYRES AND DESPITE BEING CONTRACTED TO FIRESTONE ORDER THE MECHANICS TO FIT GOODYEARS. BUT THIS WAS NOT ENOUGH.*

*IN A MEMORABLE EDITION OF THE ITALIAN GRAND PRIX, WITH PETER GETHIN IN THE BRM BEATING BY JUST ONE HUNDREDTH OF A SECOND RONNIE PETERSON IN THE MARCH IN AN HISTORIC SPRINT FINISH, THE PRANCING HORSE'S CAR WERE SOON OUT OF THE RUNNING WITH BOTH DRIVERS, ICKX (NO. 3) AND REGAZZONI (NO. 4) SIDELINED BEFORE THE 20TH LAP. AN AUTHENTIC DÉBÂCLE.*

*RIGHT, ANOTHER SHOT OF CLAY REGAZZONI AT MONZA AND, BELOW, MOMENTS BEFORE THE START OF THE AUSTRIAN 1000 KM (27 JUNE), WITH THE ICKX-REGAZZONI 312 PB (NO. 7) ON THE FRONT ROW ALONGSIDE THE PEDRO RODRÍGUEZ-RICHARD ATTWOOD (NO. 16), WHO WON THE RACE, AND HELMUT MARKO-GERARD LARROUSSE (NO. 28) PORSCHE 917 K'S.*

PAGINA A FIANCO, NELLA PRIMA PROVA DEL MONDIALE IN ARGENTINA (23 GENNAIO), CLAY REGAZZONI (N. 9) PORTA LA 312 B2 AL QUARTO POSTO, ALLE SPALLE DEL VINCITORE JACKIE STEWART CON LA TYRRELL E DI DENIS HULME CON LA MCLAREN, E DEL COMPAGNO DI SQUADRA JACKY ICKX.

A FIANCO, NEL SUCCESSIVO GRAN PREMIO DEL SUDAFRICA (4 MARZO), LA 312 B2 DI ICKX SFOGGIA UN MUSO CARENATO, UNA SOLUZIONE CHE VERRÀ IMPIEGATA ANCHE NEL GRAN PREMIO DI SPAGNA PER POI ESSERE ACCANTONATA.

SOTTO, LETTERALMENTE A GONFIE VELE STA ANDANDO IL CAMPIONATO MARCHE CON LE 312 "PB" CHE SI SONO GIÀ AGGIUDICATE LE PRIME TRE PROVE D'OLTREOCEANO: LA 1000 CHILOMETRI DI BUENOS AIRES (PETERSON-SCHENKEN), LA 6 ORE DI DAYTONA E LA 12 ORE DI SEBRING, ENTRAMBE VINTE DALL'ACCOPPIATA ANDRETTI-ICKX.

LA MUSICA NON CAMBIA UNA VOLTA APPRODATI IN EUROPA, IL 16 APRILE, A BRANDS HATCH. DALLA PRIMA FILA PARTONO LE 312 "PB" DI REGAZZONI-REDMAN (N. 9) E DI ICKX-ANDRETTI (N. 11) CHE CENTRANO IL QUARTO SUCCESSO STAGIONALE DI FILA. A DESTRA, RONNIE PETERSON A BORDO DELL'ALTRA 312 "PB" (N. 10) CHE DIVIDE CON TIM SCHENKEN, NELL'ANGUSTO RETROBOX DEL BELLISSIMO CIRCUITO INGLESE.

## 1972

*FACING PAGE, IN THE FIRST ROUND OF THE WORLD CHAMPIONSHIP IN ARGENTINA (23 JANUARY), CLAY REGAZZONI (No. 9) TOOK THE 312 B2 TO FOURTH PLACE, BEHIND THE WINNER JACKIE STEWART IN THE TYRRELL, DENIS HULME WITH THE MCLAREN AND HIS TEAMMATE JACKY ICKX.*

*LEFT, IN THE FOLLOWING SOUTH AFRICAN GRAND PRIX (4 MARCH), ICKX'S 312 B2 BOASTED A FAIRED NOSE, A FEATURE THAT WAS ALSO TO BE SUED IN THE SPANISH GRAND PRIX BEFORE BEING ABANDONED.*

*BELOW, THE WORLD CHAMPIONSHIP FOR MARQUES WAS GOING FANTASTICALLY WELL WITH THE 312 PB'S WINNING THE FIRST THREE RACES ON THE OTHER SIDE OF THE ATLANTIC: THE BUENOS AIRES 1000 KM (PETERSON-SCHENKEN), THE DAYTONA 6 HOURS AND THE SEBRING 12 HOURS, BOTH WON BY THE ANDRETTI-ICKX PAIRING.*

*THINGS WERE NO DIFFERENT WHEN THE SERIES REACHED EUROPE ON THE 16TH OF APRIL AT BRANDS HATCH. THE 312 PB'S OF REGAZZONI-REDMAN (No. 9) AND ICKX-ANDRETTI (No.11) STARTED FROM THE FRONT ROW WITH THE LATTER SECURING FERRARI'S FOURTH STRAIGHT WIN OF THE SEASON. RIGHT, RONNIE PETERSON ABOARD THE OTHER 312 PB (No. 10) HE SHARED WITH TIM SCHENKEN IN THE CRAMPED PITS AREA OF THE BEAUTIFUL ENGLISH CIRCUIT.*

NELLA PAGINA A FIANCO, IL VIA DELLA 1000 CHILOMETRI DI MONZA (25 APRILE) SOTTO IL DILUVIO. SULLA PISTA ITALIANA IL DOMINIO DELLE 312 "PB" PROSEGUE CON LA VITTORIA DELLA N. 1 DI ICKX-REGAZZONI (ALLA PAGINA A FIANCO DURANTE UNA SOSTA AI BOX CON IL BELGA AL VOLANTE).

IN QUESTA PAGINA, MENTRE RONNIE PETERSON SI PREPARA A SALIRE IN VETTURA, ARTURO MERZARIO NEPPURE CON IL DILUVIO ABBANDONA IL SUO STETSON DA COWBOY CHE, NEGLI ANNI, DIVENTA UN SUO SEGNO INCONFONDIBILE.

## 1972

*THE DOMINION OF THE 312 PB'S CONTINUED IN A WET EDITION OF THE MONZA 1000 KM (25 APRIL) WON BY ICKX AND REGAZZONI IN FERRARI NO.1 (ON THE FACING PAGE, DURING A PIT STOP WITH THE BELGIAN AT THE WHEEL).*

*ON THIS PAGE, WHILE RONNIE PETERSON PREPARES TO CLIMB INTO THE CAR, ARTURO MERZARIO CAN BE SEEN IN HIS COWBOY'S STETSON DESPITE THE RAIN, A HAT THAT WOULD BECOME HIS TRADEMARK OVER THE YEARS.*

Pagina a fianco, altrettanto piovoso è il Gran Premio di Montecarlo (14 maggio) dove Jacky Ickx (n. 6) chiude secondo alle spalle della BRM del vincitore Jean Pierre Beltoise mentre Regazzoni (n. 7) deve arrendersi poco oltre metà gara per un incidente.

A destra, Enzo Ferrari segue da vicino lo sviluppo della 312 "PB".

Sopra, Clay Regazzoni con la 312 B2 n. 30 nel Gran Premio del Belgio, a Nivelles-Baulers (4 giugno), corsa che ancora una volta non lo vedrà al traguardo.

## 1972

*Facing page, the Monaco Grand Prix was equally wet (14 May) but Jacky Ickx (No. 6) managed to finish second behind the BRM of the winner Jean Pierre Beltoise while Regazzoni (No. 7) was forced to retire shortly after halfway following a crash.*

*Right, Enzo Ferrari closely followed the development of the 312 PB.*

*Above, Clay Regazzoni with the 312 B2 No. 30 in the Belgian Grand Prix at Nivelles-Baulers (4 June), a race that he once again failed to finish.*

Pagina a fianco, sosta ai box per la Ferrari 312 "PB" di Arturo Marzario e Sandro Munari nella vittoriosa – tanto per cambiare – Targa Florio del 1972, corsa che vede al volante della Sport di Maranello anche il campione di rally Munari, reclutato da Ferrari proprio per quella gara.

dall'alto, Nanni Galli, al suo debutto con la Ferrari in una prova valida per il Mondiale di Formula 1, con la 312 B2 nel Gran Premio di Francia (2 luglio) dove chiuderà al 13° posto. Al centro, Ickx e Regazzoni, quest'ultimo in corsa a Zeltweg (13 agosto) dove si deve ritirare (sotto).

## 1972

*Facing page, a pit stop for the Ferrari 312 PB of Arturo Merzario and Sandro Munari in the victorious – just for a change – Targa Florio of 1972, a race that saw the rally champion Munari signed by Ferrari to drive the Maranello sports car for that specific race.*

*Right, from the top, Nanni Galli on his Ferrari debut in a F1 World Championship race with the 312 B in the French Grand Prix (2 July) in which he finished in 13ᵗ place. Centre, Ickx and Regazzoni, this last racing at Zeltweg (13 August) where he was forced to retire (below).*

ESTATE 1972. LA FERRARI LABORATORIO, NOTA COME "SPAZZANEVE" PER L'INCONSUETA FORMA DELLA PARTE ANTERIORE, È LA MONOPOSTO, MAI PORTATA IN GARA, SULLA QUALE L'ING. MAURO FORGHIERI INTRODUCE DIVERSE SOLUZIONI CHE POI VEDRANNO LA LUCE SULLE SUCCESSIVE 312 DELLA METÀ DEGLI ANNI SETTANTA. ICKX E MERZARIO PROVANO LA VETTURA A MONZA FACENDO SEGNARE TEMPI SODDISFACENTI.

PAGINA A FIANCO, LA GLORIOSA 312 "PB" CHE IN QUELLA STAGIONE RIPORTA IL CAMPIONATO MARCHE A MARANELLO È LA VETTURA DESTINATA AD ESSERE IMPIEGATA ANCHE NEL MONDIALE 1973; LE IMMAGINI LA RITRAGGONO A FIORANO – LA MODERNA PISTA DI COLLAUDO ANTISTANTE MARANELLO, INAUGURATA NEL 1972 – NELLA FOTO IN BASSO ACCANTO AD UNA DELLE PRIME "BARCHETTE" DEL CAVALLINO E, IN ALTO, ASSIEME AI PILOTI RONNIE PETERSON (IN PRIMO PIANO) E JACKY ICKX (A DESTRA).

## 1972

*SUMMER 1972, FERRARI'S ROLLING LABORATORY, KNOWN AS THE "SNOWPLOUGH" THANKS TO THE UNUSUAL SHAPE OF THE FRONT END, WAS THE CAR, NEVER RACED, ON WHICH ING. MAURO FORGHIERI INTRODUCED VARIOUS FEATURES LATER ADOPTED ON THE SUCCESSIVE 312'S OF THE MID-SEVENTIES. ICKX AND MERZARIO TESTED THE CAR AT MONZA, RECORDING SATISFACTORY TIMES.*

*FACING PAGE, THE GLORIOUS 312 PB WHICH IN THAT SEASON BROUGHT THE WORLD CHAMPIONSHIP FOR MARQUES BACK TO MARANELLO WAS THE CAR DESTINED TO BE USED IN THE 1973 WORLD CHAMPIONSHIP: THIS SHOTS SHOW IT FIORANO – THE MODERN TEST TRACK NEAR MARCHE, INAUGURATED IN 1972 – IN THE BOTTOM PHOTO ALONGSIDE ONE OF THE PRANCING HORSE'S FIRST "BARCHETTAS" AND, TOP, TOGETHER WITH THE DRIVERS RONNIE PETERSON (FOREGROUND) AND JACKY ICKX (RIGHT).*

Firestone
Firestone
Firestone
CHRONOGRAPH
HEUER
CARELLO
CARELLO
Shell
Shell

Firestone
CHRONOGRAPH
HEUER
CARELLO
CARELLO
Shell
Shell

JACKY ICKX FA SCARAMANTICAMENTE LE CORNA SULLA NUOVA 312 B3. NON BASTERÀ PER RENDERE COMPETITIVA QUELLA VETTURA CHE TANTI PROBLEMI DARÀ NEL CORSO DELLA STAGIONE. GIÀ PRIMA DEL GRAN PREMIO DI MONACO (3 GIUGNO), CUI SI RIFERISCONO LE FOTO IN BASSO ALLA PAGINA A FIANCO, MERZARIO E ICKX RACCOLGONO SOLTANTO MODESTI PIAZZAMENTI. SUL TRACCIATO MONEGASCO SIA IL PILOTA ITALIANO (N. 4) CHE IL BELGA (N. 3) SI RITIRERANNO. IN ALTO, ICKX È INVECE IN SPAGNA (29 APRILE) DOVE È AUTORE DI UNA CORSA INCOLORE.

## 1973

*JACKY ICKX MAKES A SUPERSTITIOUS GESTURE TOWARDS THE NEW 312 B3. IT WAS NOT TO SUFFICIENT TO RENDER THE CAR COMPETITIVE AND IT SUFFERED A SERIES OF PROBLEMS DURING THE COURSE OF THE SEASON. AHEAD OF THE MONACO GRAND PRIX (3 JUNE), SEEN IN THE PHOTO AT THE BOTTOM OF THE FACING PAGE, MERZARIO AND ICKX OBTAINED ONLY MODEST PLACINGS. ON THE MONACO CIRCUIT BOTH THE ITALIAN DRIVER (NO. 4) AND THE BELGIAN (NO. 3) RETIRED. TOP, ICKX IS SEEN HERE IN SPAIN (29 APRIL) WHERE HE HAD A QUIET RACE.*

Mentre le 312 B3 letteralmente "tirano a campare" in Formula 1 (sopra Merzario n. 4 in Austria davanti alle BRM di Jean Pierre Beltoise e Clay Regazzoni oltre alla Brabham di Wilson Fittipaldi), la 312 "PB" continua a dar soddisfazioni nel Mondiale Marche dove Ickx e Redman vincono nuovamente la 1000 Chilometri di Monza e poi quella del Nürburgring, ultimo trionfo in assoluto della casa di Maranello con i Prototipi.

## 1973

*While the 312 B3 were struggling in Formula 1 (above, Merzario No. 4 seen in Austria ahead of the BRMs of Jean Pierre Beltoise and Clay Regazzoni and the Brabham of Wilson Fittipaldi), the 312 PB continued to bring success in the World Championship for Marques where Ickx and Redman again won the Monza 1000 Km, the same pairing repeating the feat at the Nürburgring in the Maranello marque's last victory in the Sports Prototype category.*

Il Campionato del mondo è però appannaggio della Matra, nell'immagine in basso durante il giro di ricognizione della 6 Ore di Vallelunga, in lotta con le Ferrari 312 "PB". La Casa francese farà sua, fra l'altro, anche la 24 Ore di Le Mans con l'equipaggio Henri Pescarolo-Gerard Larrousse.

**1973** ————————————————

*The World Championship title instead went to Matra, seen in the bottom shot during the parade lap for the Vallelunga 6 Hours, duelling with the Ferrari 312 PB's. The French team were also to win the Le Mans 24 Hours with the Henri Pescarolo-Gerard Larrousse crew.*

I test con la 312 "PB" camuffata – nella foto guidata da Regazzoni a Fiorano – vanno avanti, ma questa vettura non avrà alcun seguito poiché Enzo Ferrari ha ormai deciso di abbandonare il Campionato del Mondo Marche dove il Cavallino è stato quasi ininterrottamente presente in forma ufficiale dal 1953, per concentrare tutte le risorse in Formula 1. I risultati non tardano ad arrivare.

Il giovane Niki Lauda, portato a Maranello in "dote" da Clay Regazzoni che lo aveva avuto compagno di squadra alla BRM nel 1973, mostra subito di che pasta è fatto e alla quarta gara del Mondiale, a Jarama (28 aprile), porta al successo (in basso) la nuova 312 B3, davanti a Regazzoni.

Pagina a fianco, a Montecarlo (26 maggio), Niki e Clay monopolizzano la prima fila, ma in gara non saranno altrettanto fortunati, con Regazzoni solo quarto e Lauda ritirato.

## 1974

*The test sessions with the camouflaged 312 PB's – in this photo driven by Regazzoni at Fiorano – continued, but the car was not taken further because Enzo Ferrari had decided to abandon the World Championship for Marques in which the Prancing Horse had been constant presence in official form since 1953, in order to devote all resources to Formula 1, where results were not slow to arrive.*

*The young Niki Lauda, brought to Maranello by Clay Regazzoni who had been his teammate at BRM in 1973, gave notice of his potential in the fourth round of the championship at Jarama (28 April) where he won in the new 312 B3 ahead of Regazzoni.*

*Facing page, at Monte Carlo (26 May), Niki and Clay monopolised the front row, but were not as successful in the race, with Regazzoni fourth and Lauda failing to finish.*

ALLA DIREZIONE SPORTIVA DEL CAVALLINO È INTANTO ARRIVATO LUCA CORDERO DI MONTEZEMOLO CHE CON NIKI TROVA SUBITO UN *FEELING* PARTICOLARE; ECCOLO IN ALTO SCAMBIARE QUALCHE IMPRESSIONE CON L'AUSTRIACO MENTRE A FIANCO, A FIORANO, CON LORO C'È ANCHE ENZO FERRARI.

PAGINA A FIANCO, NIKI CONQUISTA UN'ALTRA VITTORIA IN OLANDA (23 GIUGNO) MENTRE CLAY È AUTORE DI UNA CORSA CAPOLAVORO IN GERMANIA, DOVE SUL TERRIBILE NÜRBURGRING (4 AGOSTO) IMPARTISCE UNA LEZIONE DI GUIDA A TUTTI. IN BASSO A SINISTRA, ECCOLO MENTRE SPICCA IL VOLO SU UNO DEI NUMEROSI DOSSI DEL TRACCIATO TEDESCO.

## 1974

*LUCA CORDERO DI MONTEZEMOLO HAD BY NOW JOINED THE PRANCING HORSE'S STAFF AND IMMEDIATELY ESTABLISHED A SPECIAL RELATIONSHIP WITH NIKI; HERE HE IS SEEN EXCHANGING VIEWS WITH THE AUSTRIAN WITH FERRARI HIMSELF ALONGSIDE THEM AT FIORANO.*

*FACING PAGE, NIKI WON AGAIN IN HOLLAND (23 JUNE), WHILE CLAY PRODUCED A FANTASTIC PERFORMANCE IN GERMANY ON THE TERRIBLE NÜRBURGRING (4 AUGUST), GIVING A MASTERCLASS IN RACE DRIVING TO THE REST OF THE FIELD. BOTTOM LEFT, HERE HE IS SEEN TAKING OFF OVER ONE OF THE GERMAN CIRCUIT'S MANY HUMPS.*

CLAY REGAZZONI ARRIVA A GIOCARSI IL MONDIALE NELL'ULTIMA PROVA AL WATKINS GLEN (6 OTTOBRE) MA QUELLA È UNA CORSA DISGRAZIATA E ALLA FINE IL TITOLO FINISCE AD EMERSON FITTIPALDI E ALLA MCLAREN. MENTRE OSSERVA IL 12 CILINDRI DELLA SUA FERRARI, CLAY PARE MEDITARE SULLE TANTE DIFFICOLTÀ E INCOMPRENSIONI CHE HA AVUTO IN SENO ALLA SQUADRA DURANTE L'INTERA STAGIONE.

## 1974 —————————

*CLAY REGAZZONI WAS RACING FOR THE WORLD CHAMPIONSHIP TITLE IN THE LAST ROUND AT WATKINS GLEN (6 OCTOBER) BUT THE RACE WENT BADLY AND IN THE END THE TITLE WAS WON BY EMERSON FITTIPALDI AND MCLAREN. WHILE OBSERVING HIS FERRARI'S 12-CYLINDER ENGINE, CLAY APPEARS TO BE MEDITATING ON THE MANY DIFFICULTIES AND MISUNDERSTANDINGS THAT HAD ARISEN DURING THE SEASON.*

Dopo le prime corse, Argentina e Brasile, disputate ancora con la 312 B3, in Sudafrica debutta la nuova 312 T – ultima creatura firmata da Mauro Forghieri. La corsa a Kyalami non da i risultati sperati ma la nuova monoposto mostra di avere grandi potenzialità che già nel successivo Gran Premio in Spagna (27 aprile) permettono a Lauda e a Regazzoni di scattare dalla prima fila. Peccato che la loro corsa duri soltanto qualche centinaio di metri, a seguito di uno scontro alla prima frenata, complice la Parnelli di Mario Andreti alle loro spalle. Regazzoni riprenderà la corsa ma resterà sempre nelle retrovie.

## 1975

*Following the first races in Argentina and Brazil, disputed with the old 312 B3, the new 312 T debuted in South Africa. The Kyalami race was not convincing, but the new car did show great potential and in the next Grand Prix in Spain (27 April) allowed Lauda and Regazzoni to start from the front row. It was unfortunate that their race lasted only a few hundred metres, following a crash under braking for the first corner caused by the Parnelli of Mario Andretti behind the. Regazzoni was able to restart, but remained among the back-markers.*

TEXACO
GOODYEAR
Marlboro
GOODYEAR
Agip
HEUER
11
GOOD YEAR
Agip
Agip

A vent'anni dal successo di Maurice Trintignant con la 625 F1, una rossa
torna ad imporsi nel Gran Premio di Monaco. Dopo aver fatto segnare
il miglior tempo in prova, Niki è autore di una gara magistrale, iniziata
sotto la pioggia (nella foto in alto Gianni Agnelli osserva la 312 durante
le prove) e finita... con il sole, almeno per la Scuderia di Maranello.
In basso Niki è sul gradino più alto del podio assieme ai Principi monegaschi
mentre a destra l'immancabile "Scintilla" regge la bottiglia di champagne.
Più sfortunata la corsa di Clay, comunque autore del giro più veloce
in gara, costretto alla resa al 36° giro per un incidente.

**1975**

*Twenty years after Maurice Trintignant's victory with the 625 F1, a rossa
once again won the Monaco Grand Prix. After having set the fastest time
in practice, Niki produced a masterful race that began in the rain (in the
top photo, Gianni Agnelli observed the 312 during practice) and finished in
sunshine, at least for the team from Maranello. Bottom, Niki on the top step
of the podium with the Prince and Princess of Monaco, while on the right
the ever-present Scintilla holds the bottle of champagne. Despite recording
the fastest lap, Clay's race was less successful and he was forced to retire on
the 36th lap after an accident.*

Pagina a fianco, da Monaco in poi Niki è inarrestabile: vince in Belgio, in Svezia, in Francia mentre in Austria, nell'immagine in basso, in un gran premio corso sotto un autentico diluvio, vinto da Vittorio Brambilla con la March, Niki al traguardo è solo sesto.

Sopra, l'austriaco è impegnato alla famosa curva Tarzan del circuito olandese di Zandvoort davanti alla Shadow del francese Jean Pierre Jarier. A fine gara Lauda chiuderà secondo alle spalle di James Hunt alla sua prima vittoria in Formula 1.

## 1975

*Facing page, from Monaco onwards Niki was unstoppable: he won in Belgium, Sweden and France while in Austria, bottom, the Grand Prix was held in a deluge and won by Vittorio Brambilla with the March, while Niki could only finish sixth.*

*Above, the Austrian tackling the famouse Tarzan corner on the Zandvoort circuit in Holland ahead of the Frenchman Jean Pierre Jarier in the Shadow. At the end of the race Lauda was to finish second behind James Hunt who secured his first Formula 1 victroy.*

PAGINA A FIANCO, GRAZIE A QUESTO IMPRESSIONANTE RUOLINO DI MARCIA, GIÀ ALLA VIGILIA DEL GRAN PREMIO D'ITALIA (7 SETTEMBRE) NIKI È IN PRATICA CAMPIONE DEL MONDO. LA TIFOSERIA DEL CAVALLINO INVADE L'AUTODROMO E, IN ATTESA DELLA CORSA, MONTEZEMOLO E LAUDA SCAMBIANO QUALCHE BATTUTA CON JODY SCHEKTER MENTRE, IN BASSO, REGAZZONI FA ALTRETTANTO CON IL SUO CAPO MECCANICO GIULIO BORSARI.

PAGINA A FIANCO, IL BUONGIORNO SI VEDE… DALLA PARTENZA CON I DUE PILOTI DEL CAVALLINO CHE SCATTANO DALLA PRIMA FILA E, AL TERMINE DEL GIRO INIZIALE, ENTRANO DAVANTI A TUTTI ALLA PRIMA VARIANTE MONZESE.

## 1975

*FACING PAGE, THANKS TO THIS IMPRESSIVE FORM, BY THE EVE OF THE ITALIAN GRAND PRIX (7 SEPTEMBER) NIKI WAS TO ALL INTENTS AND PURPOSED WORLD CHAMPION. THE PRANCING HORSE FANS INVADE THE AUTODROMO AND AHEAD OF THE RACE MONTEZEMOLO AND LAUDA EXCHANGE WORDS WITH JODY SCHECKTER WHILE, BOTTOM, REGAZZONI DOES THE SAME WITH HIS CHIEF MECHANIC GIULIO BORSARI.*

*ABOVE AND RIGHT, WELL BEGUN IS HALF DONE… THE PRANCING HORSE'S TWO DRIVERS SPRING AWAY FROM THE FRONT ROW AND AT THE END OF THE FIRST LAP TRUN IN TO THE FIRST CHICANE AT MONZA AHEAD OF THE PACK.*

Niki fa matematicamente suo il titolo iridato proprio sulla pista brianzola dove al traguardo è terzo mentre Clay va a prendersi una ben più che meritata vittoria. Una delle giornate più belle nella storia del Cavallino va in archivio.

Sotto, il "Grande Vecchio" visibilmente soddisfatto posa accanto ai sui due piloti.

### 1975

*Niki made mathematically sure of the title on the Brianza track, finishing third as Clay claimed a well deserved victory. One of the greatest days in the history of the Prancing Horse is put to bed.*

*Left, the "Old Man" is visibly satisfied as he poses with his two drivers.*

# LUCA CORDERO DI MONTEZEMOLO

Undici maggio 1975, Niki Lauda al volante della Ferrari 312 T si aggiudica il Gran Premio di Montecarlo, centrando il primo successo di una stagione che, mesi dopo, sarà suggellata da un' altrettanto indimenticabile domenica monzese, scandita dal primo posto di Clay Regazzoni e dal terzo di Lauda, risultato che, tradotto, per il pilota austriaco significa titolo mondiale Piloti in tasca, e per la Casa di Maranello il ritorno all'iride dopo undici stagioni di estenuante attesa.

Ma quel giorno a Monaco, oltre che per la storica affermazione di Niki – che riporta la Ferrari sul gradino più alto del Principato esattamente vent'anni dopo Maurice Trintignant – sarà ricordato dal popolo ferrarista e non solo anche per le "gesta" di un giovane che, dal muretto box, "dirige", giro dopo giro, Niki verso quella splendida quanto importante affermazione.

Quel ragazzo che all'epoca ha ventisette anni, essendo nato a Bologna il 31 agosto del 1947, si sbraccia, espone cartelli, gesticola, partecipando alla corsa come se lui stesso fosse al volante e, alla fine, cede ad una trascinante esultanza.

Si chiama Luca Cordero di Montezemolo, in quel momento abita a Roma dove ha conseguito una laurea in legge, vanta una discreta carriera di pilota nel mondo dei rally, esperienza che ha condiviso con l'amico Cristiano Rattazzi, figlio di Susanna Agnelli. *«Era vicino alla famiglia Agnelli e soprattutto all'Avvocato»*, ricordava Forghieri. *«Fu lo stesso Ferrari a spiegarmi che era in contatto con lui da qualche mese e che avrebbe ricoperto il ruolo di suo assistente e di direttore. Il neoarrivato si sarebbe occupato della gestione sportiva del team ma anche di tanti altri aspetti esterni, a partire dai rapporti con la stampa. In quel ruolo Luca si è espresso con notevole qualità, grazie anche ad una particolare sensibilità, che mi ha sempre colpito e che ha mantenuto negli anni: quando incontrava una persona intuiva al volo quale fosse il modo migliore per confrontarsi, in che modo dovesse dialogare».*

In quella delicata quanto concitata fase di ricostruzione della squadra, Montezemolo è l'uomo giusto nel posto giusto al momento giusto. Il 1974 parte con una monoposto dalle grandi potenzialità, affidata alle mani esperte del "veterano" Clay Regazzoni e della giovane promessa, Niki Lauda, il cui passaggio a Maranello è stato caldeggiato dallo stesso Regazzoni. Sono personalità diverse ma ugualmente forti attorno alle quali Montezemolo cerca, non senza difficoltà, di costruire una nuova squadra, un nuovo modo di

*11 May 1975, Niki Lauda at the wheel of the Ferrari 312 T wins the Monte Carlo Grand Prix, securing the first victory of a season that, months later, was to be crowned by another unforgettable Sunday at Monza, a result that for the Austrian driver signified a Drivers' World Championship in his pocket and for the Maranello firm a first world title for 11 long, long years.*

*However, apart from Niki's historic victory, that day in Monaco – which took Ferrari back to the top step of the podium in the Principality exactly 20 years after Maurice Trintignant – was also to be remembered by the Ferraristi and others for the presence of a young man on the pit lane wall who could be seen urging Niki on, lap by lap, to that all-important win.*

*That young man, just 27 years of age at the time, born in Bologna on the 31st of August 1947, waved his arms, showed timing boards and gesticulated, participating in the race almost as if he were behind the wheel and in the end gave in to an overwhelming exultation.*

*His name was Luca Cordero di Montezemolo and at the time was living in Rome where he had recently graduated in law. He boasted a respectable record as a rally driver, an experience he had shared with his friend Cristiano Rattazzi, the son of Susanna Agnelli. "He was close to the Agnelli family, especially the Avvocato", recalled Forghieri. "It was Ferrari himself who explained that he had been in contact with him for some months and that he would be taking on the roles of his assistant and sporting director. The new arrival was to deal with the sporting side of the team but also numerous external aspects, starting with relations with the press. In that role Luca showed notable talent and a particular sensitivity which has always struck me and which he has retained over the years: when he met someone he immediately intuited the best way of approaching them and how to establish a dialogue."*

*In that delicate and hectic phase in the reconstruction of the team, Montezemolo was the right man in the right place at the right time. 1974 got underway with a car of great potential entrusted to the experience of the "veteran" Clay Regazzoni and the talent of the promising young Niki Lauda, whose move to Maranello had been warmly encouraged by Regazzoni himself. They were very different but equally strong personalities around which Montezemolo tried, not without difficulty, to build a new team, a new way of organizing and thinking about the work. In the field you need*

LUCA CORDERO DI MONTEZEMOLO "ALL'OMBRA" DELL'AVVOCATO GIANNI AGNELLI, FRA GLI UOMINI CUI È STATO DA SEMPRE PIÙ LEGATO.

LUCA CORDERO DI MONTEZEMOLO "IN THE SHADOW" OF AVVOCATO GIANNI AGNELLI, ONE OF THE MEN TO WHOM HE HAS ALWAYS BEEN CLOSE.

A SINISTRA: IN ALTO, CON LAUDA E REGAZZONI AI BOX NEL 1974; IN BASSO, ASSIEME AL COMMENDATORE. AL CENTRO, ESULTA PER LA VITTORIA DI NIKI, A MONACO, NEL 1975 (CUI SI RIFERISCE ANCHE L'IMMAGINE A DESTRA). IN BASSO, COLLOQUIO FITTO CON REGAZZONI.

A FIANCO, ANCORA CON IL PILOTA MA SOPRATTUTTO AMICO NIKI LAUDA, NELLA GLORIOSA STAGIONE 1975.

LEFT, TOP, WITH LAUDA AND REGAZZONI IN THE PITS IN 1974; BOTTOM, TOGETHER WITH THE COMMENDATORE. CENTRE, CELEBRATING NIKI'S VICTORY AT MONACO IN 1975 (A RACE ALSO SEEN IN THE PHOTO ON THE RIGHT). BOTTOM, TALKING TO REGAZZONI.

LEFT, WITH THE DRIVER AND ABOVE ALL HIS GREAT FRIEND NIKI LAUDA DURING THE GLORIOUS 1975 SEASON.

# LUCA CORDERO DI MONTEZEMOLO

impostare e di intendere il lavoro. Sul campo ci vuole diplomazia ma anche capacità decisionale ben sapendo che l'ultima parola spetta sempre e comunque al capo, a quel Ferrari che dal suo "eremo di Maranello", tutto vede, sempre e comunque. «*Anche con i piloti Luca ha saputo agire nel migliore dei modi*», ricorda ancora Forghieri, «*nonostante le critiche, a mio avviso ingiuste, che gli sono piovute addosso alla fine della stagione 1974. Si è detto che aveva una maggior simpatia nei confronti di Lauda. Magari umanamente prediligeva Niki ma solo perché si era creata un'amicizia, si frequentavano al di fuori delle corse, ma anche con Clay il rapporto è sempre stato ottimo*».

Montezemolo resta al muretto box della Scuderia Ferrari anche nella memorabile stagione 1975, poi, nell'altrettanto indimenticabile 1976, viene richiamato ad altri incarichi proprio in seno alla Fiat, non prima di aver "suggerito" il nome del suo successore, Daniele Audetto, sottratto per una stagione al reparto corse Lancia nei rally.

Non è un addio ma soltanto un arrivederci: dopo essere passato attraverso altri numerosi incarichi di assoluto rilievo – amministratore delegato della Itedi, della Cinzano, ai vertici del gruppo organizzativo dei Mondiali di calcio in Italia nel 1990, e ancora vicepresidente della Juventus – Montezemolo fa il suo rientro a Maranello nel 1991, nella duplice veste di AD e presidente della Ferrari. Ancora una volta è tutto da ricostruire, tanto nel settore produzione quanto e soprattutto nel reparto corse e, ancora una volta, Luca individua gli uomini giusti facendo squadra, creando il gruppo. In rapida successione arriva Jean Todt, riappare John Barnard, mentre Michael Schumacher si cala nei panni di pilota ufficiale.

Certo, questa è un'altra storia ma, di fatto, ancora una volta nel segno di Montezemolo, si apre una nuova quanto lunga stagione di gloria che si protrarrà sino addentro agli anni Duemila.

*diplomacy but also a decision making capacity with an awareness that the last word always goes to the boss, to the Commendatore who from his stronghold at Maranello, saw and heard everything that was going on. "Luca always knew how to act for the best with the drivers too", recalls Forghieri again, "despite the criticism, unjustified in my opinion, that rained down on him at the end of the 1974 season. I was said that he got on better with Lauda. Perhaps on a human level he favoured Niki, but only because he had established a friendship with him, they would see each other away from the track, but his relationship with Clay was always very good too."*

*Montezemolo was still on the Scuderia Ferrari pit lane wall in the memorable 1975 too and then in the equally unforgettable 1976 season he was called to take on other positions within the Fiat group, but not before "suggesting" the name of successor, Daniele Audetto, borrowed for a season from the Lancia rally team.*

*It was an "arrivederci" rather than a definitive farewell: after having performed numerous other prestigious role – CEO of Itedi and of Cinzano, at the head of the group organizing the Italia 90 World Cup and Vice Chairman of Juventus – Montezemolo returned to Maranello in 1991 as both CEO and Chairman of Ferrari. Once again everything needed rebuilding, in production sector and above all in the racing department and, once again, it was Luca who identified the right men, piecing together a team, creating a group. In rapid succession he was joined by Jean Todt and the returning John Barnard, while Michael Schumacher was later signed as a works driver.*

*Certainly, this is another story but under Montezemolo's steadying hand and new and lengthy period of glory was about to open, one that was to continue into the new millennium.*

EREDE DELLA 312 T È LA T2. ALLA PRESENTAZIONE DELLA MONOPOSTO LAUDA ARRIVA A BORDO DI UNA 308 GTB, LA BERLINETTA FERRARI A MOTORE POSTERIORE, APPARSA AL SALONE DI PARIGI DEL 1975. ALTRA NOVITÀ DELLA STAGIONE È L'ARRIVO DI DANIELE AUDETTO IN VESTE DI DS AL POSTO DI LUCA MONTEZEMOLO (NELLA FOTO SOTTO A SINISTRA AI BOX DI ZOLDER).

COME GIÀ ACCADUTO NEL 1975, LE PRIME CORSE DELLA STAGIONE VENGONO DISPUTATE CON LA "VECCHIA" T CHE DIMOSTRA DI NON AVER PERSO IL PROPRIO SMALTO DATO CHE CONSENTE A LAUDA DI VINCERE IN BRASILE E SUDAFRICA, E A REGAZZONI DI FARE ALTRETTANTO A LONG BEACH.

PAGINA A FIANCO, GIÀ IN SPAGNA (2 MAGGIO), AL DEBUTTO CON LA NUOVA 312 T2, LAUDA SCATTA DALLA PRIMA FILA (IN ALTO), PER POI VINCERE LE DUE GARE SUCCESSIVE IN BELGIO E A MONTECARLO.

## 1976

*THE HEIR TO THE 312 T WAS THE T2. LAUDA ARRIVED AT THE PRESENTATION OF THE SINGLE-SEATER ABOARD A 308 GTB, THE REAR-ENGINED FERRARI BERLINETTA THAT HAD BEEN LAUNCHED AT THE 1975 PARIS MOTOR SHOW. ANOTHER NOVELTY THIS SEASON WAS THE ARRIVAL OF DANIELE AUDETTO AS THE SPORTING DIRECTOR IN PLACE OF LUCA MONTEZEMOLO (IN THE PHOTO LEFT IN THE PITS AT ZOLDER).*

*AS IN 1975, THE OPENING RACES OF THE SEASON WERE DISPUTED WITH THE "OLD" T THAT CONTINUED TO DEMONSTRATE ITS WORTH AS IT CARRIED LAUDA TO VICTORY IN BRAZIL AND SOUTH AFRICA AND REGAZZONI AT LONG BEACH.*

*FACING PAGE, IN SPAIN (2 MAY) LAUDA STARTED FORM THE FRONT ROW IN THE NEW 312 T2 (TOP), GOING ON TO WIN THE FOLLOWING TWO RACES IN BELGIUM AND MONTE CARLO.*

Un'immagine del travagliato Gran Premio d'Inghilterra del 18 luglio. Dopo una prima partenza, culminata con un incidente multiplo alla prima curva, la corsa viene sospesa. Al secondo via Lauda prende il comando davanti a James Hunt con la McLaren e al compagno Regazzoni. L'inglese vince davanti ai connazionali in delirio ma, dopo mesi di discussioni, gli viene tolto il risultato a tutto vantaggio del ferrarista che aveva chiuso secondo.

Niki è quanto mai in lotta per il Mondiale e sulla pista del Nürburgring, dove il 1° agosto è in programma il Gran Premio di Germania, potrebbe allungare ulteriormente. Invece la storia è nota: la 312 T2 esce di pista nel corso del secondo giro e prende fuoco. Lauda è estratto dai rottami, ma le sue condizioni appaiono gravissime e tutto sembra perduto.

Poi, il miracolo, Lauda si riprende e già prima del Gran Premio d'Italia a Monza del 12 settembre, in un test organizzato all'ultimo momento a Fiorano, si cala nuovamente nell'abitacolo della sua Ferrari (le due foto in alto nella pagina a fianco).

A Monza il Campione del Mondo in carica c'è ma i segni sul suo volto parlano più di tante parole.

## 1976

A photo from the troubled British Grand Prix of the 18th of July. After the first start that saw a multiple pile-up at the first corner, the race was suspended. At the second start Lauda took the lead ahead of James Hunt in the McLaren and his Ferrari teammate Regazzoni. The Englishman took the chequered flag in front of a delirious home crowd but, after months of deliberation, he was stripped of the points in favour of the Ferrari driver who finished second.

Niki was set fair in the championship standings and was looking to extend his lead in the German Grand Prix at the Nürburgring on the 1st of August. Instead the story of that race is well known: his 312 T2 crashed on the second lap and burst into flames. Lauda was pulled from the wreckage terribly burnt and everything appeared lost.

Then came the miracle, Lauda recovered and ahead of the Italian Grand Prix at Monza (12 September) he was already back in the cockpit of his Ferrari for a test session organized at Fiorano (the two upper photos on the facing page).

The reigning World Champion was present at Monza but the scars on his face were worth a thousand words.

Pagina a fianco, a Monza oltre ai piloti titolari Lauda e Regazzoni, corre anche l'argentino Carlos Reutemann (foto in alto, nel test a Imola subito dopo l'accordo) che frattanto Ferrari ha chiamato a Maranello come possibile sostituto di Niki. Regazzoni impiega poco tempo per capire che, in realtà, per lui in squadra non c'è più spazio e che proprio l'argentino prenderà il suo posto nel 1977. Nella foto sotto le tre Ferrari insieme alla March di Ronnie Peterson, vincitore del Gran Premio d'Italia.

Sopra, il Mondiale si decide in Giappone (24 ottobre), il giorno del gran rifiuto di Niki che, viste le terribili condizioni meteo, decide d'abbandonare consegnando di fatto il titolo a James Hunt e alla McLaren, che se lo aggiudicano per un solo punto.

Ferrari, a fianco, è comprensivo – almeno a parole – ma da quel giorno i rapporti fra lui e il suo campione non saranno più gli stessi.

## 1976

*Facing page, at Monza along with Lauda and Regazzoni, the Prancing Horse was also represented by Carlos Reutemann whom Ferrari had called to Maranello as a possible replacement for Niki (top photo, in testing at Imola immediately after signing). Regazzoni was slow to realise that in reality there would no longer be room in the team for him and the Argentine would take his place in 1977. In the photo below, the three Ferraris together with the March of Ronnie Peterson, winner of the Italian Grand Prix.*

*Above, the World Championship was decided in Japan (24 October), on the day of Niki's brave decision to abandon the race due to the terrible weather conditions and effectively present the title to James Hunt in the McLaren who won by a single point.*

*Ferrari, right, was understanding, at least on the surface, but from that day the relationship between the two was never the same.*

PAGINA A FIANCO, NONOSTANTE LA FORTE RIVALITÀ CHE HA ISPIRATO, IN TEMPI RECENTI, IL FILM *RUSH* DI RON HOWARD DEDICATO ALLA ROCAMBOLESCA STAGIONE 1976, I RAPPORTI FRA NIKI LAUDA E JAMES HUNT SONO SEMPRE STATI CORDIALI E IMPRONTATI ALLA RECIPROCA STIMA.

LA STAGIONE 1977 DIMOSTRA CHE LA 312 T2 "EVOLUTA" È DEGNA EREDE DELLE MONOPOSTO DELLA SERIE T CHE L'HANNO PRECEDUTA: REUTEMANN CONQUISTA IL SUCCESSO IN BRASILE (23 GENNAIO) MENTRE LAUDA, SOPRA A SINISTRA ASSIEME A MONTEZEMOLO E, AL CENTRO, AL CINQUE VOLTE IRIDATO JUAN MANUEL FANGIO, SI AGGIUDICA IL GRAN PREMIO DEL SUDAFRICA (5 MARZO) OLTRE QUELLO DI GERMANIA A HOCKENHEIM (31 LUGLIO). SOLO QUINTO INVECE A DIGIONE DOVE, FOTO A DESTRA, SI INIZIA A PARLARE DI UN SUO POSSIBILE DIVORZIO DALLA FERRARI.

## 1977

*FACING PAGE, IN SPITE OF THE INTENSE RIVALRY THAT INSPIRED THE RECENT FILM RUSH BY RON HOWARD THAT DEPICTED THE EXCITING 1976 SEASON, RELATIONS BETWEEN NIKI LAUDA AND JAMES HUNT WERE ALWAYS CORDIAL AND BASED ON RECIPROCAL RESPECT.*

*THE 1977 SEASON GAVE IMMEDIATE EVIDENCE THAT THE 312 T2 WAS A WORTHY HEIR TO THE T-SERIES CARS THAT HAD PRECEDED IT: REUTEMANN WON IN BRAZIL (23 JANUARY) WHILE NIKI, ABOVE LEFT WITH MONTEZEMOLO AND, CENTRE THE FIVE-TIME F1 WORLD CHAMPION, JUAN MANUEL FANGIO, WAS VICTORIOUS IN SOUTH AFRICA (5 MARCH) AND AT HOCKENHEIM IN GERMANY (31 JULY). IT WAS ONLY FIFTH AT DIJON WHERE, RIGTH, TALK BEGAN ABOUTS HIS POSSIBLE DIVORCE FROM FERRARI.*

In Olanda Niki è ancora primo davanti a Jacques Laffite su Ligier e Jody Scheckter sulla Wolf.

Pagina a fianco, a Monza (in basso a sinistra alle spalle del compagno Carlos Reutemann), l'11 settembre, è secondo dietro a Mario Andretti su Lotus, e nel successivo Gran Premio degli Stati Uniti si laurea per la seconda volta Campione del Mondo con la Ferrari ma… ancor prima della fine del Mondiale, sbatte la porta e se ne va, stanco dell'ambiente di Maranello e bisognoso di nuovi stimoli.

Il suo posto lo prende un giovane canadese di nome Gilles Villeneuve, che non impiega troppo tempo a finire sulle prime pagine dei giornali…

## 1977

*In Holland Niki won again ahead of Jacques Laffite in the Ligier and Jody Scheckter in the Wolf.*

*Facing page, at Monza (bottom left, behind his teammate Carlos Reutemann) on the 11th of September, he was second behind Mario Andretti in the Lotus and in the following United States Grand Prix he was crowned World Champion for the second time with Ferrari but even before the championship had been concluded he had left, slamming the door behind him. Tired of Maranello, he need fresh stimuli.*

*His place was taken by a young Canadian by the name of Gilles Villeneuve who did not take long to start writing newspaper headlines…*

Pagina a fianco, la 312 T3 si dimostra subito una monoposto nata sotto una buona stella. Forte anche delle nuove coperture fornite dalla francese Michelin, Reutemann vince sia in Brasile (29 gennaio) sia a Long Beach (2 aprile). Gilles, alla sua prima stagione completa "in rosso" (in alto a sinistra il giorno della presentazione della T3), incontra qualche difficoltà in più, ma poi, nell'ultima prova del Mondiale, proprio sulla pista di casa, a Montréal (8 ottobre), ottiene il suo primo storico successo.

Nel frattempo, a Monza (10 settembre), il titolo iridato lo conquista Mario Andretti con la Lotus 79 a effetto suolo. Al via di quella corsa, diverse monoposto restano coinvolte in una terribile carambola. In un primo momento si teme per Vittorio Brambilla, ma poi nella notte sarà Ronnie Peterson, compagno di Andretti alla Lotus, a perire a seguito delle infinite fratture alle gambe che si è procurato nell'impatto.

## 1978

*Facing page, the 312 T3 immediately proved to be car born under a good sign. Thanks in part to the new tyres supplied by the French firm Michelin, Reutemann won both in Brazil (29 January) and at Long Beach (2 April). It was a little more difficult for Gilles, in his first full season with the rosse (top left at the presentation of the T3), but then in the last round of the World Championship, in his home Grand Prix at Montréal (8 October) he secured his first historic victory.*

*In the meantime, at Monza (10 September), the World Championship had been conquered by Mario Andretti with his ground effects Lotus 79. At the start of that race a number of cars had been involved in a terrible pile up. Initially there was concern for Vittorio Brambilla, but during the night it was to be Ronnie Peterson, Andretti's teammate at Lotus, who perished after suffering infinite fractures to his legs in the crash.*

Il neo-ferrarista Jody Schekter prova la 312 T3 con cui, lui e Villeneuve, disputano le prime due prove del Mondiale, Argentina e Brasile, dove la vettura mostra di essere però ormai giunta al capolinea. La T4 debutta già in Sudafrica (3 marzo) dove a portarla al successo è Gilles che poi si ripete poco più di un mese dopo nel Gran Premio degli Stati Uniti-Ovest a Long Beach.

Pagina a fianco, il compagno di squadra Schekter non vuole essere da meno e a Montecarlo (27 maggio), tocca proprio a lui passare per primo sotto la bandiera a scacchi consolidando la propria posizione di leader del Mondiale.

## 1979

*Ferrari's new recruit Jody Scheckter testing the 312 T3 with which he and Villeneuve disputed the first two rounds of the World Championship in Argentina and Brazil where the car proved to have reached the end of the road. The T4 made its debut in South Africa (3 March) where it was driven to victory by Gilles who then repeated the feat a month later in the United States West Grand Prix at Long Beach.*

*Facing page, his teammate Scheckter then followed suit at Monaco (27 May), taking the chequered flag and consolidating his place at the head of the championship standings.*

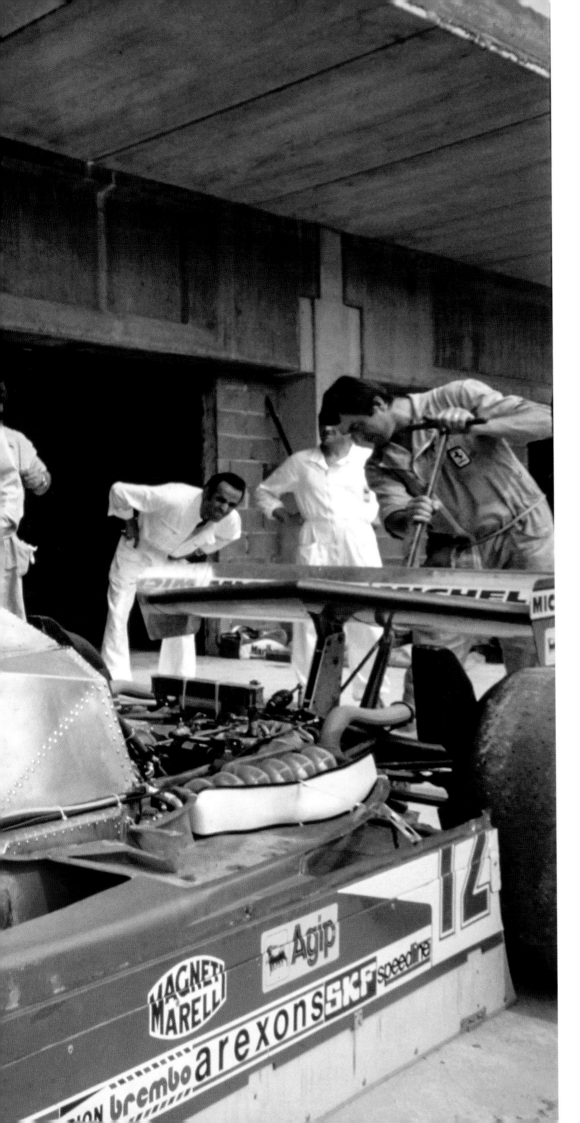

Nei box del circuito di Imola in ristrutturazione, Gilles attende di scendere in pista con la sua T4 mentre Mauro Forghieri e Antonio Tomaini discutono fra loro. Enzo Ferrari, sullo sfondo, osserva i suoi uomini al lavoro.

Dall'alto, tre momenti clou della stagione 1979: Gilles cerca di tornare a suo modo ai box nel Gran Premio d'Olanda (26 agosto) con la gomma posteriore sinistra dechappata. Al centro, Scheckter e Villeneuve guidano il Gran Premio d'Italia (9 settembre), gara che consegnerà al pilota sudafricano il titolo di Campione del Mondo; in basso, Gilles e Lauda su Brabham-Alfa Romeo (poi vincitore della corsa) affiancati alla Tosa, nella prova non valida per il Mondiale disputata a Imola il 16 settembre.

## 1979

*In the pits under reconstruction at Imola, Gilles waits to take to the track with his T4 while Mauro Forghieri and Antonio Tomaini talk between themselves. Enzo Ferrari, in the background, observes his men at work.*

*From the top, three key episodes from the 1979 season: Gilles returns to the pits in unorthodox fashion in the Dutch Grand Prix (26 August), his left rear tyre stripped. Centre, Scheckter and Villeneuve leading the Italian Grand Prix (9 September), a race that was to confirm the South African's World Championship title; bottom, Gilles and Lauda in the Brabham-Alfa Romeo (who won the race) side-by-side at the Tosa in the non-championship race held at Imola on the 16th of September.*

# 1980–1988

## VERSO L'ULTIMO TRAGUARDO
### *APPROACHING THE FINAL FINISHING LINE*

Alla fine di un decennio attraversato da "gioie terribili" e all'alba dei suoi ottantadue anni, Enzo Ferrari sente il bisogno di tirare nuovamente le somme affidando ancora una volta le sue memorie ad un libro, tirato in sole mille copie destinate ad amici e collaboratori, come dono di Natale per il 1979. Il titolo, quanto mai eloquente, è *Ferrari 80* ed è riportato soltanto sul dorso mentre sulla copertina compare un'unica fotografia a colori: un mezzo busto del "Grande Vecchio", con una bisarca della Scuderia sullo sfondo che lascia intravedere, sfocata, la scritta Ferrari. Con lo sguardo sempre nascosto dalle pesanti lenti scure, Ferrari sa bene che la sua figura è ormai "un'icona" nota in tutto il mondo e, gravato da un'esistenza che ben pochi avrebbero potuto sopportare, si appresta a vivere quello che potrebbe essere il suo ultimo decennio; anche questo sa altrettanto bene il Signore di Maranello.

Una decade con un inizio tutto in salita. La 312 T5, ultima erede della gloriosa genealogia di monoposto, le T, che nel giro di pochi anni hanno riportato il Cavallino ai vertici dell'automobilismo, è soltanto la sbiadita fotocopia della vettura che l'ha preceduta, è in perenne crisi di gomme, ma soprattutto è afflitta da cronici problemi di affidabilità. C'è di più, perché il neo-iridato Jody Scheckter, appagato dal titolo appena conquistato, è ormai privo di reali motivazioni e, per questo, è artefice di un Mondiale da dimenticare che conosce la pagina più cupa nella mancata qualificazione al Gran Premio del Canada. Ferrari non si perde d'animo e come ha fatto infinite volte durante quell'"ansimante cammino" − come era solito definire la vita − guarda avanti. Lo fa ingaggiando già nel corso dell'estate del 1980 il pilota che nella stagione successiva avrebbe preso il posto del Campione del Mondo in carica. Si chiama Didier Pironi, un giovane francese che sta dimostrando tutto il proprio valore al volante della Ligier, con cui ha vinto in Belgio il suo primo Gran Premio.

Nello stesso tempo, quando Ferrari prende atto − e non ci vuole molto − che il Mondiale 1980 è ormai compromesso, impartisce ai suoi uomini, Mauro Forghieri *in primis*, il preciso ordine di concentrare ogni sforzo sulla nuova vettura, prima monoposto del Cavallino ad essere spinta da un 6 cilindri a V di 1,5 litri sovralimentato. Il turbo, che è presente già da qualche stagione in Formula 1 grazie alla Renault, ha dimostrato di essere la scelta del futuro e gli uomini di Maranello non possono far altro che prenderne atto. A svezzare la 126 − la sigla della nuova vettura − è Gilles Villeneuve che nel mese di luglio la porta in pista a Fiorano. In

Gilles Villeneuve scatta dalla pole position a Imola nel 1981.
*Gilles Villeneuve sprints away from pole at Imola in 1981.*

At the end of a decade traversed by "terrible joys" and as he turned 82, Enzo Ferrari felt he had to weigh up what he had achieved by recording his memories in a book, a limited edition of a thousand copies that he gave his friends and colleagues as a Christmas present in 1979. The title, that speaks for itself, was *Ferrari 80*, written only on the spine of the book, while a single colour photograph figured on the cover: a head and shoulders shot of the "Old Man", with one of the Scuderia's transporters in the background on which the word Ferrari can be seen, slightly out of focus. His eyes as ever concealed behind thick, dark glasses, Ferrari was well aware that his face was by now an "icon" well known throughout the world, marked by a life that very few people would have been able to bear, and he was preparing for what might well be his last decade on earth, something else of which the *Signore* of Maranello was also well aware.

A decade that opened with a very difficult uphill start. The 312 T5, the latest in the long and glorious line of T-series single-seaters, which after only a few years had put the Prancing Horse back at the pinnacle of motorsport, was but a faded photocopy of the car that had come before it. It was continually struggling with tyres and was above all afflicted by chronic reliability problems. And there was more, as the newly-crowned World Champion Jody Scheckter, sated by the championship he had just won, was demotivated and as a result endured a season best forgotten, the lowest point being when he failed to qualify for the Canadian Grand Prix. Ferrari refused to be discouraged and just as he had done so many times during this "wheezing walk" − as he often described his life − he was looking to the future. In the summer of 1980 the future was marked by the signing of the driver who was to take the place of the reigning World Champion. His name was Didier Pironi, a young Frenchman who was showing his worth at the wheel of the Ligier, in which he won his first Grand Prix in Belgium.

At the same time, when Ferrari realised − and it did not take him long − that the 1980 World Championship was lost, he instructed his men, and in particular Mauro Forghieri, to put all their efforts into the new car, the first Prancing Horse single-seater to be powered by a six-cylinder supercharged 1.5 litre engine. The turbo, which had already been around for a season or two thanks to Renault, was clearly the choice for the future and the men from Maranello inevitably had to fall in line. The driver chosen

# 1980-1988

## VERSO L'ULTIMO TRAGUARDO
### *APPROACHING THE FINAL FINISHING LINE*

quel momento il pilota canadese nato e cresciuto a Maranello, è forse una delle poche certezze di Ferrari. Nonostante la pochezza della T5, Gilles ci mette sempre del suo e questo non sfugge agli occhi del suo affezionato datore di lavoro.

Il 1980 può essere sintetizzato in due celebri immagini che più di altre permettono di comprendere il legame che si era instaurato fra il "vecchio" e il giovane. Una serie di scatti di Franco Villani mostrano Ferrari e Gilles a Imola dove, in estate, si stanno svolgendo alcuni test in vista del Gran Premio d'Italia che in settembre si sarebbe disputato proprio sulla pista del Santerno. In un momento di pausa, Ferrari e Gilles, ai quali si unisce anche Marcello Sabbatini − storico direttore di *AutoSprint* − discutono sorridenti in un clima di grande intesa e serenità nonostante la deludente stagione.

La seconda fotografia è invece uno scatto letteralmente "rubato" da Ercole Colombo, altro grande professionista dell'obiettivo in Formula 1. Il Gran Premio d'Italia a Imola si è appena concluso con la vittoria di Nelson Piquet su Brabham; Gilles che in prova ha per la prima volta portato in pista ufficialmente la 126 CK, in gara è stato protagonista di un terribile schianto alla Tosa, per fortuna senza conseguenze per il pilota. Il giorno dopo il canadese è a Maranello e quando incontra Ferrari, il "Grande Vecchio" abbraccia e bacia affettuosamente sulla guancia il suo pupillo davanti agli occhi di Didier Pironi che, proprio quell'occasione, viene presentato alla stampa.

Nel 1981, prima che i motori inizino a ruggire sono però "le carte bollate" a dominare la scena. In Formula 1 è infatti in atto una guerra senza esclusione di colpi fra l'autorità sportiva, la FISA − sostenuta anche da alcuni costruttori − e la FOCA, associazione di cui faceva parte un altro gruppo di team cappeggiato da Bernie Ecclestone che, oltre ad essere il patron della Brabham, sta cercando di guadagnare un peso politico sempre maggiore in seno alla stessa Formula 1.

Questa guerra aveva già attraversato tutto il Campionato 1980 e, alla vigilia del nuovo Mondiale, proprio Ecclestone, nel tentativo di appianare i dissidi e trovare un accordo, si fa promotore di un incontro fra autorità e costruttori, incontro che avviene in gennaio a Modena, nella vecchia sede della Scuderia Ferrari, con il padrone di casa − Ferrari − che veste i panni di "patriarca" e di paciere dell'automobilismo sportivo mondiale.

Il costruttore di Maranello, che nel corso della sua lunga attività sportiva e manageriale ha saputo tener testa a gente del calibro di Nuvolari, Varzi, Fangio, Surtees, non fa fatica a calarsi nella parte e, dopo una riunione fiume, l'accordo parrebbe trovato; il condizionale è d'obbligo poiché la guerra è in realtà destinata a protrarsi ancora a lungo.

Nelle prime gare del Campionato, la 126 Turbo mostra di possedere potenzialità ma si rivela anche una vettura fragile sul piano dell'affidabilità. Una serie di ritiri per entrambi i piloti e qualche modesto piazzamento

to fettle the 126 − as the new car was named − was Gilles Villeneuve, who first drove it at Fiorano in July. At that time the Canadian driver, who had essentially grown up at Maranello, was one Ferrari's few certainties. Despite the faults of the T5, Gilles always gave of his best and this did not escape the attention of his employer who had a soft spot for him.

1980 can be summed up in two famous photos that capture the bond that had grown between the Old Man and the young driver. A series of shots by Franco Villani show Ferrari and Gilles at Imola where, in the summer, testing was conducted in preparation for the Italian Grand Prix that was to be held on the Santerno track in September. During a break, Ferrari and Gilles, together with Marcello Sabbatini − the famous director of *Autosprint* − are smiling as they chat together in a calm atmosphere of mutual understanding despite the disappointing season.

The second photograph was a shot literally "stolen" by Ercole Colombo, another great professional Formula 1 lensman. The Italian Grand Prix had just ended with victory going to Nelson Piquet in the Brabham. Gilles, who took the 126 CK out for its first official appearance on the track in public during practice, had a terrible accident during the race at the Tosa corner, fortunately without consequences for the driver. The next day the Canadian was at Maranello and when he saw Ferrari, the Grand Old Man embraced him and gave him an affectionate kiss on the cheek, witnessed by Didier Pironi who was being introduced to the press at that moment.

In 1981, before the roar of the engines was heard, "official paperwork" held centre stage. A war with no holds barred was in fact being waged within in Formula 1 between the two organisations controlling the sport, FISA − supported by some of the car constructors − and FOCA, an organisation led by Bernie Ecclestone, who, as well as being owner of the Brabham team, was also trying to gain more political weight at the heart of Formula 1.

This war had been ongoing throughout 1980 and on the eve of the new World Championship season, Ecclestone himself, in an attempt to smooth over differences and reach an agreement, proposed a meeting between the governing bodies and the constructors, a meeting that took place in January in Modena, at the old Scuderia Ferrari headquarters, with the host, Ferrari, in the guise of "patriarch" and peacemaker of world motorsport.

The constructor from Maranello, who, during his long sporting and managerial career had successfully dealt with people of the calibre of Nuvolari, Varzi, Fangio and Surtees, had no trouble taking on this role and after an infinitely long meeting an agreement seemed to have been reached. "Seemed to", because the war was in fact destined to last a lot longer.

During the early races of the championship, the 126 Turbo showed great potential but it was a rather delicate car from the point of view of reliability. Performances were poor in the first five races with both drivers failing

sono il magro bottino delle prime cinque corse e ben difficilmente si pensa che il riscatto possa arrivare a Montecarlo, pista dove − almeno sulla carta − i motori turbo dovrebbero essere più penalizzati rispetto agli aspirati. Questa l'opinione comune che però non collima con quella di Gilles, che proprio sul tortuoso tracciato monegasco compie l'impresa. A pochi giri dalla fine il canadese si porta al comando della gara, dopo aver sorpassato la Williams di Alan Jones in crisi di gomme, e va a vincere una corsa che da sola vale una stagione. Poi, nel successivo Gran Premio di Spagna a Jarama, altro capolavoro del piccolo canadese che tiene a bada per tutta la corsa un manipolo di agguerriti inseguitori andando a cogliere il secondo successo stagionale. Eccezion fatta per un terzo posto, ottenuto sempre da Gilles in Canada, la stagione finisce lì, con la 126 Turbo incapace di raccogliere altri risultati di rilievo. Ferrari resta fiducioso, rafforza lo staff tecnico con l'arrivo di Harvey Postlethwaite, considerato nell'ambiente un autentico mago dei telai, e conferma entrambi i piloti per la stagione seguente, piloti che sino a quel momento hanno saputo tessere fra loro rapporti che non si esauriscono sulle piste.

L'aspra guerra politico-sportiva che aveva contrassegnato le ultime stagioni prosegue anche all'inizio del 1982, con FISA e FOCA ancora ai ferri corti, addirittura con i piloti che decidono di scioperare in occasione della prima prova in calendario in Sudafrica, rimasta incerta sino all'ultimo. La situazione non migliora neppure per il Gran Premio di San Marino, quarta prova del Mondiale, con molti team inglesi che decidono di non disputare la gara. Al via si presentano soltanto 14 delle 30 monoposto iscritte, ma tante bastano per dar vita ad una delle corse più controverse nella storia della Formula 1. Uscite di scena le Renault di Alain Prost e René Arnoux, la gara diventa una questione privata fra le sole Ferrari. I due portacolori del Cavallino si danno battaglia "ad uso del pubblico", ma poi dai box spunta un cartello con la scritta "slow". Cosa vuol dire? Semplice, significa mantenere le posizioni che in quel momento vedono il canadese al comando con il francese alle sue spalle. Pironi sorpassa nuovamente Villeneuve e Gilles sta al gioco convinto che quello sia. Invece Didier fa sul serio e quando il canadese se ne accorge è troppo tardi. Pironi va a vincere il Gran Premio di San Marino in barba a qualsiasi segnalazione e gerarchia.

Le facce sul podio parlano chiaro: Gilles è una maschera, i due s'ignorano, e gli equilibri all'interno del team sono definitivamente naufragati. Nei giorni successivi Pironi dice di non comprendere il grande disap-

Gilles con la 126 C2 nel 1982, l'anno che gli sarà fatale.
*Gilles with the 126 C2 in 1982, the year of his fatal crash.*

to finish and only managing a handful of modest placings. It was hard to believe that luck would change at Monte Carlo, a track where at least on paper the turbo engines would be at a disadvantage compared to the naturally aspirated ones. This commonly-held belief was not shared by Gilles, who proved his point on the twisty Monaco circuit. A few laps before the finish, the Canadian passed the Williams driven by Alan Jones who had tyre trouble and went on to win a race that on its own made the season. Then in the next race, the Spanish Grand Prix in Jarama, the diminutive Canadian secured his second masterful win of the season, managing to keep a gaggle of menacing pursuers at bay throughout the race. Apart from a third place secured by Gilles again in Canada, the season was all but over, with the 126 Turbo unable to obtain any other significant results. Ferrari was confident and strengthened the team with the appointment of Harvey Postlethwaite, considered by everyone in Formula 1 to be an authentic chassis wizard, and renewed the contracts of both drivers for the following season, drivers who had established close bonds that went beyond the confines of the track.

The bitter political and sporting war that had marked the previous seasons continued into 1982, with FISA and FOCA still at loggerheads, even provoking the drivers to go on strike before the first race of the season in South Africa, a race that nobody was sure would take place until the very last moment. The situation hardly improved for the San Marino Grand Prix, the fourth round of the championship, with many English teams deciding not to take part in the race. Only 14 of the 30 cars that had been entered for the race showed up on the grid, but there were sufficient to give life to one of the most controversial races in the history of Formula 1. With the Renaults of Alain Prost and René Arnoux having retired, the race became a family affair between the two Ferraris. The Prancing Horse's two standard bearers raced "for the benefit of the public", but a board then appeared from the pits with "Slow" written on it. What did it mean? Clearly it meant that the drivers were to keep their positions which meant at that moment that the Canadian was ahead with the Frenchman behind him. Pironi overtook Villeneuve again and Gilles went along with what he was sure was a bit of play. However, Didier was making a serious move and when the Canadian realised it was too late. Pironi went on to win the San Marino Grand Prix after ignoring instructions from the pits and team hierarchy.

The expressions of the drivers on the podium were eloquent: Gilles's face

# 1980-1988

VERSO L'ULTIMO TRAGUARDO
*APPROACHING THE FINAL FINISHING LINE*

punto del compagno di squadra mentre Enzo Ferrari, pur stigmatizzando il comportamento del pilota francese anche con la stampa e comprendendo le ragioni di Gilles, non difende il suo "pilota preferito" come avrebbe potuto e forse dovuto. Fra i due piloti è ormai guerra aperta. La prima − e purtroppo ultima − battaglia va in scena già al successivo appuntamento iridato a Zolder, in Belgio. La storia è purtroppo ben nota. Mancano pochi minuti alla fine delle prove. Pironi ha fatto registrare un tempo migliore rispetto a quello di Gilles e questo per il canadese è semplicemente inaccettabile. Pur avendo finito le gomme nuove a disposizione per quella sessione, a pochi minuti dalla fine Gilles chiede a Forghieri di poter tornare in pista. D'improvviso, le immagini TV mostrano una vettura in pezzi che vola in aria, così come, da una parte all'altra della pista, vola il corpo del pilota che va a schiantarsi contro le reti di protezione nella breve via di fuga.

Ferrari sta guardando le prove e impiega poco tempo per capire che il corpo del pilota rannicchiato a terra è quello di Gilles. La parabola del campione che nel volgere di pochi anni ha saputo conquistare la folla, ha fatto coniare un nuovo termine, "febbre Villeneuve", e ha saputo entrare nel cuore di Ferrari come pochi altri piloti, si chiude tragicamente quel sabato 8 maggio 1982. Proprio in quel folle, ultimo volo, l'Aviatore − uno dei vari soprannomi dati a quel piccolo uomo dal grande cuore − interrompe bruscamente la sua vita.

A sostituire Gilles è chiamato Patrick Tambay che debutta in Olanda nel giorno in cui Pironi conquista la sua seconda vittoria stagionale, ma anche per Didier il destino è in agguato. Sabato 7 agosto, sempre durante le prove, questa volta del Gran Premio di Germania, a causa della pioggia fittissima, Didier tampona violentemente la Renault di Alain Prost, procurandosi gravissime lesioni alle gambe che pongono fine al suo Mondiale così come alla sua carriera di pilota.

Nonostante questa sequenza di sciagure la 126 C2 resta competitiva, tanto da permettere allo stesso Tambay di vincere l'indomani la corsa e di lottare per il titolo almeno sino a quando banali problemi fisici lo costringono a saltare la corsa a Digione, nell'inconsueto Gran Premio di Svizzera, impedendogli qualsiasi ulteriore sogno iridato. In vista della gara di casa a Monza, dopo le ultime due corse disputate con una sola vettura, Ferrari decide così di affidare la monoposto numero 28 a Mario Andretti, pilota per il quale conserva una grande stima e che già ha avuto in squadra, non solo in Formula 1, in più occasioni. "Piedone" non delude le aspettative: piazza il miglior tempo in prova, ed in gara sale sul terzo gradino del podio alle spalle di Tambay. Tutti punti preziosi che alla fine di quella folle e tragica stagione fruttano alla Casa di Maranello il primo posto fra i Costruttori, con il titolo Piloti che va a Keke Rosberg su Williams.

Due fra gli episodi più significativi della stagione 1983 si consumano tutti

was a mask, the two *Ferraristi* ignored each other and the balance within the team was ruined. Over the days that followed Pironi said that he could not understand why his team-mate was so disappointed while Enzo Ferrari, although critical of the French driver's behaviour in the press and understanding why Gilles was upset, did not defend his "favourite driver" as he could and perhaps should have done. By now there was open war between the two drivers. The first and unfortunately the last battle took place during the next round of the championship at Zolder in Belgium. Sadly the story of what happened next is well known. There were just minutes left before the end of practice. Pironi had set a faster time than Gilles and this was completely unacceptable for the Canadian. Even though he had used up all the new tyres available to him for that session, a few minutes before the end Gilles asked Forghieri if he could go out on the track again. All of a sudden, the pictures on TV showed a car in pieces flying through the air while the driver's body flew from one side of the track to the other and smashed against the crash barriers in the short run-off lane.

Ferrari was watching the practice session and he quickly realised that it was Gilles' body huddled on the ground. The rocketing success of this champion who in just a few years, had gained the affection of the crowds, giving rise to a new expression, "Villeneuve fever", and who had managed to find a place in Ferrari's heart as few other drivers had ever done, was tragically cut short on that Saturday the 8th of May 1982. In that crazy last flight, the Aviator − one of several nicknames given to the little man with the big heart − brought his life to a sudden end.

Patrick Tambay was called upon to takes Gilles' place in Holland on the day that Pironi won his second race of the season, but for Didier destiny was in waiting too. On Saturday the 7th of August, again in practice, this time for the German Grand Prix, heavy rain caused Didier to crash into Alain Prost's Renault, causing serious injuries to his legs that ended both the championship and his career as a driver.

Despite this series of disasters the 126 C2 was still competitive, with Tambay managing to win the race the next day and stay in the fight for the title at least until apparently insignificant physical problems forced him to miss the Swiss Grand Prix held that year at Dijon and put an end to any dreams of winning the World Championship. With the home race at Monza in mind, after taking part in the last two races with just one car, Ferrari decided to entrust the number 28 car to Mario Andretti, a driver for whom he had the greatest respect and who he had already included in the team on several occasions and not just in Formula 1. "Piedone" (Heavy Foot) did not disappoint: he set the fastest time in practice and in the race he finished third behind Tambay. These were precious points that, at the end of that mad and tragic season, won Ferrari the Constructors' Championship, while the Drivers' title went to Keke Rosberg in the Williams.

Two of the most significant events in the 1983 season took place in May.

a maggio. Il primo del mese Patrick Tambay va a vincere il Gran Premio di San Marino con una monoposto evoluzione di quella dell'anno precedente – in attesa del debutto della nuova 126 C3 – contrassegnata da quel numero 27 che era stato di Gilles, su quella stessa pista che, un anno prima, aveva visto il canadese defraudato di un meritato successo. Il 29 maggio il Presidente della Repubblica Sandro Pertini è in visita ufficiale a Maranello. Due fra i "grandi vecchi" più famosi d'Italia si incontrano per la prima volta nella loro vita.

Come altre volte, tutti gli occhi sono puntati su Maranello ma quando mancano pochi istanti al momento fatidico, qualcosa non va per il verso giusto. Nei giorni precedenti l'*entourage* del Presidente ha spiegato per filo e per segno a Franco Gozzi – storico braccio destro di Ferrari – cosa prevedesse il protocollo quando l'auto presidenziale fosse arrivata davanti alla fabbrica: il padrone di casa, Ferrari, avrebbe dovuto farsi avanti aprendo la porta all'illustre ospite accogliendolo così in forma ufficiale.

Ma quando l'auto presidenziale si ferma, Ferrari anziché avanzare rimane fermo, impassibile sull'uscio. Seguono istanti imbarazzanti dove tutto resta immobile fin quando non è lo stesso Pertini ad aprirsi la porta da solo e scendere andando incontro a Ferrari. Cos'è successo? Semplice, l'auto del Presidente è "purtroppo" una Maserati Quattroporte e per Ferrari questo è semplicemente inaccettabile.

Dopo il primo successo stagionale a San Marino la "vecchia" 126 C2, nella versione B, continua ad essere competitiva tanto da permettere al neo-ferrarista Arnoux di vincere in Canada. Poi, a Silverstone, debutta la C3 che domina in Germania e Olanda. Da Monza, penultima gara europea, la Brabham-BMW di Nelson Piquet diventa imprendibile – in molti dicono grazie all'uso di benzina irregolare pur avallata dalla Federazione – ed il Mondiale Piloti resta per la Ferrari ancora una volta un miraggio mentre invece, quello Costruttori, rimane a Maranello per il secondo anno consecutivo.

L'ultima immagine dell'annata è quella di un pilota che, con ancora indosso la tuta della Tyrrell contrassegnata dalla pubblicità di una nota marca di abbigliamento, si cala nell'abitacolo della C3 e, pochi giorni prima di Natale, fa segnare il miglior tempo sulla pista di Fiorano. Quel pilota si chiama Michele Alboreto, da un paio di stagioni milita in Formula 1 nel team di Ken Tyrrell con il quale ha già vinto due gare, a Las Vegas nel 1982 e a Detroit nel 1983. Era dai tempi di Merzario, dieci anni prima, che un italiano non vestiva i panni di pilota ufficiale per la squadra modenese.

Che Ferrari avesse visto ancora una volta giusto lo si capisce sin dalla

Arnoux e Tambay, i due alfieri del Cavallino nella stagione 1983.
*Arnoux and Tambay, the Prancing Horse's two standard bearers in 1983.*

On the 1st of the month Patrick Tambay won the San Marino Grand Prix with a single-seater developed from the previous year's car while they were waiting for the debut of the new 126 C3. The car bore the number 27 which had belonged to Gilles, on the very track where the Canadian had been cheated of victory the previous year. On the 29th of May the President of the Republic Sandro Pertini made an official visit to Maranello. Two of the most famous grand old men in Italy met for the first time in their life.

As on other occasions, attention was focussed on Maranello, but a few minutes before the key moment, something went wrong. Over the previous few days the President's aides had explained in great detail to Franco Gozzi, Ferrari's right-hand man for many years, what the correct procedure was when the presidential car arrived in front of the factory. The master of the house, Ferrari, was supposed to step forward and open the door for the illustrious guest, thereby giving him an official welcome.

But when the Presidential car stopped, Ferrari remained standing at the entrance rather than stepping forward. A few embarrassing moments were to follow when no one moved until Pertini himself opened the door, got out and walked towards Ferrari. What had happened? Quite simply, the President's car was unfortunately a Maserati Quattroporte and this was simply unacceptable to Ferrari.

After the first win of the season at San Marino, the B version of the "old" 126 C2, was still sufficiently competitive to allow the new Ferrari driver Arnoux to win in Canada. Then at Silverstone, the C3 had its debut before dominating the races in Germany and Holland. After the race in Monza, the penultimate one of the season, Piquet's Brabham-BMW became uncatchable although many people said that it was thanks to the use of special petrol even though it was approved of by the Federation. So once again the Drivers' Championship was an impossible dream again while the Constructors' title was won by Maranello for the second year running.

The last picture of the year was of a driver who, while still wearing the Tyrell colours bearing ads for a well-known make of clothing, climbed into the cockpit of the C3 and, a few days before Christmas, recorded the fastest time on the Fiorano track. That driver was called Michele Alboreto. He had been with Ken Tyrrell's team in Formula 1 for a couple of seasons, winning two races, in Las Vegas in 1982 and Detroit in 1983. Not since the time of Merzario, ten years before, had an Italian worn the official driver's colours for the team from Modena.

It was clear from the first race of the 1984 championship in Brazil that

# 1980-1988

## VERSO L'ULTIMO TRAGUARDO
### *APPROACHING THE FINAL FINISHING LINE*

gara inaugurale del Campionato 1984 in Brasile dove Alboreto, con la nuova 126 C4, scatta dalla prima fila con il secondo tempo alle spalle della Lotus-Renault di Elio De Angelis, rimanendo in testa per oltre dieci giri prima che un problema ai freni non ponga fine alla sua corsa. L'appuntamento con la vittoria è però soltanto rimandato al Gran Premio del Belgio, a Zolder. Sulla pista che due anni prima era sta fatale a Gilles, Michele riporta una Ferrari numero 27 sul gradino più alto del podio, ma soprattutto un pilota italiano torna a vincere in Formula 1, alla guida di una Ferrari, cosa che non accadeva dal Gran Premio d'Italia del 1966 vinto da Lodovico Scarfiotti.

Il titolo del settimanale da corsa *AutoSprint* in edicola all'indomani del Gran Premio del Belgio recita "*Tremate. Le rosse son tornate*". Peccato che, eccezion fatta per alcuni podi ottenuti nelle corse successive da Arnoux, quello di Zolder resti il solo vero acuto di una stagione che si rivela ben presto irta di difficoltà. Alboreto colleziona una lunga serie di ritiri mentre il titolo diventa una questione privata fra i due piloti della McLaren-Porsche Alain Prost e Niki Lauda che, solo all'ultima gara in Portogallo, si aggiudica il suo terzo titolo in carriera con appena mezzo punto di vantaggio sul compagno francese.

Ma il 1984 è anche l'ultimo anno in cui Forghieri è parte attiva del reparto corse perché stanco di stare al timone di una squadra in cui la sua voce non prevale forte e perentoria come un tempo. L'uomo che dagli inizi degli anni Sessanta è ai vertici della gestione tecnica della Scuderia diserta il Gran Premio di Monza senza fornire una qualche spiegazione e poi presenta allo stesso Ferrari le proprie dimissioni anche se, alla fine, non abbandona la Casa di Maranello accettando di trasferirsi alla Ferrari Engineering, struttura ben distinta dal reparto corse, dove realizza fra le altre cose la prima vettura del Cavallino a trazione integrale.

A proposito di Ferrari stradali, nel 1984 tornano a figurare nel listino della Casa due nomi carichi di gloria e di leggenda, GTO e Testarossa. Il primo compare su una spettacolare berlinetta 2 posti, ultima rappresentante della gloriosa genealogia di Ferrari 8 cilindri, equipaggiata da un "mostruoso" propulsore di 2,8 litri capace di erogare 400 CV a 7000 giri/minuto. Il secondo è invece attribuito ad una vettura che quando viene presentata al Salone di Parigi – dopo un'anteprima mondiale che è andata in scena niente meno che al Lido, il celeberrimo locale parigino, con tanto di statuarie Bluebell al fianco – lascia letteralmente tutti a bocca aperta. La caratteristica saliente della nuova Testarossa, spinta da un "classico" V12 a cilindri contrapposti di quasi 5 litri (4943 cc), sono le vistose prese d'aria lamellari che Pininfarina ha "cesellato" sulle fiancate per convogliare aria ai pacchi radianti collocati in posizione laterale dietro l'abitacolo. Mentre la 288 GTO diventa una sorta di "instant classic", ed oggetto del desiderio per facoltosi collezionisti in tutto il mondo,

Ferrari had got it right again when Alboreto, driving the new 126 C4, tore away from the front row after setting the second fastest time behind Elio De Angelis in the Lotus-Renault and stayed at the front of the race for more than ten laps before a brake problem put an end to his race.

His date with victory was only postponed to the Belgian Grand Prix at Zolder. On the track which two years before had proved fatal to Gilles, Michele took a Ferrari with the number 27 to the highest step on the podium but perhaps more important than this was that it was an Italian driver winning a Formula 1 race at the wheel of a Ferrari for the first time since the 1966 Italian Grand Prix won by Lodovico Scarfiotti.

The headlines in the weekly magazine *Autosprint* on sale the day after the Belgian Grand Prix read "Shake with fear. The rosse are back". It was a shame that, apart from a few podium places Arnoux managed to secure in the races that followed, this was the high point of a season that was to prove to be riddled with problems. Alboreto collected a long sequence of retirements while the race for the title turned into a private battle between the McLaren-Porsche drivers Alain Prost and Niki Lauda, who managed to win the third title of his career by half a point from his French teammate at the last race in Portugal.

But 1984 was also the last year in which Forghieri was an active member of the racing team as he was tired of being at the head of a team where his voice no longer prevailed as it once had. The man who had been at the head of the technical division of the Scuderia since the early Sixties walked away from the Monza Grand Prix without a word of explanation and then handed his resignation to Ferrari himself, even though he did not actually leave Maranello and accepted a transfer to Ferrari Engineering, an organisation which was quite separate from the racing department where amongst other things he developed the first Ferrari with four-wheel drive. On the subject of road-going Ferraris, in 1984 two legendary names, GTO and Testarossa reappeared in the company's catalogue. The first was given to a spectacular two-seater berlinetta, the last in a long line of eight-cylinder Ferraris, powered by "monstrous" 2.8 litre engine developing 400 hp at 7000 rpm. The second was given to a car that, when it was presented at the Paris Motor Show after a world preview organised at the legendary Parisian Lido club, complete with a row of stunning Bluebell girls, left everyone literally open-mouthed. The main feature of the new Testarossa, powered by a "classic" V12 with opposing cylinders and a capacity of almost 5 litres (4943 cc), were the sizeable air intake slats that Pininfarina had "sculpted" on the sides of the car to direct air towards the radiator packs that were fitted behind the cockpit. While the 288 GTO became a kind of "instant classic" and the object of desire for wealthy collectors worldwide, the Testarossa stayed in the catalogue until the early Nineties when, in 1992, it became the 512 TR and two years later the F512 M.

The new generation Formula 1 single-seater was named the 156/85 and

la Testarossa rimane in listino sino ai primi anni Novanta quando si evolve, nel 1992, nella 512 TR e due anni dopo nella F512 M.

La monoposto di Formula 1 del nuovo corso è siglata 156/85 ed è presentata alla stampa nel febbraio del 1985 quando il "Grande Vecchio" va per le ottantasette primavere. La vettura è concettualmente nuova in tutte le sue componenti ad iniziare dal motore, un 6 cilindri a V di 120°, capace di rendere quasi 800 CV, alla monoscocca in materiali compositi, sino alla denominazione che indica da un lato il frazionamento di 1,5 litri e dall'altro l'anno di nascita.

Sin dalla prima gara in Brasile la vettura dimostra di essere competitiva con Alboreto sul secondo gradino del podio, stesso risultato che ottiene in Portogallo − nel giorno in cui Ayrton Senna coglie il primo successo in carriera con la Lotus-Renault − ed al Gran Premio di Monaco. Nel mezzo va in scena un rocambolesco Gran Premio di San Marino dove, a pochi giri dal termine, potrebbe addirittura vincere anche lo svedese Stefan Johansson, neo-ferrarista subentrato al posto di Arnoux, giubilato in circostanza mai del tutto chiarite già all'indomani della prima prova del Mondiale.

L'apoteosi arriva in Canada dove Alboreto e Johansson fanno doppietta con il pilota milanese protagonista di una corsa autorevole e sempre più leader di Campionato. Sino al Gran Premio d'Austria Michele continua a macinare punti finendo quasi sempre sul podio e riuscendo a vincere ancora in Germania sul rinnovato tracciato del Nürburgring. Il solo a tenere il passo di Alboreto e della Ferrari è Prost che con la McLaren-Porsche s'è imposto in Brasile, Montecarlo, Inghilterra ed Austria. Alla vigilia del Gran Premio d'Olanda l'italiano ed il francese sono entrambi in testa al Campionato a quota 50. Ma a quel punto a Maranello qualcosa si rompe. La 156/85 perde d'improvviso tutta la sua competitività con Alboreto, che sulla pista olandese paga tre punti di svantaggio nei confronti del rivale, a quota zero in tutte le restanti prove di un Campionato che, ancor prima dell'ultima gara, è appannaggio di Prost e della McLaren.

Oltre alla profonda crisi tecnica, che ha afflitto il team da metà Campionato in poi, ad affossare i sogni di gloria del Cavallino e dei suoi tifosi sono state anche le numerose lotte di potere in seno alla squadra corse dove, dalla fuoriuscita di Forghieri, è venuto a mancare un capo autentico, qualcuno capace di tenere unito il gruppo. La mancanza di un vero leader è tanto più grave in una fase in cui Ferrari stesso, per inevitabili ragioni anagrafiche, sta progressivamente perdendo il controllo sulla gestione sportiva:

Il "Grande Vecchio" alla metà degli anni Ottanta.
*The "Grand Old Man" in the mid-Eighties.*

was presented to the Press in February 1985 when the "Old Man" was approaching his eighty-seventh birthday. The car was completely new in all its parts starting with the engine, a 120° V6, which developed almost 800 hp, a monocoque chassis made of composite materials, while its name referred both to its 1.5 litre capacity and to the year of its birth.

From its very first race in Brazil the car proved to be competitive with Alboreto grabbing second place on the podium, the same result that he obtained in Portugal −- on the day that Ayrton Senna won his first race in the Lotus-Renault − and at the Monaco Grand Prix. Between these two races there was a rumbustious San Marino Grand Prix where, with just a few laps to go the Swede Stefan Johansson nearly won the race. He was new to Ferrari having taken over from Arnoux who had been replaced in circumstances that were never explained the day after the first World Championship race.

The apotheosis came in Canada where Alboreto and Johansson took the first two places with the driver from Milan dominating the race and consolidating his lead in the Championship. Right up to the Austrian Grand Prix Michele continued to gain points and almost always ended up on the podium and he succeeded in winning again in Germany on the revised Nürburgring circuit. The only person who could keep up with Alboreto and the Ferrari was Prost who, in the McLaren-Porsche, had wins in Brazil, Monte Carlo, Great Britain and Austria. On the eve of the Dutch Grand Prix the Italian and the Frenchman shared the lead in the Championship with 50 points each. But at that point something at Maranello went wrong. The 156/85 suddenly stopped being competitive with Alboreto at the wheel. At the Dutch track he lost three points to his rival and then failed to score a single point rest of the Championship, with the title being Prost's and McLaren's even before the final round.

Apart from the extensive technical problems that beset the team from halfway through the season, what ruined the Prancing Horse's and its fans' dreams of glory were the numerous power struggles at the heart of the team where following Forghieri's departure, there was a lack of true leader, capable of keeping the group together. The absence of a real leader was even more serious at a time when Ferrari himself, for reasons related to his age, was gradually losing control of the sporting administration of the team and his presence was no longer enough to change the fate of the whole team as had been the case on many occasions in the past.

la sua presenza non basta più per cambiare le sorti dell'intera squadra come, in più di un'occasione, era accaduto in passato.

Il caos gestionale esplode in tutta la sua virulenza nel 1986, una stagione nefasta per il Cavallino, durante la quale Alboreto e Johansson, alle prese con una vettura tanto complessa quanto inaffidabile come la F1-86, sono spesso costretti al ritiro per le ragioni più diverse e devono accontentarsi di una manciata di podi conditi da qualche modesto piazzamento.

A Ferrari non resta così che accarezzare il vecchio sogno di prendere parte alla 500 Miglia di Indianapolis, sogno che pare diventare realtà quando, nell'estate del 1986, nei cortili della fabbrica appare una monoposto, siglata 637 Indy, progettata e costruita in conformità al regolamento del Campionato Cart. Tutto deve restare segreto ma poi è lo stesso Ferrari a far filtrare qualche foto alla stampa, tramite il suo immancabile braccio destro Franco Gozzi, in modo che chi deve sapere... sappia. Si parla anche di un team che schiererebbe la vettura negli Stati Uniti ma poi tutto è rimandato a data da destinarsi, ed alla fine non se ne parla più.

Pochi giorni dopo la fine del Mondiale, nuovo direttore tecnico della Scuderia di Maranello viene nominato John Barnard, fra gli artefici delle McLaren indiscusse padrone della Formula 1 di quegli anni, ma con alle spalle una militanza nella massima espressione dell'automobilismo sportivo iniziata all'alba degli anni Settanta.

Il tecnico inglese, da molti ritenuto un autentico genio, non solo chiarisce da subito che non si sarebbe trasferito a Maranello, ma nel corso del 1987 riesce anche a far realizzare un polo tecnologico in Inghilterra, denominato GTO, ossia Guilford Technical Office dove, ad esclusione del motore, sarebbero in pratica nate le future monoposto del Cavallino. Quando nel 1973 l'ingegner Alessandro Colombo aveva voluto che i telai delle monoposto fossero realizzati in Inghilterra, Ferrari aveva prima abbozzato, ma poi, accortosi che non se ne sarebbe cavato un ragno dal buco, aveva assunto nuovamente il timone di comando richiamato all'ordine i fedelissimi, Forghieri *in primis*, e dato vita ad un nuovo corso, rivelatosi poi vincente. Un'azione perentoria, possibile nel 1973 ma impensabile a metà del 1987 quando l'ennesimo Mondiale sta andando a rotoli e con altri agguerriti rivali, oltre alle sempre presenti McLaren, come la Lotus di Senna o le Williams di Mansell e Piquet, quest'ultimo iridato a fine stagione. Come se non bastasse, Barnard si sta rivelando un capo ma nel senso più sbagliato del termine, e il Grande Vecchio non ha più attorno a sé uomini realmente fedeli dei quali fidarsi davvero. Anche le vittorie consecutive del neo-ferrarista Gerhard Berger nelle due ultime prove del Mondiale, in Giappone e Australia – successi che interrompono un digiuno che durava da oltre due anni– paiono una modesta ricompensa alla luce degli enormi sforzi, economici e tecnici sostenuti.

Come già accaduto in altre stagioni avare sul piano sportivo, anche nel 1987 qualche soddisfazione arriva sul fronte delle vetture stradali.

Organisational chaos broke out in its most virulent form in 1986, an ill-fated season for the Scuderia, during which Alboreto and Johansson, trying to get to grips with the F1-86, a car that was as complex as it was unreliable, were often forced to retire for a wide variety of reasons and had to be satisfied with a handful of podium places and a few mediocre placings.

Ferrari was left with the chance to achieve his old dream of taking part in the Indianapolis 500, a dream that looked like it would come true when in the summer of 1986 a single-seater appeared in the courtyard of the factory, called the 637 Indy, designed and built to meet the Cart Championship regulations. Everything had to be kept secret until Ferrari himself leaked a few photos to the press through his ever-present right-hand man Franco Gozzi, so that those who had to know about it... knew about it. There was talk of a team of people who would compete together in the United States then everything was postponed to an undefined date and in the end nobody mentioned it again.

A few days after the end of the World Championship, John Barnard was named as the new technical director of the Scuderia at Maranello. He had been one of the artificers of McLaren undisputed dominance of Formula 1 in those years. He also had behind him a career at the top of motorsport since the early Seventies.

The English engineer, considered by many to be a true genius, not only established immediately that he would not be moving to Maranello, but in the course of 1987 he actually managed to set up a technical base in England, the GTO or Guildford Technical Office where, engines apart, all the future single-seaters from the Prancing Horse would be built.

When in 1973 the engineer Alessandro Colombo had asked for the chassis of the cars to be made in England, Ferrari had initially gone along with the idea but when he realised that nothing would have come of it, he had taken control of things again and called all of his closest associates, including Forghieri, and taken a new direction which turned out to be successful. A dictatorial approach that had been possible in 1973, but was unthinkable halfway through 1987 with the latest World Championship slipping away and emerging rivals alongside McLaren that included Senna in the Lotus and Mansell and Piquet in the Williams, with the latter winning the championship at the end of the season. As if that was not enough, Barnard was proving to be a master, but in the worst definition of the word and the Grand Old Man no longer found himself surrounded by men who were loyal to him and who he could trust. Even the consecutive wins of the new Ferrari driver Gerhard Berger in the last two races of the Championship in Japan and Australia – wins which ended a barren period that had lasted for over two years – appeared to be small compensation in the light of the enormous economic and technical efforts that had been made.

As had happened at the end of other seasons where there had been little success, in 1987 too, the company's road-going cars were the source of

Sono infatti trascorsi quarant'anni da quando, nel marzo del 1947, la 125 S aveva mosso i primi passi nei dintorni di Maranello, e per celebrare questo traguardo il 21 luglio viene presentata alla stampa, in anteprima mondiale, la vettura realizzata proprio in occasione di questa importante ricorrenza. La sua sigla è F40 "Le Mans". Imponente e grintosa nelle linee firmate da Pininfarina, dal lunotto lascia intravedere il poderoso 8 cilindri a V di quasi 3 litri che rende 478 CV a 7000 giri/minuto e che fa viaggiare quel "mostro" ad oltre 320 km/h. L'ultima nata, poi presentata come F40 – senza "Le Mans" – al Salone di Francoforte in settembre, diviene in breve tempo il sogno proibito per facoltosi collezionisti in tutto il mondo, che se la passano di mano a suon di miliardi di lire.

Altro momento di grande suggestione nell'ambito dei festeggiamenti per il quarantennale è l'incontro fra Ferrari e quei piloti, all'epoca ancora viventi, che lo avevano accompagnato durante il suo lungo cammino, umano, tecnico e sportivo. Il 3 ottobre a Maranello Ferrari ritrova gente del calibro di Taruffi, Maglioli, Phil Hill, González, Fangio, Trintignant ed a tutti regala una copia di quel suo libro *Piloti, che gente...*, dove parla di loro, con giudizi talvolta non troppo lusinghieri. Ventotto anni prima l'Università di Bologna aveva conferito a Ferrari la laurea *honoris causa* in ingegneria meccanica. Quello che il 1° febbraio 1988 va a ritirare un secondo, analogo riconoscimento, questa volta in Fisica presso l'ateneo della sua città a Modena, è però un Ferrari molto diverso, che non può tenere il tradizionale discorso poiché il fisico non glielo consente più. È un Ferrari costretto a centellinare la forze dal momento che qualsiasi azione è ormai divenuta ben più complessa di un tempo.

Stefan Johansson, di spalle, Michele Alboreto e René Arnoux, tutti e tre ufficiali Ferrari durante quel 1985.
*Stefan Johansson, from behind, Michele Alboreto and René Arnoux, all three Ferrari works drivers in that 1985.*

Ancora qualche giorno e avrebbe raggiunto l'ennesimo traguardo della sua vita: novant'anni. Non c'è più un libro a celebrare l'evento come era accaduto dieci anni prima ma, più semplicemente, un biglietto con il quale invita a raccolta tutti i dipendenti Ferrari ad un pranzo che si sarebbe svolto all'interno della fabbrica, più precisamente negli spazi di solito destinati alla catena di montaggio della 328, giovedì 18 febbraio alle 13 e 30. Oltre millesettecento persone si radunano attorno al Grande Vecchio che siede al tavolo, fra gli atri, assieme a suo figlio Piero, a Marco Piccinini ed all'inseparabile Franco Gozzi che anni dopo scrisse: «Fu una gran bella festa, che Ferrari onorò con la sua presenza, resistendo dal principio alla fine nonostante si vedesse che era fisicamente provato».

Con una monoposto che a prima vista non mostra sostanziali differenze rispetto a quella del 1987 Alboreto e Berger ottengono rispettivamente

some satisfaction. In fact forty years had passed since the March of 1947 when the 125 S had been driven around Maranello for the first time and to celebrate this occasion on the 21st of July a car that had been built specially for the occasion was given its world press premier. This was the F40 "Le Mans". Its imposing, aggressive styling was by Pininfarina, with a glass panel showing off the powerful three- litre V8 engine developing 478 hp at 7000 rpm and propelling this monster of a car to a top speed of over 320 kph. The latest arrival, subsequently presented as the F40 – without the "Le Mans" – at the Frankfurt Motor Show in September very quickly became an impossible dream for wealthy collectors all over the world, with examples being bought and sold for billions of lire.

Another moment which was very moving during the fortieth year celebrations was the meeting between Ferrari and those drivers still alive at the time who had been with him on his long human, technical and sporting journey through life. On the 3rd of October at Maranello Ferrari met automotive greats such as Taruffi, Maglioli, Phil Hill, González, Fangio and Trintignant and he gave all of them a copy of his book *Piloti che gente...*, in which he often made less than flattering comments about them. Twenty-eight years earlier, the University of Bologna had awarded Ferrari an honorary degree in mechanical engineering. The man who, on 1st February 1988 went to collect a second, similar award, this time in Physics at the University of his home town, Modena, was a very different Ferrari, unable to give the traditional acceptance speech because his physical condition would no longer allow it. This was a Ferrari who had to conserve his energy as every movement he made was now much more complicated than it had been.

A few more days and he would reach the latest objective in his life: his ninetieth birthday. There was no book this time to celebrate the event as there had been ten years earlier, instead there was the much simpler gesture of an invitation to all of the Ferrari staff to a lunch to be held inside the factory, in the area usually used for the assembly of the 328, on Thursday 18th February at 13.30. More than 1700 people sat down to lunch with the Grand Old Man who was accompanied by his son Piero, Marco Piccinini and the inseparable Franco Gozzi who years later wrote: "It was a wonderful party, which Ferrari honoured with his presence, managing to stay from the beginning to the end even though it was clear that he was suffering physically.""

With a car that at first sight did not look radically different compared to the 1987 car Alboreto and Berger respectively took fifth and second places in the first Grand Prix in Brazil. In the first four races in the 1988 World

# 1980-1988

## VERSO L'ULTIMO TRAGUARDO
### *APPROACHING THE FINAL FINISHING LINE*

un quinto e un secondo posto nel primo Gran Premio in Brasile. Almeno nelle prime quattro prove di quel Mondiale targato 1988 l'austriaco frequenta con una certa assiduità il podio anche se, da subito, la lotta per il titolo appare ristretta ai due piloti della McLaren, Prost e Senna, il secondo approdato proprio in quella stagione nel team di Ron Dennis. Una settimana dopo lo svolgimento del Gran Premio del Messico, sabato 4 giugno, Maranello è in fibrillazione per l'annunciata visita del Santo Padre Giovanni Paolo II.

Il momento più significativo sarà l'incontro fra Karol Wojtyla ed Enzo Ferrari ma le condizioni di salute sempre più precarie di quest'ultimo impediscono alla fine che ciò avvenga. Tutto si riduce ad una semplice telefonata. A un capo del filo Wojtyla a Fiorano, dall'altro, nella sua casa di Modena, Ferrari. Soltanto pochi minuti di conversazione ma carichi di significato.

Mentre il Campionato del Mondo si trascina stancamente con entrambi i piloti Ferrari costretti al ritiro sia in Canada che negli Stati Uniti, il 22 giugno Pier Giorgio Cappelli subentra ad Enzo Ferrari nella carica di responsabile della Gestione Sportiva. Potrebbe apparire un semplice passaggio di consegne ma, in realtà, è un atto che segna la definitiva abdicazione del grande uomo di Maranello.

Poco più di due mesi più tardi quando − come sempre in quel periodo − la Bassa Padana è stretta da una calura insostenibile, Ferrari, a sorpresa, chiede ai suoi fedelissimi di poter andare ancora una volta in ufficio. Le ultime immagini pubbliche lo vedono scendere da un'Alfa Romeo 164 rossa e, lentamente, procedere verso l'entrata della Gestione Sportiva sorretto da Dino Tagliazucchi, autista e confidente, e scortato dall'onnipresente Gozzi. È il 25 luglio 1988.

Domenica 11 settembre una folla in delirio, sulla quale domina incontrastato il colore rosso, saluta la vittoria di una rossa a Monza. Berger si è appena aggiudicato, a sorpresa, il Gran Premio d'Italia davanti al suo compagno di squadra Alboreto, dopo che Senna, leader della corsa ed ormai sicuro vincitore, si è dovuto ritirare a seguito di un contatto con la Williams di Jean-Louis Schlesser in prima variante nelle ultime fasi di gara. La folla di Monza in tripudio che rende omaggio al successo di un pilota Ferrari è una scena... andata in scena altre volte: nel 1949, per i doppi trionfi 1951-1952 e 1960-1961, nel 1964 e 1966, nel 1970 e ancora nel 1975 e 1979. Tutte giornate speciali, indimenticabili per i tifosi del Cavallino, ma quell'11 settembre 1988 ha un significato particolare perché, mentre Berger e Alboreto festeggiano sul podio assieme ad Eddie Cheever, terzo con la Arrows, Enzo Ferrari non è né a Monza, né a Modena, né a Maranello e né tantomeno nel suo eremo di Fiorano.

È semplicemente altrove. Eppure quel giorno a Monza, più d'uno era certo che stesse comunque guardando l'ennesima, vittoriosa giornata di una vettura con impresso sulla carrozzeria il suo Cavallino rampante.

Giornate come quella tante ce ne sono state e tante ce ne saranno ancora, anche se non saranno più la stessa cosa.

Championship at least, the Austrian was frequently on the podium, although it soon became clear that the fight for the title was restricted to the two McLaren drivers, Prost and Senna, the latter having joined Ron Dennis' team at the beginning of that season. A week later after the Mexican Grand Prix on Saturday the 4th of June, Maranello was in a frenzy of excitement over the announcement that the Holy Father John Paul II was to visit the factory.

The most significant moment was to be the meeting between Karol Wojtyla and Enzo Ferrari but the latter's health was so poor that it could not take place. It all ended in a simple telephone call. On one end Wojtyla in Fiorano and on the other, in his house in Modena, Ferrari. A conversation lasting just a few minutes, but one full of meaning.

In the meantime, the World Championship dragged on with both Ferrari drivers forced to retire both in Canada and the United States. On the 22nd of June Pier Giorgio Cappelli took over from Enzo Ferrari as the head of the Gestione Sportiva racing department. It might have looked like a simple handover but in reality it was an act that marked the final abdication of the great man of Maranello.

A little more than two months later, as was always the case at that time of year, the Bassa Padana area was suffocating in an unbearable heat wave and Ferrari surprisingly asked his closest colleagues to meet him in his office one more time. The last public photos showed him getting out of a red Alfa Romeo 164 and slowly walking to the entrance of the Gestione Sportiva offices helped by Dino Tagliazucchi, his driver and confidant and accompanied by the ever-present Gozzi. It was the 25th of July 1988.

On Sunday the 11th of September the crowd, where the colour red was almost universal, went wild when a Ferrari won at Monza. Berger surprisingly won the Italian Grand Prix ahead of his teammate Alboreto, after Senna who had been leading the race and looked like a certain winner had to retire following a collision with Jean-Louis Schlesser's Williams at the first chicane in the final stages of the race. The Monza crowd paying delirious tribute to a Ferrari driver's triumph had been seen before: in 1949, the double triumphs in 1951-1952 and 1960-1961, in 1964 and in 1966, in 1970 and again in 1975 and 1979. All special unforgettable days for the Prancing Horse's fans, but that win on the 11th of September 1988 was of special significance because Berger and Alboreto were on the podium together with Eddie Cheever third in the Arrows, but Enzo Ferrari was not at Monza, nor in Modena, nor at Maranello and not even in his hermitage in Fiorano.

He was simply elsewhere. And yet on that day in Monza, more than one person was sure that he was nevertheless watching the latest victory for a car which bearing his Prancing Horse on its bodywork.

There have been many days like that and there will be many more, although they will never be quite the same.

PAGINA A FIANCO, IL GIORNO DELLA PRESENTAZIONE DELLA T5 A FIORANO, GILLES
E JODY INDICANO IL NUMERO 1 CHE NEL 1979 IL SUDAFRICANO SI È GUADAGNATO SUL
CAMPO; NEL FRATTEMPO MAURO FORGHIERI HA QUALCHE DIFFICOLTÀ NELLO STAPPARE
LO CHAMPAGNE. CHE SIA UN SEGNO…?

SOPRA, A IMOLA SCHECKTER È COSTRETTO A FRENARE DIETRO LA WILLIAMS DI
RUPERT KEEGAN IN DIFFICOLTÀ, MENTRE GILLES CON L'ALTRA T5 CERCA DI SFILARE
ALL'ESTERNO.

A FIANCO, SCHECKTER IN UN'INQUADRATURA AEREA A MONTECARLO (18 MAGGIO)
DOVE IL MODESTO RENDIMENTO DELLA T5 NON GLI CONSENTE DI RIPETERE
IL SUCCESSO DELL'ANNO PRIMA.

## 1980

*FACING PAGE, THE PRESENTATION OF THE T5 AT FIORANO, GILLES AND JODY POINT
TO THE NUMBER 1 THAT THE SOUTH AFRICAN HAD EARNED IN 1979; IN THE MEAN-
TIME MAURO FORGHIERI IS HAVING TROUBLE OPENING THE CHAMPAGNE.
WAS IT TO BE A SIGN…?*

*ABOVE, AT IMOLA SCHECKTER IS OBLIGED TO BRAKE BEHIND RUPERT KEEGAN'S SLOW-
ING WILLIAMS, WHILE GILLES IN THE SECOND T5 TRIES TO SLIP BY ON THE OUTSIDE.*

*BELOW, SCHECKTER IN AN AERIAL PHOTO AT MONTE CARLO (18 MAY) WHERE
THE MODEST PERFORMANCE OF THE T5 PREVENTED A REPEAT OF THE PREVIOUS
SEASON'S WIN.*

Anche Gilles con la T5, brutta copia della T4, fa quello che può e il fumo azzurro che esce dal motore della vettura di Jody nell'immagine in basso ben riassume quella disgraziata stagione.

Pagina a fianco, frattanto, già in estate, viene annunciato il pilota che nel 1981 sostituirà Scheckter, ormai demotivato. È Didier Pironi e sta raccogliendo ottimi risultati con la Ligier.

In alto al centro, ciò che resta della T4 di Villeneuve dopo il terribile impatto durante il Gran Premio d'Italia, disputato quell'anno a Imola. Nelle prove, lo stesso Gilles compie alcuni giri con la nuova monoposto Turbo destinata ad essere schierata nel 1981.

## 1980

*Gilles in the T5, a poor copy of the T4, also did what he could but the blue smoke coming from the engine of Jody's car in the lower photo sums up what was a forgettable season.*

*Facing page, in the meantime that summer Ferrari announced the name of the driver who was to replace the demotivated Scheckter in 1981: Didier Pironi who was obtaining excellent results in the Ligier.*

*Top, centre, what remained of Villeneuve's T4 after the terrible crash during the Italian Grand Prix held at Imola that year. In practice, Gilles completed a few laps with the new Turbo single-seater destined for the 1981 season.*

SEMPRE A IMOLA, DURANTE LE PROVE, ANCHE JODY SCHECKTER È PROTAGONISTA DI UNA BRUTTA USCITA DI PISTA COME DOCUMENTA QUESTA SEQUENZA.
PAGINA A FIANCO, IL CAMPIONE DEL MONDO IN CARICA SULLA GRIGLIA DI PARTENZA A IMOLA: PARTITO CON IL SEDICESIMO TEMPO NON RIUSCIRÀ A FAR MEGLIO DI UN MODESTO OTTAVO POSTO.

## 1980

*DURING PRACTICE AT IMOLA AGAIN, JODY SCHECKTER WAS INVOLVED IN A BAD CRASH, AS DOCUMENTED IN THIS SEQUENCE.*
*FACING PAGE, THE REIGNING WORLD CHAMPION ON THE GRID AT IMOLA: STARTING FROM 16TH PLACE HE COULD DO NO BETTER THAN FINISH A MODEST 8TH.*

# MARCO PICCININI

## IL "RICHELIEU" DI MARANELLO

Fra gli uomini più longevi al muretto box, con ben dodici stagioni all'attivo – dal 1978 al 1989 – Marco Piccinini è stato uno dei direttori sportivi più controversi della Scuderia Ferrari, da alcuni giudicato inadatto a ricoprire quella carica, soprattutto per gli aspetti più legati alla tecnica, da altri considerato, a ragione, un uomo dalle straordinarie capacità diplomatiche, in grado di muoversi in qualsiasi ambiente e a qualsiasi livello.

Romano di nascita, classe 1952, ma monegasco di adozione, Piccinini si avvicinò all'ambiente di Maranello già molto giovane, sul finire degli anni Sessanta, grazie al rapporto di amicizia che legava suo padre allo stesso Ferrari. L'idea di poter ricoprire cariche istituzionali di livello in ambito sportivo lo aveva da sempre solleticato: «*Iniziai ad interessarmi di politica sportiva* - ricordava Piccinini - *e nel 1973, l'allora presidente dell'ACI Filippo Carpi de' Resmini mi chiese di partecipare ai lavori di riorganizzazione della CSAI*». In questa nuova veste i contatti con il costruttore di Maranello si infittiscono tanto che nel 1977 è proprio Ferrari a proporgli l'incarico di direttore in seno alla Scuderia. In breve tempo, Piccinini si trasforma così nell'uomo chiamato a tenere i rapporti con l'autorità sportiva, a gestire gli equilibri in seno alla squadra, in particolare quelli sempre delicati fra i piloti, ad essere il principale interlocutore con stampa e sponsor. Pur con modi sempre "ovattati" – che nell'ambiente, per molto tempo, spingeranno parte dei *media* e della stampa a paragonarlo ad una sorta di "prete" – dimostra di possedere da subito indubbie doti politiche e diplomatiche conducendo ad esempio, con particolare maestria, il processo di avvicinamento e il definitivo passaggio di Jody Scheckter alla Ferrari. Una volta uscito di scena il sudafricano, alla fine del 1980, dalla successiva stagione Piccinini è chiamato a gestire due non facili personalità come quelle di Gilles Villeneuve, che punta giustamente ad un ruolo di prima guida, e del neo ferrarista Didier Pironi. Ma se gli equilibri in seno alla squadra sono difficili da mantenere, destinati ad incrinarsi definitivamente a valle dei ben noti fatti di Imola '82, poco prima della scomparsa di Gilles a Zolder, altrettanto complesso è lo scenario sportivo internazionale all'interno del quale Piccinini è chiamato in quel momento a rappresentare la Ferrari. Sono infatti quelli i terribili anni che vedono contrapposte la FISA (*Fédération Internationale du Sport Automobile*) e la FOCA (*Formula One Constructor Association*), guidata da Bernie Ecclestone, tese in una lotta intestina a colpi di scioperi e carte

## THE "RICHELIEU" OF MARANELLO

*Among the men with the longest Ferrari pit lane careers having spent no less than 12 seasons with the team – from 1978 to 1989 – Marco Piccinini was one of the Scuderia Ferrari's most controversial sporting directors, judged by some ill-suited to the role, especially regarding the more technical aspects, but rightly considered by others to be a man with extraordinary diplomatic talents, at his ease in any environment at any level.*

*Born in Rome in 1952, but a resident of Monte Carlo, Piccinini came within the orbit of Maranello at a very young age, in the late Sixties, thanks to his father's friendship with Enzo Ferrari. The idea of undertaking high level administrative roles within a sporting environment had always attracted him: "I began taking an interest in the politics of sport", recalled Piccinini – "and in 1973, the then president of the ACI Filippo Carpi de' Resmini asked me to contribute to the reorganization of the CSAI." In this new role the contacts with the Maranello constructor became increasingly intensive and in 1977 it was Ferrari himself who offered him a position as director within the Scuderia. Piccinini soon transformed himself into the man responsible for maintaining relations with the sporting authorities, with keeping things on an even keel within the team, especially the delicate relationships between the drivers, and with being the principal referent for the press and sponsors. Albeit in a very discrete way – which was to lead to certain sections of the motorsport media and press to see him as a kind of "priest" – he immediately proved to possess indisputable political and diplomatic qualities. These were evident, for example, in the particularly skilful way he dealt with the overtures to and the definitive passage to Ferrari of Jody Scheckter. When the South African left at the end of 1980, from the following season Piccinini had to deal with two by no means easy characters in Gilles Villeneuve, who understandably aspired to the role of number one driver, and the newcomer to Ferrari, Didier Pironi. While the balance within the team was difficult to maintain and definitively collapsed following the well-known episode at Imola in 1982, shortly before Gilles' death at Zolder, the international sporting environment within which Piccinini was called upon to represent Ferrari was equally complex. These were, in fact, the fraught years in which the FISA (Fédération Internationale du Sport Automobile) and the FOCA (Formula One Constructors' Association), led by Bernie Ecclestone, faced off in a bitter struggle involving boycotts, strikes*

IL "DRAKE" PARE ASCOLTARE I SEMPRE PREZIOSI CONSIGLI DEL SUO FIDATO
COLLABORATORE MARCO PICCININI.

THE "DRAKE" APPEARS TO BE LISTENING TO THE PRECIOUS ADVICE OF THE TRUSTED
MARCO PICCININI.

In alto a sinistra, Piccinini assieme a Didier Pironi. Colonna centrale: sopra, con Gilles Villeneuve e Jody Scheckter (di spalle); sotto, al tavolo con Enzo Ferrari, l'editore di *AutoSprint* Luciano Conti, i giornalisti Italo Cucci e, in piedi, Marino Bartoletti. A destra: sopra, durante la messa per l'inaugurazione del busto dedicato a Villeneuve, a Maranello, il 9 maggio 1983. Piccinini siede accanto alla moglie e ai figli di Gilles. Sotto, in mezzo ai "massimi" poteri sportivi: Bernie Ecclestone, Jean-Marie Balestre ed Enzo Ferrari.

A fianco, in compagnia di René Arnoux, nel 1984.

Top left, Piccinini together with Didier Pironi. Central column: top, with Gilles Villeneuve and Jody Scheckter (with his back to the camera); below, at the table with Enzo Ferrari, the editor of Autosprint, Luciano Conti, and the journalists Italo Cucci and Marino Bartoletti (standing), Marino Bartoletti. Right: top, during the mass for the unveiling of the bust of Gilles Villeneuve at Maranello on the 9th of May 1983. Piccinini is sitting alongside Gilles' wide and children. Bottom, in the midst of the most powerful men in the sport: Bernie Ecclestone, Jean-Marie Balestre and Enzo Ferrari.

Left, in the company of René Arnoux in 1984.

# MARCO PICCININI

bollate, volta a contendersi il potere politico e – soprattutto – economico che gravitava attorno al massimo Campionato. Piccinini fu un uomo chiave nel difendere il ruolo e la posizione della Ferrari, da sempre squadra "legalista", ossia incline ad appoggiare le ragioni della FISA in contrapposizione, ancora una volta, con i team dei famigerati "assemblatori inglesi". C'è una foto che più di qualsiasi altra considerazione spiega il ruolo "centrale" di Piccinini in quelle annose vertenze: data 1981 e lo ritrae al centro della scena, nel corso di una riunione a Maranello, fra Jean-Marie Balestre ed Enzo Ferrari, accanto ai quali siedono rispettivamente Bernie Ecclestone e Piero Ferrari, intenti a firmare il primo Patto della Concordia che, peraltro, in breve tempo verrà poi disatteso. Ecco, in quello scatto proprio il serafico Piccinini pare essere il reale tessitore di quello storico incontro.

Sempre nella posizione di Direttore sportivo Piccinini vivrà da protagonista il ritorno di un italiano nei panni di pilota ufficiale Ferrari, con l'arrivo in squadra di Michele Alboreto nel 1984, l'improvviso avvicendamento fra il "congedato" René Arnoux e il neo assunto Stefan Johansson all'inizio del Mondiale 1985, le difficili stagioni del duo Berger-Alboreto, l'avvento a Maranello del geniale tecnico John Barnard, sino a quel fatidico 1988 quando, ancora una volta, "monsignor" Piccinini rimase fra i pochi uomini più vicini a Ferrari sino agli ultimi giorni di vita del costruttore.

E proprio quell'anno, in giugno, il mondo dell'automobile e non solo si diede appuntamento a Maranello per un evento di portata storica: la visita ufficiale di Giovanni Paolo II alla Ferrari e al suo artefice. Come dimenticare le immagini del Papa, portato in giro a Fiorano da Piero Ferrari al volante di una Mondial con carrozzeria scoperta? Chi, se non Marco Piccinini, poteva celarsi dietro l'organizzazione di un evento tanto complesso e carico di significati?

and legal proceedings over the control of political and above all economic power gravitating around the Formula 1 World Championship. Piccinini was a key man in defending the role and position of Ferrari, ever a "legalistic" team, inclined to support the arguments of the FISA against, once again, the teams of "English assemblers". There is a photo that more than any other factor explains Piccinini's central role in those disputes: it was taken in 1981 and portrays him at the centre of the scene during a meeting at Maranello, between Jean-Marie Balestre and Enzo Ferrari, alongside whom sit respectively Bernie Ecclestone and Piero Ferrari, ready to sign the first Concorde Agreement, which was soon broken. In this shot, the seraphic Piccinini appears to be the true brains behind that historic meeting.

In his role as Sporting Director, Piccinini was also to be central in the return of an Italian to a works Ferrari drive, with the arrival at Maranello of Michele Alboreto in 1984, the unexpected alternation between the "discharged" René Arnoux and the newcomer Stefan Johansson at the start of the 1985 Championship, the difficult seasons with the Berger-Alboreto pairing, the advent of the John Barnard era, and then the fateful 1988 season when, once again, "Monsignor" Piccinini remained as one of the small group closest to Ferrari through to the final days of the great constructor.

It was in June that year that the automotive world and beyond gathered at Maranello for an event of historic import: the official visit of Pope John Paul II to the Ferrari firm and its creator. How could we forget those images of the Pope, driven around Fiorano by Piero Ferrari at the wheel of an open-top Mondial? Who, if not Marco Piccinini, could have been behind the organization of such a complex event so layered with meanings?

Per Didier Pironi è già tempo di provare la nuova 126 CX spinta da un 6 cilindri a V (120°) sovralimentato, che eroga oltre 550 CV.

In basso, Villeneuve, al via del Gran Premio degli Usa-Ovest a Long Beach (15 marzo), brucia tutti dopo essere partito dalla terza fila, ma poi arriva lungo perdendo le posizioni guadagnate.

## 1981

For Didier Pironi it was already time to test the new 126 CX powered by a turbocharged 120° V6 developing over 550 hp.

Bottom, Villeneuve, at the start of the United States West Grand Prix at Long Beach (15 March) gets a flying start from the third row but then goes wide at the first corner and loses the positions he had gained.

NEL GRAN PREMIO DI SAN MARINO, A IMOLA (3 MAGGIO), GILLES SCATTA DALLA POLE POSITION E CONDUCE PER UNA QUINDICINA DI GIRI SUL BAGNATO. POI, CONFIDANDO NELL'ASCIUTTO, AZZARDA UN CAMBIO GOMME, MA LA PISTA RESTA UMIDA E ALLA FINE CHIUDERÀ SOLTANTO SETTIMO.

PIÙ A DESTRA, GILLES SI DOCUMENTA SULLE GESTA DI NUVOLARI, PILOTA AL QUALE VIENE PIÙ VOLTE ACCOSTATO NELL'ARCO DELLA SUA BREVE MA INTENSA CARRIERA.

## 1981

*IN THE SAN MARINO GRAND PRIX AT IMOLA (3 MAY), GILLES SPRINTED AWAY FROM POLE POSITION AND LED FOR AROUND 15 LAPS ON THE WET TRACK. THEN, CONFIDENT THE TRACK WOULD DRY HE OPTED FOR A TYRE CHANGE, BUT THE ASPHALT REMAINED DAMP AND HE WAS TO FINISH ONLY 7TH.*

*FAR RIGHT, GILLES READS UP ON THE FEATS OF NUVOLARI, A DRIVER TO WHOM HE WOULD BE COMPARED A NUMBER OF TIMES DURING HIS BRIEF BUT INTENSE CAREER.*

NELLE GARE SUCCESSIVE, MONTECARLO E SPAGNA, GILLES SCRIVE DUE PAGINE MEMORABILI DI AGONISMO: SUL TORTUOSO TRACCIATO MONEGASCO (31 MAGGIO), ALMENO SULLA CARTA QUELLO MENO ADATTO AD UN MOTORE TURBO, VINCE LA CORSA DOPO AVER SORPASSATO A POCHE TORNATE DALL'ARRIVO IL LEADER ALAN JONES, COSTRETTO A RIDURRE IL RITMO PER PROBLEMI MECCANICI.

A JARAMA, (21 GIUGNO), ALTRO CAPOLAVORO DEL CANADESE CHE, UNA VOLTA PRESA LA TESTA DELLA GARA, NON LA LASCIA PIÙ SINO AL TRAGUARDO NONOSTANTE I RIPETUTI ATTACCHI DI UN MANIPOLO DI INSEGUITORI.

SOTTO, A SINISTRA, NON GLI RESTA CHE AMMIRARE LA COPPA SUL PODIO SPAGNOLO MENTRE, A DESTRA, IL CANADESE PARLA CON IL SUO INGEGNERE DI PISTA, ANTONIO TOMAINI.

## 1981

IN THE NEXT RACES AT MONTE CARLO AND IN SPAIN, GILLES WROTE TWO MEMORABLE CHAPTERS OF MOTORSPORT HISTORY: ON THE TWISTING MONACO STREET CIRCUIT (31 MAY), AT LEAST ON PAPER THE LEAST WELL SUITED TO TURBO ENGINES, HE WON THE RACE AFTER PASSING A FEW LAPS FROM THE FINISH THE LEADER ALAN JONES WHO WAS OBLIGED TO SLOW WITH MECHANICAL PROBLEMS.

AT JARAMA (21 JUNE), THE CANADIAN PRODUCED ANOTHER MASTERPIECE AND HAVING MOVED INTO THE LEAD DEFENDED IT THROUGH TO THE FINISH DESPITE THE REPEATED ATTACKS FROM THE CHASING PACK.

BELOW LEFT, ALL THAT REMAINED WAS TO ADMIRE THE CUP ON THE SPANISH PODIUM WHILE, RIGHT, THE CANADIAN TALKS TO HIS TACK ENGINEER, ANTONIO TOMAINI.

Gilles Villeneuve e Didier Pironi sono confermati entrambi per il 1982. La nuova monoposto, la 126 C2, scende in pista già nella prima gara in Sudafrica (a fianco e sotto) dove Gilles è costretto ben presto alla resa e Didier non combina nulla di buono. Non va meglio in Brasile e solo a Long Beach Gilles riesce a salire sul terzo gradino del podio.

Sotto a destra, un'immagine curiosa ma non inconsueta, con Villeneuve al volante della monoposto destinata a Pironi.

## 1982

*Gilles Villeneuve and Didier Pironi were both confirmed for the 1982 season. The new car, the 126 C2, took to the track in the first Grand Prix in South Africa (right and below) where Gilles was soon forced to retire (and Didier had a poor race. Things were no better in Brazil and only at Long Beach did Gilles finally secure a third place finish.*

*Below, right, a curious but not unusual photo with Villeneuve at the wheel of the car destined for Pironi.*

Pagina a fianco, il 25 aprile è in programma il Gran Premio di San Marino a Imola. Nella guerra di potere che avvelena il Mondiale in quei primi anni Ottanta, i principali team inglesi decidono di disertare la corsa che vedrà le Renault nella veste di uniche avversarie della Ferrari. Una volta usciti di scena entrambi i piloti della squadra francese, Alain Prost e René Arnoux, il Gran Premio diventa una questione privata fra i due alfieri del Cavallino che si danno battaglia ad uso e consumo del pubblico. Ma Didier fa sul serio e, nonostante dai box sia spuntato un cartello con la scritta *Slow*, alla fine sorpassa il compagno andando a vincere la corsa. Sul podio il canadese è una maschera e confessa tutto il suo disagio al tre volte iridato Jackie Stewart.

Sin dalle prove del successivo Gran Premio del Belgio, fra Didier e Gilles è guerra aperta. Un conflitto che è però destinato a chiudersi tragicamente nel giro di pochissimo: proprio sul finire delle prove ufficiali di sabato 8 maggio, Gilles perde la vita dopo che la sua Ferrari ha spiccato il volo sulla March di Jochen Mass.

Il popolo ferrarista piange e i tributi al piccolo grande canadese si sprecano; a sostituirlo sulla Ferrari n. 27 è il francese Patrick Tambay, in basso a Monza assieme a Mario Andretti.

## 1982

*Facing page, the 25*[th] *of the April saw the staging of the San Marino Grand Prix at Imola. In the power struggle that was poisoning the World Championship in the early Eighties, the English team managers decided to desert the race that would see the Renaults as the only adversaries for Ferrari. Once both the French team's driver Alain Prost and René Arnoux had retired, the Grand Prix became a family affair settled between the two Ferrari men who fought out a duel for the benefit of the public. However, Didier decide to race for keeps and despite the pits showing a board reading "Slow", towards the finish he overtook his teammate and went on to win the race. On the podium the stony-faced Canadian explained his annoyance to the three-time champion Jackie Stewart.*

*There was open warfare between Didier and Gilles from practice for the successive Belgian Grand Prix. A conflict that was destined to be resolved very quickly in tragic circumstances: towards the end of practice on Saturday the 8*[th] *of May Gilles was killed after his Ferrari was launched into the air over the March of Jochen Mass.*

*The Ferrari tifosi were in mourning and tributes to the great Canadian flooded in; he was replaced in Ferrari No. 27 by the Frenchman Patrick Tambay, seen below at Monza with Mario Andretti.*

Dopo che anche Pironi è protagonista di un terribile incidente in prova a Hochenheim, che pone fine al suo Mondiale così come alla sua carriera in Formula 1, Enzo Ferrari, orfano dei suoi due piloti titolari con cui aveva iniziato il Campionato, per il Gran Premio d'Italia (12 settembre) convoca anche Mario Andretti che non delude le aspettative facendo segnare la pole position e portando la 126 C2 sul terzo gradino del podio.

## 1982

*After Pironi was also the victim of a terrible accident in practice at Hockenheim that put an end to his World Championship season and his Formula 1 career, Enzo Ferrari, deprived of the two drivers who had started the championship, called up Mario Andretti for the Italian Grand Prix (12 September) and the American did not disappoint, obtaining pole position and taking the 126 C2 to a third place finish.*

Nella stagione 1983 la lingua ufficiale a Maranello è il francese. A Patrick Tambay viene infatti affiancato René Arnoux che assaggia la 126 C2 e rende omaggio al Cavallino e, in basso, è già impegnato con il compagno di squadra nel Mondiale.

Pagina a fianco, domenica primo maggio è un'altra di quelle giornate da evidenziare nell'agenda del Cavallino: Tambay con il numero 27 impresso sulla carrozzeria, sulla stessa pista – Imola – dove un anno prima Villeneuve era stato privato di una vittoria certo meritata, "vendica" a suo modo Gilles, andando a vincere una grande corsa, davanti ad Alain Prost (Renault) e al compagno di squadra Arnoux.

### 1983

In the 1983 season the official language at Maranello was French. Patrick Tambay was in fact flanked by René Arnoux seen here getting a taste of the 126 C2 and paying tribute to the Prancing Horse while, below, he is already at work with his championship teammate.

Facing page, Sunday the 1st of May was another red letter day for the Prancing Horse's history books: Tambay, with the number 27 on his car, on the same Imola circuit where a year earlier Villeneuve had been deprived of a deserved victory, gave a measure of revenge for Gilles, winning a fantastic race ahead of Alain Prost (Renault) and his teammate Arnoux.

Con questa immagine perfetta, scattata durante il pit stop di Arnoux a Imola, Franco Villani si aggiudica il prestigioso premio "Dino Ferrari" per i fotografi del 1983.

1983 ————————————————————————————

With this perfect image, taken during Arnoux's pit stop at Imola, Franco Villani won the prestigious "Dino Ferrari" prize for photographers in 1983.

Pagina a fianco, in attesa che debutti la nuova 126 C3, nelle prime gare del Mondiale, Tambay e Arnoux corrono con una versione aggiornata della C2. Sopra, Patrick è quarto a Montecarlo (15 maggio) mentre sotto, in Belgio (22 maggio), conclude al secondo posto.

A fianco, Frank Williams osserva con interesse la monoposto del Cavallino mentre si rivede Didier Pironi che dopo innumerevoli operazioni alle gambe reca ancora, chiarissimi, i postumi del terribile schianto a Hochenheim dell'anno prima.

In basso, le 126 C3 finalmente al debutto in Inghilterra (16 luglio) monopolizzano la prima fila ma sarà la Renault di Alain Prost ad aggiudicarsi il gran premio, con Tambay comunque terzo.

## 1983

*Facing page, ahead of the debut of the new 126 C3, Tambay and Arnoux disputed the early races of the season with an updated version of the C2. Above, Patrick was fourth at Monte Carlo (15 May) while below, in Belgium (22 May) he finished in second place.*

*Right, Frank Williams observes with interest the Ferrari while Didier Pironi reappears after innumerable operations to his legs, carrying all too evident signs of the terrible crash at Hockenheim the previous year.*

*Bottom, the 126 C3's finally debuted in the British Grand Prix (16 July), monopolising the front row, but it was Alain Prost in the Renault who won the race, with Tambay finishing third.*

PAGINA A FIANCO, IN GERMANIA (7 AGOSTO) LE ROSSE PARTONO NUOVAMENTE DALLA PRIMA FILA E TOCCA AD
ARNOUX PORTARE PER LA PRIMA VOLTA AL SUCCESSO LA C3 DAVANTI A DUE PILOTI ITALIANI, ANDREA DE CESARIS
CON L'ALFA ROMEO E RICCARDO PATRESE CON LA BRABHAM. SOPRA, TAMBAY QUI MENTRE ASCOLTA IL DIRETTORE
TECNICO MAURO FORGHIERI, È INVECE COSTRETTO ALLA RESA PER NOIE AL MOTORE.

## 1983

*FACING PAGE, IN GERMANY (7 AUGUST) THE ROSSE AGAIN STARTED FROM THE FRONT ROW AND IT FELL TO ARNOUX
TO DRIVE THE C3 TO ITS FIRST WIN AHEAD OF TWO ITALIAN DRIVERS ANDREA DE CESARIS WITH THE ALFA ROMEO
AND RICCARDO PATRESE WITH THE BRABHAM. ABOVE, TAMBAY, SEEN HERE LISTENING TO THE TECHNICAL DIRECTOR
MAURO FORGHIERI, WAS INSTEAD OBLIGED TO RETIRE WITH ENGINE PROBLEMS.*

Pagina a fianco, sempre velocissime in prova, le due Ferrari scattano dalla prima fila anche in Austria (14 agosto), foto sopra, ma mentre Arnoux sale sul secondo gradino del podio, Tambay è ancora una volta costretto alla resa. Dominio totale del Cavallino in Olanda (28 agosto) con Arnoux e Tambay al primo e al secondo posto, foto sotto insieme al terzo classificato John Watson con la McLaren. Lecito iniziare a coltivare sogni di gloria, ma la formidabile quanto a tratti sospetta competitività mostrata dalla Brabham di Nelson Piquet nelle ultime prove del Mondiale gela qualsiasi entusiasmo.

Il titolo Costruttori prende comunque la strada di Maranello assieme ad un pilota italiano che nelle ultime stagioni ha mostrato grandi qualità cui non è rimasto indifferente Enzo Ferrari: il suo nome è Michele Alboreto.

## 1983

Facing page, as usual very quick in qualifying, the two Ferraris, photo above, also started from the front row in Austria (14 August), but while Arnoux was on the second step of the podium, Tambay was again forced to retire. The Prancing Horse dominated in Holland (28 August) with Arnoux and Tambay first and second, photo below, together with the third-placed John Watson in the McLaren. It was reasonable to harbour dreams of glory, but the formidable if somewhat suspect competitiveness of Nelson Piquet's Brabham in the final rounds dampened all enthusiasm.

The Constructors' title nonetheless arrived at Maranello, together with an Italian driver who over recent seasons had showed great qualities that had not gone unnoticed by Enzo Ferrari: his name was Michele Alboreto.

Il "Grande Vecchio" presenta alla stampa la nuova 126 C4 che, nelle prime gare del Mondiale, mostra ottime potenzialità consentendo ad Alboreto di cogliere la prima vittoria già in Belgio, a Zolder (29 aprile), sulla pista che due anni prima era stata fatale a Gilles. A festeggiare sul podio con Michele è anche l'altro ferrarista René Arnoux, insieme al secondo classificato Derek Warwick con la Renault.

## 1984

*"The Old Man" introduces the press to the new 126 C4 that in the early races of the season showed great potential, permitting Alboreto to secure his first victory at Zolder in Belgium (29 April), on the track that had been fatal for Gilles two years earlier. Celebrating on the podium with Michele was his Ferrari teammate René Arnoux, together with the second-placed Derek Warwick in the Renault.*

Il Campionato del mondo 1984 prosegue in maniera assai diversa rispetto a quanto visto in Belgio. La 126 C4 si rivela poco affidabile, ma soprattutto le McLaren-Porsche di Niki Lauda (poi Campione del Mondo a fine stagione) e di Alain Prost sono praticamente imbattibili. Ad Alboreto e ad Arnoux (alla pagina a fianco assieme all'ancora convalescente Didier Pironi) non resta che stare a guardare e mentre René dà un'occhiata nell'abitacolo della Brabham di Nelson Piquet, Alboreto scambia qualche battuta con il giovane brasiliano Ayrton Senna, grande rivelazione in quell'annata.

## 1984 ————————————————————————

*The 1984 World Championship proceeded in a very different fashion with respect to what had been seen in Belgium. The 126 C4 proved to be rather unreliable, but above all the McLaren-Porsches of Niki Lauda (crowned World Champion at the end of the season) and Alain Prost were virtually unbeatable. Alboreto and Arnoux (on the facing page with the convalescent Didier Pironi) could only watch and while René has a look at the cockpit of Nelson Piquet's Brabham, Alboreto chats to the young Brazilian Ayrton Senna, a revelation that year.*

Appiedato René Arnoux all'indomani del primo Gran Premio in Brasile, a Maranello arriva lo svedese Stefan Johansson. Entrambi i piloti hanno a disposizione la nuova 156/85, prima monoposto del "dopo Forghieri" che, da subito, mostra grandi potenzialità. Alboreto è secondo in Portogallo (in alto a destra) mentre a Imola deve ritirarsi (in alto a sinistra in lotta con la Lotus di Ayrton Senna).

Pagina a fianco, nel Gran Premio del Canada (16 giugno) matura però un grande successo con Alboreto primo e Johansson secondo; in basso i due ferraristi festeggiano sul podio assieme ad Alain Prost, terzo con la McLaren, mentre nella foto di sinistra il milanese affianca la Lotus di Elio De Angelis al tornantino.

## 1985

With René Arnoux sidelined on the eve of the first Grand Prix in Brazil, the swede Stefan Johansson arrived at Maranello. Both Ferrari drivers had the new 156/85, the first car of the post-Forghieri era that immediately showed great promise. Alboreto was second in Portugal (top right) while he was forced to retire at Imola (above, left, duelling with the Lotus of Ayrton Senna).

Facing page, the Canadian Grand Prix (16 June) was a triumph, with Alboreto first and Johansson second; below, the two Ferraristi celebrate in the pits with Alain Prost, third in the McLaren, while in the photo on the left the milanese driver draws alongside the Lotus of Elio De Angelis at the hairpin.

IL RENDIMENTO DELLA 156/85 SI MANTIENE SU OTTIMI LIVELLI SINO AL GRAN PREMIO D'AUSTRIA, A METÀ AGOSTO. IN QUESTA FASE ALBORETO LOTTA AD ARMI PARI CON LA McLAREN DI PROST. MICHELE È TERZO A DETROIT (FOTO GRANDE), SECONDO IN INGHILTERRA (IN BASSO) E ANCORA UNA VOLTA PRIMO IN GERMANIA (4 AGOSTO), SUL RINNOVATO TRACCIATO DEL NÜRBURGRING. TUTTO SEMBRA FILARE PER IL MEGLIO.

## 1985

*THE PERFORMANCE OF THE 156/85 WAS CONSISTENTLY GOOD THROUGH TO THE AUSTRIAN GRAND PRIX IN MID-AUGUST. IN THAT PART OF THE SEASON ALBORETO WAS RACING ON AN EVEN FOOTING WITH PROST IN THE McLAREN. MICHELE WAS THIRD IN DETROIT (LARGE PHOTO), SECOND IN GREAT BRITAIN (BOTTOM) AND FIRST AGAIN IN GERMANY (4 AUGUST) ON THE REVISED NÜRBURGRING CIRCUIT. EVERYTHING SEEMED TO BE GOING SMOOTHLY.*

Già in Olanda Michele chiude soltanto al quarto posto, ma è dal successivo Gran Premio d'Italia (dove il sabato delle prove l'Avvocato porta il proprio incoraggiamento ad Alboreto) che i sogni iridati del pilota italiano e – più in generale – di tutti i tifosi del Cavallino vanno letteralmente in fumo. Addio titolo.

## 1985

*In Holland Michele finished fourth, but it was from the successive Italian Grand Prix (where on the Saturday in practice Gianni Agnelli was present in the pits) that the championship dreams of the Italian driver and all the fans of the Prancing Horse in general, literally went up in smoke. Adieu world title.*

L'IMMAGINE IN ALTO A DESTRA DI JOHANSSON CHE ESCE MALCONCIO DALLA SUA FERRARI F1-86, DOPO ESSERE
USCITO DI PISTA DURANTE IL GRAN PREMIO DI SPAGNA (13 APRILE), È EMBLEMATICA DI UN'INTERA STAGIONE.
IN TUTTA LA PRIMA PARTE DEL CAMPIONATO LE DUE FERRARI, FATTA ECCEZIONE PER IL TERZO POSTO
DI JOHANSSON IN BELGIO, OTTENGONO SOLTANTO MODESTI PIAZZAMENTI E NUMEROSI RITIRI.

## 1986

*THE PHOTO TOP RIGHT OF JOHANSSON STRUGGLING OUT OF HIS FERRARI F1-86 AFTER CRASHING DURING
THE SPANISH GRAND PRIX (13 APRIL) WAS EMBLEMATIC OF THE SEASON AS A WHOLE. THROUGHOUT THE EARLY
PART OF THE YEAR THE TWO FERRARIS, WITH THE EXCEPTION OF JOHANSSON'S THIRD PLACE IN BELGIUM,
OBTAINED ONLY MODEST PLACINGS AND NUMEROUS RETIREMENTS.*

Dopo il giro di boa nel Campionato, i soli risultati degni di nota di una stagione altrimenti da dimenticare sono, il secondo e terzo di Alboreto e Johansson in Austria (17 agosto), e gli altri terzi posti conquistati dal pilota svedese a Monza e Adelaide. A testimoniare un'annata densa di problemi ecco la partenza ad Hockenheim con lo svedese in evidente difficoltà mentre, nella foto sotto, in un'occasione ha dovuto addirittura farsi prestare il casco da Nigel Mansell.

Nell'immagine in basso nella pagina a fianco, Johansson è affiancato a Gerhard Berger che nel 1987 prenderà il posto di Stefan in Ferrari.

## 1986

*Following the mid-way point of the championship, the only results of note in an otherwise forgettable season were the second and third places for Alboreto and Johansson in Austria (17 August) and the third places secured by the Swede at Monza and in Adelaide. Testifying to year blighted by problems, this shot shows the start at Hockenheim with the Swede clearly struggling while, below, on one occasion he even had to borrow a helmet from Nigel Mansell.*

*In the bottom photo on the facing page, Johansson is flanked by Gerhard Berger who was to take Stefan's place at Ferrari in 1987.*

# JOHN BARNARD

## GENIO E SREGOLATEZZA

Quando approda alla Ferrari nel 1986, John Barnard, inglese purosangue, classe 1946, già vanta un'esperienza pluridecennale in Formula 1 e non solo, ma soprattutto è considerato nell'ambiente un autentico genio per i tanti progetti all'avanguardia firmati nel corso degli anni. Nel mondo delle corse aveva fatto la sua comparsa nel 1969, in forza alla Lola, per poi passare alla McLaren dove iniziò una prolifica collaborazione con Gordon Coppuck dando vita prima alla monoposto M23, fra le più longeve e vincenti nella storia della Formula 1, per poi firmare la M24, vettura che si aggiudicherà la 500 Miglia di Indianapolis nel 1976. Nella seconda metà degli anni Settanta Barnard si confermò "eroe dei due mondi" continuando a lavorare e progettare sia vetture impegnate nel Vecchio Continente – è il caso dell'americana Parnelli VPJ4– sia negli USA, dove la sua Chaparral 2K tornò ad aggiudicarsi la 500 Miglia sullo storico catino dell'Indiana nel 1980.

L'incontro con Ron Dennis, l'uomo che sta rilanciando – meglio sarebbe dire "rifondando" – la McLaren nel Mondiale di Formula 1, costituisce per Barnard l'occasione per tornare a collaborare con il team inglese ma soprattutto per progettare un'altra monoposto rivoluzionaria, la MP4, dotata di un innovativo telaio interamente concepito in fibra di carbonio e spinta dall'intramontabile motore Cosworth. Il primo successo matura nel 1981, in Gran Bretagna con John Watson, altri quattro giungono nel 1982 e un altro l'anno dopo. Ma l'autentico capolavoro di Barnard vede la luce nel 1984 quando la MP4/2 motorizzata TAG Porsche – vettura tanto efficace sul piano tecnico quanto bella su quello estetico, secondo una filosofia che ha spesso caratterizzato le monoposto firmate da Barnard – dominerà il Campionato con Alain Prost e Niki Lauda, consentendo a quest'ultimo di aggiudicarsi il suo terzo titolo Piloti a fine anno. Mentre le MP/4 continuano a mietere successi e titoli nelle due stagioni successive, per Barnard i tempi sono ormai maturi per sbarcare a Maranello dove trova una Ferrari in profonda crisi tecnica ma dove, soprattutto, trova carta ben più che bianca per progettare qualcosa di realmente straordinario senza aver neppure l'onere di restare a Maranello.

I titoli sulla stampa specializzata, al pari delle polemiche, in quel 1986 si sprecano: Barnard costruisce, o meglio fa costruire a spese della Ferrari, un'antenna tecnologica a Guildford, nella contea del Surrey, la GTO (Guildford Technical Operations) dove, lontano dalle pressioni dei *media* italiani e nel cuore dell'Inghilterra, luogo d'elezione per tutti i principali team

## A DAREDEVIL GENIUS

*By the time he joined Ferrari in 1986, the Englishman John Barnard, class of 1946, already boasted decades of experience in Formula 1 and elsewhere, but above all he was considered within motorsport circles to be an authentic genius thanks to the numerous avant-garde designs he had come up with over the years. He made his debut in the world of racing in 1969 with Lola, subsequently moving to McLaren where he initiated a prolific relationship with Gordon Coppuck, creating firstly the M23 single-seater, one of the most enduring and successful cars in the history of the series, and then designing the M24, the car that won the Indianapolis 500 in 1976.*

*In the second half of the 1970s, Barnard cemented his position as a "Hero of Two Worlds", continuing to work on designs for cars raced in Europe (for example the American Parnelli VPJ4) and the USA, where his Chaparral 2K won the 500 Miles at the historic Indianapolis oval in 1980.*

*The encounter with Ron Dennis, the man who was relaunching – or rather "refounding" – McLaren in the Formula 1 World Championship, was for Barnard the opportunity to return to the English team and above all to design another revolutionary car, the MP4, equipped with an innovative all-carbonfibre chassis and powered by the timeless Cosworth engine. The first victory came in 1981 in the British GP with John Watson, a further four came in 1982 and one the following year. Barnard's true masterpiece first saw the light of day in 1984 when the MP4/2 with a TAG Porsche engine – a car as technically efficient as it was aesthetically beautiful, in accordance with a philosophy that has frequently distinguished Barnard's cars – was to dominate the World Championship with Alain Prost and Niki Lauda, permitting the latter to claim his third Drivers' title at the end of the season. While the MP/4 continued to collect victories and titles over the following two seasons, the time was now ripe for Barnard to move to Ferrari where he found a team wallowing in the depths of a profound technical crisis, but where he was given carte blanche to design something truly extraordinary without even being obliged to work at Maranello.*

*There was no end to the articles and controversies in the specialist press in 1986: Barnard built, or rather had built at Ferrari's expense, a technological offshoot in Guildford, Surrey, known as GTO (Guildford Technical Operations) where, far from the pressure of the Italian media and in the heart of England, home of almost all the leading Formula 1 teams,*

L'INGLESE JOHN BARNARD SI CONFRONTA CON GERHARD BERGER, NELLA SECONDA
METÀ DEGLI ANNI OTTANTA IN FORZA ALLA SCUDERIA FERRARI IN COPPIA CON
MICHELE ALBORETO.

THE ENGLISHMAN JOHN BARNARD TALKING TO GERHARD BERGER WHO IN THE SECOND
HALF OF THE EIGHTIES PARTNERED MICHELE ALBORETO AT FERRARI.

In alto a sinistra, foto di gruppo per Piero Ferrari, John Barnard, Gerhard Berger e Marco Piccinini. Sempre in alto ma a destra, Barnard è a colloquio con Niki Lauda mentre sotto scambia qualche battuta con Piccinini.

A fianco è invece con Michele Alboreto, nell'abitacolo della F1-87.

*Top, left, a group photo with Piero Ferrari, John Barnard, Gerhard Berger and Marco Piccinini. top right, Barnard talking to Niki Lauda while below, he is in a discussion with Piccinini.*

*Left, here he instead with Michele Alboreto, in the cockpit of the F1-87.*

d'oltremanica, possa progettare e sviluppare la "Ferrari del futuro", quella che vedrà la luce nell'estate del 1988, destinata al Mondiale 1989 ed equipaggiata nuovamente con un dodici cilindri atmosferico, come imposto dal nuovo regolamento tecnico-sportivo.

Mentre la 640 prende forma, Barnard "cura" le monoposto Ferrari che disputano i mondiali 1987 (due vittorie proprio in chiusura di stagione) e 1988 (rocambolesca "doppietta" nel Gran Premio d'Italia).

Già alla fine di quella stagione, il capolavoro di Barnard inizia a macinare chilometri sulla pista di Fiorano con il "veterano" Gerhard Berger e il neo-ferrarista Nigel Mansell. La 640 stupisce per la modularità del progetto, essendo in pratica una vettura "scomponibile", per la bellezza della linee, bassa, filante, caratterizzata da pance fortemente rastremate in prossimità della parte posteriore, ma soprattutto dall'impiego di un rivoluzionario cambio semiautomatico che abolisce la classica leva sostituendola con due comandi posti dietro la corona del volante.

La 640, soprannominata "papera" per il suo particolare musetto schiacciato, dopo il primo folgorante quanto inaspettato successo al debutto in Brasile con Mansell, impiega in pratica l'intera stagione per diventare davvero competitiva, con altre affermazioni che giungono in Ungheria e in Portogallo.

I frutti del lavoro di Barnard, che nel frattempo ha già lasciato la Ferrari, si vedono tutti nel 1990 quando la 641, logica evoluzione delle precedente vettura, nelle mani di Alain Prost rischia di riportare il titolo Piloti a Maranello restando indiscussa protagonista per l'intero Campionato durante il quale si aggiudica ben sei gran premi.

Il *fil rouge* fra Barnard e la Ferrari non si interrompe: il tecnico inglese torna nel 1993 firmando la F93A così come la successiva 412 T1 per poi "mettere il suo zampino" anche nella prima monoposto del Cavallino destinata a Michael Schumacher nel 1996, la F310, e nella successiva F310B del 1997, anno in cui esce definitivamente dall'orbita di Maranello continuando tuttavia la propria attività di progettazione nel mondo delle corse per un altro decennio.

*he could design and develop the "Ferrari of the future". The car was to emerge in the summer of 1988, ready for the 1989 World Championship season and therefore once again equipped with a naturally aspirated 12-cylinder engine, as required by the new technical and sporting regulations.*

*While the 640 was taking shape, Barnard "breathed" on the Ferrari competing in the 1987 (securing two victories at the end of the season) and 1988 (a thrilling one-two in the Italian Grand Prix) championships.*

*By the end of that season, Barnard's masterpiece was already clocking up the kilometres on the Fiorano track with the "veteran" Gerhard Berger and Ferrari's new boy Nigel Mansell. The 640 was stunning for the modularity of the design, the aesthetic beauty of its lines, sleek and low and distinguished by sidepods tapering sharply to the rear and above all by the revolutionary use of a semi-automatic gearbox replacing the classic lever with two paddles behind the steering wheel.*

*Following a debut victory as stunning as it was unexpected in Brazil with Mansell, the 640, nicknamed the "papera" or duck for its unusual flattened nose, took the whole season to become truly competitive, with further victories coming in Hungary and Portugal.*

*The true fruit of the work of John Barnard, who had in the meantime already left Ferrari, came in 1990 when the 641, the logical evolution of the previous car, came very close to bringing the drivers' title back to Maranello in the hands of Alain Prost. The car was a protagonist throughout a season in which it secured no less than six wins.*

*The fil rouge between Barnard and Ferrari was never really broken: the English designer returned in 1993 with the F93A and the successive 412 T1 before making his mark on the Prancing Horse's first car destined for Michael Schumacher in 1996, the F310, and the successive F310B in 1997, the year in which he definitively left Maranello, albeit continuing to design racing cars for another decade.*

Ad accogliere il neo-ferrarista Gerhard Berger a Maranello è tutto lo stato maggiore: da sinistra, Piero Ferrari, John Barnard e Marco Piccinini.

Il Campionato del Mondo 1987 non riserva particolari soddisfazioni per la Scuderia Ferrari, con Berger e Alboreto spesso sul podio ma molto distanti dai vari Prost, Mansell, Senna e Piquet. Proprio quest'ultimo alla fine si aggiudica il titolo iridato con la Williams-Honda.

Unici acuti della Ferrari, in chiusura di stagione, sono i due successi consecutivi di Berger in Giappone e Australia.

Pagina a fianco in basso, un giovanissimo Jacques Villeneuve in visita ai box del Cavallino a Monza. Giusto un decennio più tardi sarà proprio quel giovane a dar filo da torcere alle Rosse aggiudicandosi il Campionato del Mondo di Formula 1 nel 1997 con la Williams-Renault.

## 1987

*The neo-Ferrarista Gerhard Berger was welcomed to the Scuderia by the Maranello hierarchy of Piero Ferrari, John Barnard and Marco Piccinini.*

*Ferrari endured an indifferent 1987 World Championship with Berger and Alboreto frequently on the podium but a long way behind the likes of Prost, Mansell, Senna and Piquet. This last was to take the championship title with the Williams-Honda.*

*The high points for Ferrari came at the end of the season with two consecutive victories for Berger in Japan and Australia.*

*Facing page, bottom, a very young Jacques Villeneuve visiting the Ferrari pits. At Monza a decade later that young man was giving the Rosse food for thought as he claimed the Formula 1 World Championship title in 1997 with the Williams-Renault.*

IL MONDIALE DI FORMULA 1 1988 SI RISOLVE IN UN MONOLOGO DELLA MCLAREN, CHE CON I SUOI DUE PILOTI ALAIN PROST E AYRTON SENNA (A FINE STAGIONE PER LA PRIMA VOLTA IRIDATO IN CARRIERA), SI AGGIUDICA BEN 15 DELLE 16 PROVE IN CALENDARIO. UNICA ECCEZIONE A MONZA, DOVE PROPRIO NEGLI ULTIMI GIRI, BERGER E ALBORETO AGGUANTANO UN'INSPERATA DOPPIETTA. È L'11 SETTEMBRE E SONO IN MOLTI A CREDERE, QUEL GIORNO, CHE QUALCUNO ABBIA PROPIZIATO QUEL SUCCESSO DALL'ALTO.

ENZO FERRARI, SCOMPARSO IL 14 AGOSTO, SI ERA CONGEDATO DA TUTTI I SUOI COLLABORATORI IN OCCASIONE DEL NOVANTESIMO COMPLEANNO, FESTEGGIATO CON UN PRANZO DOVE DI SOLITO SI TROVAVA LA LINEA DI MONTAGGIO DELLA 328 GTB.

## 1988

*THE 1988 F1 WORLD CHAMPIONSHIP PROVED TO BE A MCLAREN MONOLOGUE, WITH ITS TWO DRIVERS ALAIN PROST AND AYRTON SENNA (WHO WAS TO BE CROWNED CHAMPION FOR THE FIRST TIME) WINNING NO LESS THAN 15 OF THE 16 ROUNDS. THE SOLE EXCEPTION CAME AT MONZA WHEN OVER THE FINAL LAPS BERGER AND ALBORETO SECURED AN UNEXPECTED ONE-TWO. IT WAS THE 11TH OF SEPTEMBER AND THERE WERE MANY WHO BELIEVED THAT SOMEONE HAD FACILITATED THAT VICTORY FROM ON HIGH.*

*ENZO FERRARI PASSED AWAY ON THE 14TH OF AUGUST AND HAD SALUTED HIS STAFF ON THE OCCASION OF HIS 90TH BIRTHDAY, CELEBRATED WITH A LUNCH IN THE AREA USUALLY OCCUPIED BY THE 328 GTB PRODUCTION LINE.*

Finito di stampare/Printed by
D'Auria Printing – Ascoli Piceno
(Italy)
Febbraio/February 2020